马基雅维利时代的意大利，1500年

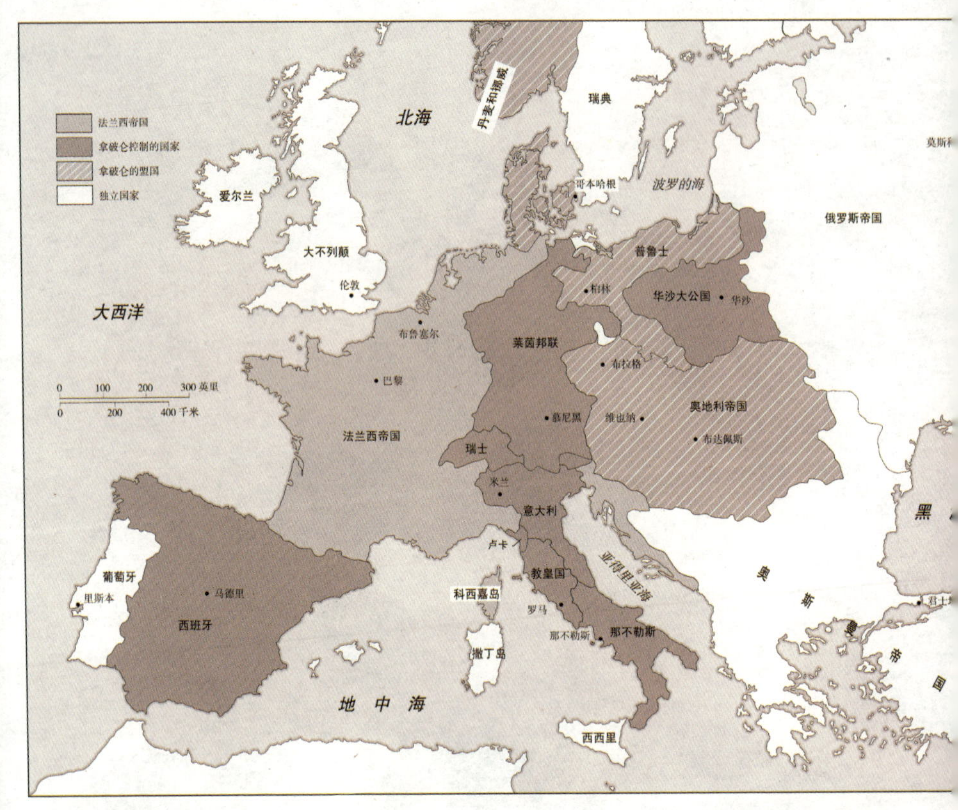

拿破仑时代的欧洲，1812年

君主论

【拿破仑批注版】

〔意大利〕马基雅维利／原著 刘训练／译注
〔法国〕拿破仑／批注 杨小雪／译 李筱希／校

IL PRINCIPE

Niccolò Machiavelli

Commentaires de Napoléon

中央编译出版社
CCTP Central Compilation & Translation Press

图书在版编目（CIP）数据

君主论：拿破仑批注版 /（意）马基雅维利著；刘训练译注. —北京：中央编译出版社，2017.4（2024.6 重印）

ISBN 978-7-5117-3253-8

Ⅰ.①君…　Ⅱ.①马…　②刘…　Ⅲ.①君主制-研究　Ⅳ.①D033.2

中国版本图书馆 CIP 数据核字(2017)第 015360 号

君主论：拿破仑批注版

责任编辑　杜永明
责任印制　李　颖
出版发行　中央编译出版社
地　　址　北京市海淀区北四环西路 69 号（100080）
电　　话　（010）55627391（总编室）　（010）55627312（编辑室）
（010）55627320（发行部）　（010）55627377（新技术部）
经　　销　全国新华书店
印　　刷　北京文昌阁彩色印刷有限责任公司
开　　本　880×1230 毫米　1/32
字　　数　264 千字
印　　张　15.5
版　　次　2017 年 4 月第 1 版
印　　次　2024 年 4 月第 16 次印刷
定　　价　58.00 元

新浪微博：@中央编译出版社　**微　　信：**中央编译出版社（ID：cctphome）
淘宝店铺：中央编译出版社直销店（http://shop108367160.taobao.com）（010）55627331

谨将此书译献给

一切有理想的现实主义者和有现实感的理想主义者！

目　录

1816 年拿破仑批注版编者前言

艾梅·吉永 (Aimé Guillon)

七月份，我们从国外报刊上获悉，1815 年 6 月 18 日拿破仑·波拿巴战败逃亡之后，有人在他的马车座驾中发现了一些书籍文件，其中包括一份手稿。此手稿涉及马基雅维利著作的一些译文片段，然而译文出自何人之手已不可考。这本文集似乎成了波拿巴的政治随记，根据他对书中章节的保留性选择，我们可以一窥他在国家事务方面最不可告人的想法。因此，我们不遗余力地对这份手稿展开调查。功夫不负有心人，我们终于得到了手稿的一份复本。更让人喜出望外的是，这份手稿不仅是《君主论》的新译本，而且页边还标有出自波拿巴之手的评注。

我们之所以对这些评注无比好奇，不仅因为评注者的意大利人身份，尤其重要的是，作为一代霸主，拿破仑应该比普通读者（哪怕是意大利的读者）更能理解马基雅维利。另外，由于译文文笔非同一般，所以这份手稿就更显珍贵了。要知道，这位读者权倾一时，对译文可谓是吹毛求疵，然而他喜爱这一版本远胜其他。单单这个事实，就足以让我们重视这版译文了。仅仅出于这方面的考虑，我们就应该把这一版本献给大众读者，尤其对于那些不懂生僻的托斯卡纳方言的读者来说，没有这版译文，他们仅凭自己很难理解文中的深意。此外，我们还可以大胆地断言：如果法国有一批学者如意大利的文学家那样深谙马基雅维利著作中的古语，那么这些学者也会认可这版译文，认为它的确比现有的所有译文都要出色。我们毫不犹豫地做出这番论断，并认为无论意大利语原文有多晦涩，也绝不会在翻译之后引起误解；下此论断的是一位精通意大利语的法国作家，他的许多作品都是用意大利语写成并出版，而读者却一直都以为这些书的作者就是意大利人。

这位评判者把此版译文与原文仔细对比后，又将其与阿姆洛·德·拉欧塞（Amelot de la Houssaie）1683 年面世的版本和 1803 年我们从图桑·吉罗代（Toussaint Guiraudet）那里得到的版本做了对比，发现这一版本远比其他两个版本更忠于原著，仿佛它就是在马基雅维利当面口述之下记录下来的一样。原作者是如此洞隐烛微，故其作品必须如实转述，不得有丝毫轻怠。我们可以这样说，这个版本把原著的思想和文风淋漓尽致地展现在了读者面前，因为语序、词组、句子和谚语俗语这些细微之处也十分重要，可以让人完整地理解作者的意图。唯有以最敏锐细腻的笔触和精准的描摹，才能忠实地再现作品的原貌。如此用心之下，此版《君主论》方得译成；它可以满足那些真正的思想家，也不会令那些追求原著文笔的普通读者失望。

之前的两版译文则恰恰相反，它们完全是译者的自由发挥；我指的是，翻译的同是一本原著，而这两个版本却显得拖沓松弛，既无深度，也没有原作者的那份激情，而正是在这种激情的驱使下，马基雅维利的作品才做到了集史、哲、情、理于一体。可是，在这两版译文中，读者几乎很难体会到利普修斯 (Juste Lipse) 对这位伟人的钦佩之词：“他的才华如燃烧的烈焰，深邃而遒劲。”

这位评判者随后又将之前的两版译文互相比较，并与原文进行对照，认为阿姆洛的译文又在与我们同时代的吉罗代的版本之上。吉罗代曾大肆诋毁阿姆洛的译文，断言该版本“不准确，过于古旧，至于表达方式和文辞方面，此版着实难懂，甚至需要再译”。显然，这些指控并不实事求是；若说文体古旧，阿姆洛的文体怎么会比高乃依的文体还要古旧呢？这一点一想便知。阿姆洛的译文非常清楚易懂；他大体上掌握了原著的思想，其大部分译文仍然是忠于原著的。阿姆洛曾长期生活在威尼斯，还对该城的政治进行了深入的研究。这座城市就是最好的学校，因此他比别人更容易理解马基雅维利的深刻思想。他的译文最为人诟病之处，就是漏掉了一些不太重要的句子，有些是因为他认为无关紧要，有些是因为他参考的底本本来就有缺失；另外，他还存在过度阐释的问题，将个人的观点混入译文之中。不过，他在塔西佗、萨卢斯特、普鲁塔克等人的著作中找到了原作者使用的一些格言，确定了它们的含义并将其标注在书中，在某种程度上也算是将功补过了。

吉罗代的译本在这方面则有所欠缺，对原文意思的表达也不如前一个版本那样完整。在本该体现原作者正直高尚的地方，往往被译者歪曲和削弱。确实，这版译文以现代的文体写就，这是阿姆洛无论如何也做不到的；然而，译者担心译文看起来不够轻盈优美，便竭力追求高贵雅致的文辞，这本质上是对翻译对象的伤害，往往以牺牲原句中那种入木三分和汪洋恣肆为代价。进行这种翻译工作，尤其是翻译一本如此重要而严谨的著作时，译文若文辞浅薄、文风轻佻，就只是抓住了表面的文字，却未能表达出其中的深刻内涵。马基雅维利是从中世纪野蛮混乱的政治局面中走出来的，他严厉、坚强、狂放，从其外表就可窥见一二：如果将他塑造成一个当代机敏而优雅的演说家形象，那便是在极其不当地曲解他。

图桑·吉罗代在其长篇累牍的译作卷首加入了一篇论述，其中更是把马基雅维利描述成这种形象，以便按自己的意愿引导读者对原作者的看法，尤其是他创作《君主论》的意图。姑且不论这篇论述在这方面存在多少严重的误读，其中也存在大量细节方面的事实错误；这些错误因自相矛盾造成，例如译者对共和主义矫揉造作的阐述。尽管这些错误原封不动地照搬自伏尔泰，但由于吉罗代的初衷居心叵测，错误就成了谎言，而由此造成的后果也不可小觑：例如，猜测《君主论》出版于 1515 年，猜测此书直到 1592 年才被禁。这些谬论很快就达到了混淆视听的效果。

1740 年，由普鲁士国王腓特烈二世撰写的、伏尔泰编辑的《反马基雅维利》在伦敦出版。虽然吉罗代总是对伏尔泰深信不疑，仿佛编辑《反马基雅维利》一书是伏尔泰此生最大建树似的，但是这里他却怀疑此书是冒名之作，因为他惊讶地注意到，“伏尔泰盛赞这本平庸之作，而君王却缄默不语；然而，看看腓特烈用何种手段赢得‘大帝’之名，就能证明他其实是欣赏马基雅维利的思想的”。

引言中还有更加明显的矛盾之处，吉罗代把马基雅维利称为“国王身边卑劣的谋士”，紧接着又说“《君主论》中满是有用的真理，在政治上可作为那些最有道德品质的政治家们的指导读物”。这里，吉罗代不得不向真理低头致敬；然而，他的这份敬意越是明显，就越是衬托出他之前对马基雅维利的偏见是多么庸俗和不公。

这篇引言还是有不少可取之处的；但是，过分堆砌的辞藻掩盖了思想的光辉，就像青涩的果实被密密匝匝的绿荫覆盖而难以生长成熟。

最后值得一提的是，1520年，马基雅维利以佛罗伦萨共和国的名义出使在卡尔皮举行的方济各会，图桑·吉罗代对由他完成的大使文书颇有一份轻鄙之情。虽然吉罗代想尽量扩充自己这版译文的篇幅，将其扩至九卷（马基雅维利的作品只有六卷而已），但他却删掉了一些与当今反宗教思潮相悖的部分。在苦心孤诣地描述自己为马基雅维利做出怎样一番牺牲的同时，吉罗代还沾沾自喜地引用了圭恰尔迪尼在当时写给马基雅维利的一封书信中的反教会言论："当我读到您作为共和国与托钵僧之使者的头衔时，当我细想您过去曾与多少国王、公爵和亲王进行谈判时，我不由得想起了吕山德，在获得无数的胜利和战利品后，指派给他的任务却是给那些他曾如此荣耀地指挥过的士兵们分肉。"不过，吉罗代忠实地翻译了马基雅维利就此做出的反驳，这不仅是对宗教人士的尊敬，也是对作者本人的尊重。马基雅维利在给圭恰尔迪尼的回信中说："说到《历史》和木屐共和国，我觉得我此行来这里不无斩获，因为我已搞清楚他们的许多规章制度，它们本身都是好的；我希望我能够从中受益，只要将其与属于国家之公民秩序的其他规章制度相比较的话。"[①] 这位才华

① 前一封信的引文出自 1521 年 5 月 18 日圭恰尔迪尼致马基雅维利（书信 272）；后一封信的引文出自 1521 年 5 月 19 日马基雅维利致圭恰尔迪尼（书信 274），但分号后的内容法文版译文与意大利文版原文有较大出入，并且遗漏了讽刺的部分（"我想我可以以某种方式对其善加利用——尤其是在打比方的时候，因为只要我不得不说到安静，我就会说，'他们比僧人用膳还要安静'。"）。——中文版编者注

横溢的作者便是这样，一切有用的东西都能对他有所启发，虽然他带着哲人的气质，或者说他就是一位真正的哲学家，但他绝不轻视任何东西，世间一切不论其出处如何，皆可拿来为他所用。

在出版马基雅维利这部最知名的济世之作时，我们自己也写了一篇导言。[①] 在导言中，我们至少没有犯同样的错误，没有将其打上这个时代反宗教思想的烙印，也没有在其中夹杂共和主义的色彩（反宗教思想已将它当成一桩算计和一条取胜之道）。我们的初衷是防止读者对这位伟大政治家的箴言产生误读，并帮助他们公正地来解读他。我们尽量以事实为依据，展现马基雅维利的思想对当时意大利国情的实用性——其实对于任何一个长期陷于混乱状态、急于寻求出路的国家来说，马基雅维利的思想都有助于它们摆脱困境。在不同时期，马基雅维利的思想总是毁誉参半，时而被诋毁，时而又有能者为其正名。通过我们的研究，你会清楚地认识到，他的那些诋毁者往往要么是心怀不轨之徒，要么是反君主制

① 中文版没有译出这篇“导言”以及下文提到的那些“注解”，本篇“编者前言”的注释也做了技术性删除。——中文版编者注

革命的狂热分子；而其支持者通常都是正人君子，在政治上有着深刻的见识，坚决反对混乱。任何统治者，哪怕实行个人统治，只要他有能力管理泱泱大国，就都能得到这些人的拥护。我们的导言还介绍了公众对马基雅维利作品看法的转变，还收入了一些新颖、准确、确凿的评注，这些在法语版本中都是绝无仅有的，在意大利语版本中也难得见到完整的收纳。

在我们出版的拿破仑手稿中，页边处留出空白，以便呈现这位特殊的读者所写下的评注。另外，我们以脚注的形式标出了文中必要的注解，保留了阿姆洛·德·拉欧塞已经在他的《君主论》译本中所做的丰富注释，并与新注解结合起来。对于这部著作谈到的一些几乎被人遗忘的意大利史实，我们的注解也做出了相应的解释。还有一些基本知识，凡是受过教育的人都应该了解，或者记载在史书中，很容易就可查到，对此我们就不再赘述了。如此一来，我们就不必费力解释马基雅维利所引用的鲁昂大主教是何方神圣了，人人都会很容易地弄清楚，他就是枢机主教乔治·德·安布瓦兹，是法国路易十二手下的重臣，对这位君主的思想和决策都产生了深远的影响。

有些人读了波拿巴对马基雅维利的评论后，似乎找到了新的证据来证明波拿巴有多么可恨，事实上，这些人只是又一次证明了他们的思想何其浅薄、对政治是何其无知。波拿巴所做的评论，从本质上与利普修斯的评注一样明理。波拿巴说："塔西佗写的都是小说，吉本的书冗长啰嗦，只有马基雅维利的著作才真正值得一读。"[①] 之所以下此断言，是因为他比任何人都更加认真地阅读了马基雅维利的作品，也是最能理解马基雅维利的人——他本身是意大利人，从小在海岛上长大，从小就如饥似渴地吞下了不少古代意大利作家的作品。他满怀兴趣地挖掘其中的深意，也从中清楚地认识到，像他这样一个卓尔不群、满怀雄心壮志的人，只有成为一代君主，方能盘踞一方、壮大自我；那座已经失落许久的王位，在等着他作为合法君主重新收复又再次失去。这一切明显都能从他的评注中解读出来，通过评注，我们逐渐清楚地看到拿破仑的内心世界，看到他野心勃勃的胸怀之下起着怎样的波澜，看到他如火山般炙热燃烧的头脑中酝酿着怎样的宏图

---

① 参见 *Histoire de l'ambassade de Pologne par M. de Pradt , archev. de Malines, ambassadeur en 1812, à*, Varsovie, Paris, 1815, page 17。

伟业。只有波拿巴的手才能描绘出他的这一切，因为当他的思想和情感在一瞬间迸发、肆意喷洒时，只有他才知道它们沿着哪条路奔流而下。通过他的评注，我们可以看到拿破仑的计划构想在实现之前的雏形。每一次，当他看到马基雅维利把政治与道德、正义联系起来时，他内心的阴暗面就暴露了出来。每一次，当马基雅维利强调统治者必须受人爱戴而非为人憎恨、应当成为贤主而非暴君时，拿破仑就激烈地反对他的说法！马基雅维利预言了他将遭到的报应，这些都让拿破仑气愤不已；当我们看到拿破仑暴跳如雷地反对马基雅维利的某些建议，而这位大政治家则以智慧和公正与他惯有的凶狠抗衡时，都忍不住掩卷而笑。

读者肯定会注意到一点，即从拿破仑激荡的灵魂中逸出的想法虽然肆意奔涌，却往往前后不一；但了解政治的人不会感到奇怪，因为现实情况变幻莫测，政治上的格局、计划和行动方式也必须随机应变。尽管这些想法不尽相同，但其中仍有某些相似之处，就像同一个父亲的女儿们，各自按自己的意愿背离了本源。在拿破仑政治生涯的不同时期，其评注出现的这种变化恰恰揭示了他在做某一决定的那一刻，内心受何种情绪支配。我们把这些不同时期归纳为四种：(1) 将他引向统治者之路的将军时期；(2) 执政官统治时期；(3) 皇帝统治时期；(4) 厄尔巴岛上的十个月。在每个时期的评注后面我们标注了表示时间的缩写：第一个时期用字母 G.(将军时期)，第二个时期用 R.C.(执政官时期)，第三个时期用 R.I.(皇帝时期)，最后第四个时期用 E.(厄尔巴岛时期)。[①] 在这些评注中，有的表达了他一些令人难以接受的想法，我们本想将其删去，然而，一些睿智而正直的学者让我们最终决定把这些评注保留下来，正是他的这些想法才导致人们对他的痛恨，他也理应遭人痛恨。另外，如果我们删掉一部分，那就是去掉了必不可少的补充，也就无法完整地呈现他在政治上心狠手辣的形象了。

波拿巴不同的评注与不同的社会情形和政治局势息息相关，组合起来就成了一份非常有价值的评论，让人不带成见地辨别出马基雅维利的话中哪些是针对“新君主”所说，哪些是针对其他人——尤其是那些在乱世中篡夺了政权的君主——所说。马基雅维利思想的本质将呈现在我们的这一

① 为了让读者一目了然，中文版对缩写字母做了还原处理。——中文版编者注

版本中，在著名的《君主论》之后，我们还收录了他其他作品中有趣的部分，尤其是导言中引用的《李维史论》中那些深刻的思辨，而独立的篇章也收录在了正文中。[①]

我们可以大言不惭地说，还没有哪个版本像我们这个简单清晰的版本一样，让聪明的读者充分理解这位天才的深刻、谨慎和远见。正如阿尔加罗蒂（Algarotti）所说："他对政治和国家事务，正如牛顿在物理学和自然奥秘上那样具有深刻的洞见。"

1815 年 9 月 18 日

（杨小雪 译，李筱希 校）

① 中文版收录了马基雅维利其他著作的摘录以及拿破仑的批注，但略去了极少数并无拿破仑批注的著作概要（1816 年版第 319—330 页）。——中文版编者注

《君主论》导言*

哈维·曼斯菲尔德

任何人捧起马基雅维利的《君主论》，他便是将有史以来最著名的谈论政治的书拿在手上。柏拉图的《理想国》也许勉强能够与之匹敌，但《理想国》对政治的探讨是以某些高于政治的事物(things above politics)作为背景的，政治终归处在有限的、次要的地位。在《君主论》中，马基雅维利也会参照某些政治之外的事物(things outside politics)来谈论政

* 译自 *The Prince*, translated and with an introduction by Harvey C. Mansfield, Chicago: University of Chicago Press, 2nd ed., 1998；译文参考了高煜译“引言”(《君主论》，广西师范大学出版社，2002 年)和何子建译“马基雅维里的《君主论》”(载《经典与解释的张力》，上海三联书店，2003 年)，特此说明和致谢。

治，但正如我们将要看到的，他的结论截然不同。在他看来，政治并不受制于高于它的事物，而通常被视作政治之外的事物——在任何政治情境中都属于“给定的”——受制于政治的程度远比政治家、人民大众和哲学家一直以来想象的要高。因此，如果政治的运作被认为以其自身为目的，不受制于任何高于它的事物，那么，马基雅维利的《君主论》就是最著名的谈论政治的书。《君主论》恰好享有这样的名声：这本书最早也是最好地指出，政治有也应该有自身的规则，凡不以战胜或压倒其他事物为目标的规则——不管其种类和来源如何——均应拒斥。比起马基雅维利的另一本主要著作《李维史论》来，《君主论》更为简洁扼要，盖因其呈献对象是洛伦佐·德·美第奇，这位君主像我们今天公务缠身的行政要员一样几乎无暇阅读。因此，作为一本向当政的政治家建议政治不应受制于任何非政治因素的著作，《君主论》远比《李维史论》著名。

然而，我们承认《君主论》是最著名的谈论政治的书，不能不马上纠正说，它也是最臭名昭著的书。它的著名是因为它的臭名，因为它推崇一种此后一直被称为“马基雅维利式”的政治。这种政治的实质就是“你可以无所不为却逍遥法外”：无论是神圣的制裁、灵魂的堕落，还是良心的不安，都不能惩罚你。只要能够成功，你甚至不必背负恶名，因为“只要在人们的能力范围之内，这样做总是会受到赞扬而不会受到非难”（第3章）。某些罪犯之所以遭人唾弃，无非是因为他们失败了。正因为如此勇于面对罪行恶名，马基雅维利与马基雅维利式的政治声名远播或者说声名狼藉。

不过，必须指出，在研究马基雅维利的学者中盛行着这样的观点：马基雅维利不是传授邪恶学说的邪恶之人，他也不应承担他的恶名。这要么是由于他偏爱共和国甚于君主国（这一点在《李维史论》中比在《君主论》中更明显，但后者也不是看不出端倪），他们便不相信马基雅维利是暴政的辩护士；要么是被《君主论》最后一章迸发出的意大利爱国主义所感染，他们便原谅了他那些冷嘲热讽的评论，这些评论与那种宽宏的情感不无扞格但却被认为只是为后者添加了某种刺激（这是老一辈学者的观点）；要么是基于马基雅维利在第15章中所说，我们应该依据“实际上怎样”而非“应当怎样”判明自己的处境，他们便认定他是现代政治科学的一位先驱，这并不是什么罪恶而仅仅是不加评判地告诉我们发生了什么。总之，学者当中的主流看法为马基雅维利提供了诸多辩解：

他是共和主义者、爱国主义者或者科学家；因此，与大多数人刚刚耳闻其学说时产生的反应恰好相反，马基雅维利不是“马基雅维利主义者”。

关于这些为马基雅维利开脱的说辞，读者们自有自己的判断。我不会推荐这些，主要是因为它们让马基雅维利变得没那么有趣了。它们将他变成了未来的一个预告者，碰巧发出一些我们今天非常熟悉的论调——民主、民族主义或者民族自决、科学。马基雅维利并没有被用来挑战我们所钟爱的种种信念并促使我们思考，而是被拉来加入自我陶醉的合唱。当然，这些为马基雅维利开脱的说辞也的确有一些证据，包括他本人提供的证据。如果有人指控他是暴政的辩护士，他可以指出《李维史论》（第 2 卷第 2 章）中有一个段落，在那里他（相当小心地）说只有在共和国里公共利益才可能得到遵循；但是，如果另有人指控他支持共和主义，他也可以指出就在同一章中，他说最残酷的奴役就是被一个共和国征服。并且，尽管他在《君主论》第 26 章中极力劝说某个人夺取意大利以便把她从野蛮人手中解放出来，但他也在第 3 章中给一位法国国王出谋划策以便让他下次更好地入侵意大利，以此显示他的不偏不倚。最后，的确，他有时只是报道了他所见到的恶行，并（未必一定）谴责它，而在另一些时候他也会敦促我们参与恶行并义正辞严地谴责那些坏蛋们做起恶来不够上心。虽然他是一位极为大胆的作家，好像是要故意招揽恶名，但他还没有大胆到不给自己最出格的论述留下一些借口或者审慎的余地。由于我在别处就这一点详细阐释过，并且一定会提到列奥·施特劳斯的作品，所以这里就不必进一步展开了。

马基雅维利到底是不是“马基雅维利主义者”，这个问题的关键是什么？为了看清事物的要害，我们一定不能仅仅满足于从学理上寻找借口或者在道德上横加指责。问题的要害在于，我们据以褒扬或谴责人类的规则的特质是什么，也就是道德的确切地位问题。马基雅维利起初并没有指明这一沉重的话题将是他的主题。在《献辞》中他非常谦卑地为洛伦佐·德·美第奇奉上《君主论》。他说一个人必须成为君主才能了解人民的本性，同样只有作为人民的一员才能了解君主的本性，似乎他要给洛伦佐提供后者并不具备却非常需要的关于君主的知识。按照这种不太严肃的许诺，马基雅维利在《君主论》的第一部分（第1–11章）谈论了君主国的种类，当我们了解了征服的必然性之后，他便在第二部分（第12–14

章）谈论了军队的种类。但与此同时（为了长话短说），我们获知君主必须或者可以依靠人民作为其根基（第 9 章），并且尽管他应当只关注战争的技艺，但他也必须在和平时期对道德品质足够上心，从而能够在战争时期利用这些品质（第 14 章末尾）。

这样，我们就不会对马基雅维利在第 15 章中的热切呼吁感到突兀了，他在那一章中宣称他“与其他人的见解有很大的不同”，并解释了为何如此。由于道德品质是被人民“认为良善的”品质；所以，如果君主必须征服，并且像美第奇家族那样想要将其基础建立在人民——他们是道德的守护者——之上，那么他就必须建立一种与征服的必然性相一致的新道德，并且，君主必须在马基雅维利的教导下重新认识人民的本性。要与其他人的见解区分开来，对马基雅维利而言更适合的方式似乎是“追随事物有效的真理而不是其想象的方面”。许多人都在想象共和国与君主国，但一个人不能“为了应当做什么而置实际上做什么于不顾”，因为一个“想要在所有事情上都发誓许愿以良善自持”的人，终将在恶人环伺中走向灭亡。君主必须学会能够为恶，并依据必然性使用或者不使用这种能力。

这句陈述言简意赅。在马基雅维利的时代，它对一切基督教的和古典的道德与政治科学都构成了根本性的攻击。道德不仅意味着做正确之事，还意味着要有正确的理由或者出于对上帝的爱。因此，为善被认为需要“发誓许愿以良善自持”，只有它，才能解释为善的动机；否则，道德就不比在表面上遵守法律甚或更高的权力更加深刻，并无法与之区分。但是，以良善自持的发誓许愿不可能伴随着各种彼此孤立的道德行动，它们必须得到详细阐释，如此各种道德行动才能彼此协调一致，一个道德人的生活才能成为一个整体。这种阐释需要一定的想象力，因为我们看到的统一性只告诉我们存在表面上的一致性；并且，这种阐释要扩展至整个社会，因为独自过一种道德的生活是很困难的。因此，道德要求构建一个想象的共和国或君主国，比如，柏拉图的《理想国》或者圣奥古斯丁的《上帝之城》。

当马基雅维利否认想象的共和国与君主国“实际上存在过”，并宣称在这件事情或者所有事务中存在过的只有“有效的真理”时，他的意思是，不存在人们必须遵守的、非人为规定的道德准则。现存的规则或法律是政府或者其他权力基于某种必然性制定的，基于同样的理由，它们必须被遵守。

任何必然性都可以被称为正义的或合理的，但是，正义并不比一个人出于审慎必须为自己获取什么或服从什么更具合理性，因为人们不可能为了寻求任何意义上的正义而超越自我保存。马基雅维利并没有试图（像霍布斯那样）基于自我保存而提出一种新的关于正义的定义。相反，他把正义从第 15 章中提到的十一组道德品质中排除了出去，这足以表明他的态度。在第 21 章中他的确提到了正义，正义被视为弱小势力的精打细算：看看自己能够在战争中从自己拥戴的君主那里得到什么。但这种微不足道的提及仍然与马基雅维利在第 18 章中关于守信和在第 20 章中关于背叛旧的拥戴者的说法存在矛盾。在第 26 章中，他还将正义视为与必然性相一致的事物。但最为引人注目的是，他从未提及——无论是在《君主论》还是在他的任何著作中——自然正义 (natural justice) 或自然法 (natural law)，古典传统和中世纪传统中的这两种正义观传承到了他的时代，并且在他的同代人谈论这个主题的作品中都会找到它们的影子。由马基雅维利本人是不是真的“马基雅维利主义者”这一争议所引发的重大问题是：正义是由于自然或上帝而存在，还是仅仅出于君主（政府）的权宜便利？

“所以，只要一位君主赢得并维持他的国家，〔他所采取的〕

手段就总是被认为光荣的，并将受到每个人的赞扬”（第18章）。因此，名声只是对成功的人类力量的外在遵从，而与可能捆住政府手脚的道德准则不相干。

如果不存在自然正义，那么马基雅维利或许会教导君主如何在没有自然正义的情况下统治，但要考虑这样一个事实，即人们“信奉”自然正义。这并不必然得出结论说，因为没有自然正义存在，君主们便能够在没有它的情况下成功地进行统治。通过发动征服和保持所得而进行的统治可能与合乎自然正义的统治一样不成功；的确，当自然正义的传统支持者们对自己的事业不够自信时，他们曾指出结果的不确定性以及机运的喜怒无常，以此作为反对决意为恶的一项论证。但是，马基雅维利认为“学会”为恶是可能的。对于获取和维持过程中的各种困难，甚至尤其是机运的变幻不定，用他常用的表达就是，存在着一种“补救办法”。既然自然或者上帝不足以支持人类的正义，那么人们就需要补救办法；这个补救办法就是君主，尤其是新君主。那么，为什么一定偏爱新君主呢？

在《君主论》第1章的标题中，我们看到君主国的分类是同它们如何被获取放在一起讨论的，而在正文中我们发现不仅如此，君主国更是按照它们被获取的方式进行分类的。“获取”(acquisition)是一个经济学术语，在马基雅维利那里就是“征服”(conquest)；政府的分类取决于获取的方式，而不是像柏拉图和亚里士多德设想的那样，取决于政府的目的或者结构。那么，获取是如何与正义问题发生关联的呢？

正义需要适度的外部善好(external goods)——用亚里士多德的话说就是德性的装备(the equipment of virtue)——作为补充，从而使得有道德的人维持生计，为他们留下体面的余地而避免道德因为迫于必然性摇摇欲坠甚至分崩离析。一个人怎么可能在没有什么可分配的情况下正义地做出分配呢？然而，接下来的问题便是，一个人到哪里去找到这些适度的补充呢？最简单的方法是继承。在第2章中，马基雅维利考查了世袭的君主国，在这样的国家中，君主靠继承获得一切他想要的，特别是获得政治权力来保护他所拥有的。一个拥有一切的世袭君主被称为“自然的君主”，仿佛要表明我们最重要的、最丰富的继承物乃是我们取自自然的。不过，当世袭君主守着他的继承物时——将这个例子推而广之就是，当我们加总起我们的继承物时——这就足够了吗？

在第2章的末尾，马基雅维利指出了世袭君主国存在的难题，他承认世袭君主将被迫革新，并断言革新不会造成破坏，因为革新可以是渐进的、持续的。他将每位君主自己的建构比作在一排房屋中增添一栋新的房屋：你也许不能继承到所有你需要的，但是在你必须获取之物中你继承了一个坚实的依靠和一个轻松的起点。但很显然，这样一排跨越数代建造的房屋意味着在建造第一座房屋时并没有现成的依靠和轻松的起点。世袭假定了存在一个没有更早继承的原初获取，在这一原初获取中，不幸的是，人们不可能照顾到正义的方方面面。有人可能会羡慕一位美国公民拥有诸多与生俱来的便利，但是，那些准备了这种继承的恶劣必然性又如何呢，英国人被驱逐，印第安人被欺骗，黑人被奴役？

由此，马基雅维利在第 3 章中告诉我们，“获取的欲望确实是非常自然的、平常的事情”。才区区几页，“自然的”一词的意思就从继承转向了获取。或者我们可否拿马基雅维利的共和主义（这在《君主论》中并不是那么突出）来自我安慰一番，即认为获取也许是君主们的本性，但却不是共和国的本性？然而，在第 3 章中，马基雅维利赞颂了“罗马人”也就是罗马共和国的成功获取，并将其与法国国王的不审慎加以对比。在马基雅维利所提到的时期，罗马人并不像开始时那样软弱和脆弱，他们已经强大起来并在持续扩张。即便他们有了足够大的帝国来为其公民留下遗产，他们还是继续获取。这是合理的吗？是的，因为世界上的富足者不可能安然地继承他们即将得到的，要想避免经历他们曾经施予他人的遭遇，他们必须留意贫乏者。为了先发制人，富足者必须像贫乏者那样思考和行动。他们当然不可能为贫乏者提供正义，也不可能把自己的时间和金钱浪费在同情上。

在《献辞》中，马基雅维利以“一个卑下、低微的人”向洛伦佐自荐，他所缺少的除了一份体面的差事之外，我们知道，还缺少一个统一的祖国，意大利虚弱不堪且四分五裂。那么，我们可以说获取对于马基雅维利时代的意大利人包括他自己来说是正当的吗？正如我们已经指出的，马基雅维利似乎并不接受这种正当性，因为还是在第 3 章中，他给一位法国国王出谋划策，建议他如何修正入侵意大利时犯下的错误。此外，马基雅维利的祖国是意大利还是佛罗伦萨呢？在第 15 章中，他提到“我们的语言”，那指的是托斯卡纳语，而第 20 章说的“我们的先人”则是指佛罗伦萨人。然而，马基雅维利到底是意大利的爱国者还是佛罗伦萨的爱国者重要吗？任何人的祖国都由一次原初的获取和征服来界定，因此也总是可以做同样的重新界定。一个人忠于自己的祖国而去侵害外国人，并不比祸害周边乡民以利于自己的城市、伤害其他居民以利于自己的家庭更加正当，也不比——对第 17 章中一个马基雅维利主义的评论略加改动——一个人为谋取财产而牺牲父亲更加正当。因此，要“统一”一个人的祖国就意味着要将它视作一块被征服的领土，被一位国王所征服，或者共和国从内部被征服；并且，马基雅维利对法国国王如何维持他在意大利的征服的建议同样也可以用于指点洛伦佐如何统一意大利。看来，在获取过程中，新君主是为了他自己而获取。

新君主的品质是什么？他必须做什么？首先，正如我们所了解的，他应当崛起于平民或者非特权的地位；他不应当有所继承，或者即便他有也不应当依靠那些遗产。他应当不亏欠任何人或任何事，因为感恩将使他依附于他人，在最宽泛的意义上依附于机运。新君主似乎至少应该依靠他所征服国家的特性，马基雅维利在第 4 章结尾处说亚历山大控制亚洲毫不困难，因为那里已经习惯于接受一人统治。但随后在第 5 章中他却表明了这种局限性如何被打破。一位君主征服了一个习惯于自由地生活的城市，他不必尊重其承袭的自由；

他可以也应该摧毁这样的城市或者亲自统治它。机运只为君主们提供了机会，正如当摩西看到以色列人民遭到埃及人奴役、罗穆卢斯发现自己出生后就被遗弃、居鲁士察觉到波斯人不满于米底人的帝国统治，而忒修斯则目睹雅典人分散流离（第6章）。这些著名的立国者有德能去发现机运赐予他们的机会，他们的机会便是其人民严酷的必然性。不需要驱散一个自由城市的居民（第5章），足够幸运的君主会发现他们已经被驱散（第6章）。这表明，君主甚至可以通过创设一种必然性的情境来为自己制造机会，在这种必然性的情境中，没有人保留其继承的财货，一切都归功于你，新君主。当一位新君主上台，他应当感激那些曾经帮助他掌权的人并倚赖他们吗？实际上不需要。一位新君主在他的朋友和同盟那里只有“半心半意的拥护者”，因为他们指望从他那里得到好处；正如我们已经看到的，安抚他先前的敌人——那些害怕失去一切的人——其实更好（对比第6章和第20章）。

于是，这位新君主便拥有了使他能够在最大限度上摆脱对继承物——包括习俗、自然和机运——之依附的德能(virtue)，这使他可以做到让别人依附于他和他的德能。但是，如果德能可以做到这一切，那么它便有了新的含义。德能并不像在各种古典的和基督教的观念中那样需要与自然或上帝合作，德能必须被教导说内在地具有获取性。马基雅维利通过同时向我们展示德能的新旧两种含义来教导我们德能的新含义。第 8 章中的一个著名段落讨论了成功的罪犯阿伽托克勒斯，他说："屠杀公民，出卖盟友，缺乏信义，毫无仁慈之心，没有宗教信仰，是不能称作德能〔德性〕的。"然而，就在下一句话中马基雅维利就谈到了"阿伽托克勒斯的德能"。

在第 15 章中我们已经看到，君主必须"学会做不良好的事情，并且依据必然性使用这一手或不使用这一手"。马基雅维利在第 16 章和第 18 章中给出了这方面的知识。首先，他极为平静地给出了关于慷慨这一道德德性的逆耳之言。除非你的慷慨（或者大方）被注意到并"被认为慷慨"或者赢得一个慷慨的名声，否则便是没有用的。但是，一位君主是不能靠真的慷慨而被视为慷慨的，因为他只能对少数人慷慨而对多数人课以重税，这就触犯了多数人，君主将不得不节衣缩食，如此他很快便会得到吝啬的名声。因此，获得慷慨名声的正确方式是在一开始并不在意吝啬的名声。一旦人民发现君主成就事业却不给他们增加负担，他们立刻便会认为君主对他们是慷慨的，而只对那些他从未赏赐过什么的人才吝啬。最终，“慷慨”的意思变成了少获取而非多给予。

至于残酷与仁慈，马基雅维利在第 8 章中区分了“恶劣地使用残酷”和“妥善地使用残酷”：妥善使用的残酷是一次性完成，为了自保，以及除非为臣民谋取利益，否则绝不继续使用；而恶劣使用则是指持续使用残酷并且程度日益加深。不过，在第 17 章中，他没有再提这一区分而仅仅说到“恶劣地使用仁慈”。一个人——就像佛罗伦萨人在某个例子中——为了避免残酷的名声而任由无序状态持续（而实施些微残酷便能够阻止这样的无序状态），这时仁慈就被恶劣地使用了。无序状态使每个人都受到伤害，而处决仅仅伤害少数人或者那个被处决的人。既然君主可以靠少获取而博得慷慨之名，那么他同样可以靠不常实施残酷而被视为仁慈。

马基雅维利的新君主为其臣民设定对自己义务的方式很像基督教的上帝，在上帝的眼中所有人都基于原罪而成为罪人；因此，上帝的仁慈似乎更多地表现为赦免惩罚而非给予恩惠。如果读者心中有了这种想法的话，也就不会对马基雅维利接下来讨论君主是受人爱戴好还是被人畏惧好的问题感到意外了。最好是既受人爱戴又被人畏惧，但是如果迫于必然性而必须有所选择的话，还是被畏惧好一些，因为人们是否爱戴君主是自己做主，而他们是否畏惧君主则是君主做主。朋友或许会背弃你，但人们对惩罚的恐惧却从不会让你失望。君主要避免自己遭人憎恨，便不能剥夺他人的财产，“因为人们忘记父亲之死比忘记遗产的丧失来得还要快”，他将再次仅凭不祸害臣民而非给予他们利益便赢得他们的忠诚。

马基雅维利在第 18 章中说君主守信是值得赞美的，但成大事的君主是凭借欺诈和背叛成就事业的。君主必须学会利用人类身上的某种兽性，甚或多种兽性；因为人是一种可以化身为多种野兽的动物，他必须学会既像狐狸又像狮子。人们不会对你守信，你又怎能对他们守信？马基雅维利似乎是说，政治就是要打破承诺，因为形势在变，由此产生的新的必然性使得一个人不可能信守他的诺言。唯一的问题是，一个人能否免除对背信弃义的惩罚？马基雅维利的回答是非常肯定的。他拓宽了讨论的范围，谈到了五种道德品质，特别是宗教虔诚；他说人们总是根据表象进行判断，而当一个人依据表象判断时，“他就注意结果”。结果就是结局或者效果，如果一位君主赢得并维持了国家，那么手段就总是被视作光荣的。由于马基雅维利刚刚强调了君主必须显得虔诚，我们可以将人们对待君主的态度与他们对神圣意志（divine providence) 的信仰做个比较。因为人们假定世事的结果是由上帝的意志决定的，所以他们认为上帝选定的手段不可能是无意义的。马基雅维利这里的思想既是对神圣意志观念的巧妙攻击，又是对它的巧妙挪用，只要君主能够恰当地将它挪为己用。

很难说清楚在马基雅维利那里“德能”到底指什么。显然，他不是按照古典的或者基督教的传统来使用这一概念的，与他同时代的其他作者也不一样。在他新的含义中，德能似乎是恶行 (vice) 与德性 (virtue 的传统含义) 的一种审慎的或高超的结合。马基雅维利的德能并非恶行的两种极端的折中，就像亚里士多德的道德德性。正如我们在第 15 章中看到的，十一种德性 (数量与亚里士多德的相当，但并非一一吻合) 伴有十一种恶行。由此，我们也许可以总结说，德能并不是自发展现的，就好像它的实施是自为的一样；相反，德能需要产生效果，它的真实性就是它的有效真理，而只有当它在与其反面的对比中显现时它才是有效的。慷慨、仁慈与爱戴只有在一个人预期存在吝啬 (或贪婪)、残酷与畏惧的时候才会给人留下深刻印象。这种对比使德能彰显并使君主赢得富有德能的美名。如果这种分析没错的话，那么马基雅维利便赋予了“virtue”一种利用恶行的新含义，它肯定没有完全取代旧的含义——按照这种含义，德性与恶行不共戴天——而只是以某种方式继续与之共存。

新君主的第三种品质是他必须奠定自己的基础。虽然获取意味着为自己获取，但君主不可能事必躬亲，他需要别人的帮助。不过，在寻求帮助的过程中，他必须考虑在每座城市中都会发现的“两种对立的脾性”：渴望不受大人物支配和压迫的人民、渴望支配和压迫人民的大人物（第9章）。对于这两种脾性，君主应当选择支持人民。人民更容易满足，极为惰怠而不易起来反抗他，数量庞大而不可能全部杀光；而大人物总以为自己与他平起平坐，随时准备也有能力密谋颠覆他，并且他们也是可替代的。

因此，君主应当与人民结盟反对贵族；但是，他如何得到人民的支持？马基雅维利以切萨雷·博尔贾的行动为例，赞赏他打下的基础（第7章）。切萨雷征服了罗马涅地区后，他安排“雷米罗·德·奥尔科”（即西班牙人唐拉米罗·德·洛德瓜）整肃那里不听话的领主们。后来，切萨雷感到雷米罗的权威或许过大，他的行径可能招来憎恨——总之，雷米罗已失去利用价值——他便整肃了这位整肃者，有一天把他斫为两段，曝尸在切塞纳的广场上。这出人意料的一幕使人民“既心满意足又惶惑不安”；切萨雷在罗马涅建立了一个更加合宪的政府。这里的经验是，合宪的政府(constitutional government)只有在一个不合宪的开端之后才有可能。

在第9章中，马基雅维利讨论了依靠人民的支持而获得的“公民的君主国”，并以斯巴达人的“君主”纳比斯——此人因为对其对手犯下的罪行而在《李维史论》中被称作僭主——为例。在第8章中，马基雅维利讨论了通过罪恶获得的君主国，并以阿伽托克勒斯和奥利韦罗托为例，此二人尽管罪行累累却颇受人民欢迎。随着对这两章思考的深入，要区分出依靠罪恶还是依靠人民的支持获得一个君主国越发困难。切萨雷·博尔贾、阿伽托克勒斯和纳比斯当然都采取了同样的策略，即通过剪除大人物来讨人民欢心。最后，在第19章中，马基雅维利指出君主终归不需要人民的支持。即便他遭到人民的憎恨（因为实际上他不可能不遭到某些人的憎恨），他也能像罗马皇帝塞维鲁那样依靠自己的士兵（也参见第20章）。马基雅维利不经意地将塞维鲁与第7章中的切萨雷·博尔贾做了对比，认为他具备这样的德能，既让人民“惶惑不安”又让士兵们“心满意足”。

第四，新君主应该有他自己的武装力量，不依赖雇佣军或援军。与政治科学的传统相比，马基雅维利并没有讨论一位君主应当制定的法律，因为他认为“没有优良的军队，就不可能有良好的法律；有优良的军队，就一定会有良好的法律”（第 12 章）。他在第 12—14 章中讨论了君主的武装，并在第 14 章中宣称君主应当心无旁骛只关心战争的技艺。他必须武装起来，因为有武装的人服从没有武装的人是非常不合理的。只一句短短的评论，马基雅维利似乎就消解了智者的统治这一古典政治科学的根本原则，更不用说谦卑的人将得到全世界这一基督教的许诺了。

马基雅维利的意思并不是说，那些拥有最大有形力量的人始终会胜出，因为他将战争的技艺扩展了，既包括获取武力也包括使用武力。一位没有军队却懂得战争技艺的君主最终会胜过只有军队却不懂得战争技艺的君主。因此，武装起来意味着要懂得战争的技艺，懂得在和平时期勤加操练，以及阅读历史以了解历史上的伟大将领。在这方面，马基雅维利提到了他所谓的色诺芬的“居鲁士的生平”（实际上是“居鲁士的教育”），“君主镜鉴”文献中最早、最好的作品，《君主论》也属于这类文献。不过，他称之为历史之作而非君主镜鉴之作，并称它激励了罗马将军西庇阿（他曾在第 17 章中批评此人过度仁慈）。推荐给君主阅读的不是关于想象的共和国与君主国的书或者关于法律的论著，而是战争的历史。

最后，只有拥有自己武装的新君主才能成为自己的主人。“自己的武装”这一马基雅维利式的口号的深层含义是宗教性的，或者毋宁说是反宗教的。如果人类因为是上帝的造物而对上帝负有义务，那么，人类自己的需要就次于甚或不相干于他最紧要的义务。就算他不能负担正义也无所谓：上帝掌握着正义！因此，马基雅维利肯定会关注同时也身兼先知的新君主，特别是摩西。摩西“只是上帝指令给他的事务的一位执行者”（第 6 章）；因此，仅仅就使他有资格同上帝谈话这一恩典而言，他也应该受到钦佩。或者是否可以说，就像马基雅维利在第 26 章中所言，摩西拥有“德能”，那种使得一位君主无所依赖全凭自己的德能？在第 13 章中，马基雅维利重述了大卫与歌利亚的圣经故事，以证明君主拥有自己武装的必然性。当扫罗把自己的铠甲给大卫穿戴时，大卫拒绝了：按照马基雅维利的说法，大卫回答说，穿着它们他便不能很好地发挥自己的力量；而按照《圣经》的说法，因为上帝将“救我脱离这非利士人的手”。在投石器之外，马基雅维利还给了大卫一把自己的刀，而《圣经》上说这把刀是大卫从倒地的歌利亚手中夺来并用它割下了他的头颅。

那么，新君主——真正的新君主——必须成为他自己的先知并且创建一种新的宗教从而成为自己的主人吗？从摩西和大卫的事迹中、从萨沃纳罗拉在马基雅维利自己的时代和城市几乎成功的事例中，都可以看到宗教的巨大力量。没有武装的君主（这在第 6 章中遭到他的鄙视）实际上丢弃了战争的技艺所必需的强大武器。“没有武装的先知”如果利用宗教来达成自己的而非上帝的目的，那么他便有了武装；因为君主若不能给他的国家带来秩序，便不能为他自己获得荣耀，所以，为了他自己而利用宗教就是利用它来应对人类普遍的必然性。

《君主论》的最后三章探讨了人类在多大程度上能够创造自己的世界。机运为马基雅维利的政治科学（或“战争的技艺”）设定的限制是什么？在第 24 章的结尾，马基雅维利批评“我们的这些君主们”将自己的问题归咎于机运而非自己的惰怠。在风和日丽的时候他们从不考虑行将到来的暴风雨，但他们应该——也能够——如此。他们认为人民会厌弃外来征服者的欺压凌辱从而将他们召请回来，但是，“一个人绝不应该相信有人会搭救你而自甘倒台”。无论成功与否，这种防卫都是下策，因为它并不取决于你自己和你的德能。

带着这种对人类能力很高的期许，马基雅维利在第 25 章中引入了他著名的关于机运的探讨。他在一开始就问：这个世界在多大程度上是被机运和上帝控制着，而人类又能掌控多少？然后，他假定机运控制了一半（将上帝抛在了脑后），人类控制了另一半；他将机运比作一条暴虐的河流，却能被沟渠和堤坝控制。谈到具体的人，他认为控制机运的困难在于，在和平时期大胆果敢的人不能取得成功，在暴乱时期小心谨慎的人不能取得成功。人具有固定的天性和习性，他们并不能随时势变化而改变，因此，他们总是被时势所裹挟，被机运所控制。马基雅维利指出，人类固有的天性是一个特殊的问题；于是，克服机运影响的问题便化约为克服各种顽固的人类天性的问题。固有的天性使得一个人依赖于机运的转变。教皇尤利乌斯二世的成功是因为时势与其大胆果敢的天性相合，倘若他活得再久些，他便会遭遇不幸；马基雅维利将这归结于他的顽固，并由此暗示无论是他还是我们其他人都不需要恪守我们被给定的天性和自然倾向。

除了顺应时势或情境的灵活变通之外，马基雅维利所阐发的德能的新含义还有什么？然而，尽管一个人应该学着既大胆果敢又小心谨慎（对其他所有对立的品质而言亦是如此），但总体上，还是应该大胆果敢一些。机运之神是一个女人，她“宁愿让大胆果敢的人而不是冷漠行事的人赢得”；因此，她是年轻人的朋友。马基雅维利让新君主的政治看上去像是强暴女性的形象；而马基雅维利自己作为一个大胆果敢的人，他让我们看到他提出了道德的地位问题。不过，他看似谈论女性地位的话是否当真，却是可疑的。那些征服了机运女神的年轻人大胆无畏而来精疲力竭而去，但她却青春永驻，等待着后来者。人们不禁要问——不无小心谨慎地——到底谁在强暴谁？将机运人格化的马基雅维利能否在他试图创造的现代政治的世界中扮演她的角色？

（刘学浩 译，刘训练 校）

献辞

尼科洛·马基雅维利致“宽宏者”洛伦佐·德·美第奇*①

1．大多数情况下，那些想要获取一位君主恩宠的人，惯常把他们认为自己最宝贵的东西或者他们认为他最喜好的东

* Nicolaus Maclavellus magnifico Laurentiio Medici iuniori salutem. 原书献辞和各章的标题使用的是拉丁语，而正文使用的是托斯卡纳语；正文中出现的拉丁文单词、短语、句子，译文以楷体字标注。[本书所有的注释均为译者综合各种版本的注释并加上自己的理解编写而成；注释中马基雅维利其他著作的引文参照中文版《马基雅维利全集》(吉林出版集团，2011—2013年)，书信编号亦来自中文版全集《书信集》的编号，但所有译文都有较大调整。]

① “宽宏者”（Magnifico/ Magnificent）这个称谓通常用于美第奇家族的大洛伦佐，这里用于他的孙子小洛伦佐。在1513年12月10日致韦托里的著名信件（书信224）中，马基雅维利提到他打算将正在写作中的《君主论》进献给小洛伦佐的叔叔朱利亚诺（当时美第奇家族的教皇利奥十世正在为他的这个弟弟寻求一块领地），后来因故没有实现；朱利亚诺去世后，大约在1516年3—8月之间，马基雅维利转而把《君主论》进献给了即将获得乌尔比诺公国的小洛伦佐。

西作为献礼。因此，我们常常看到人们把骏马良驹、名剑奇甲、金缕衣、宝玉石，以及与君主的伟大相称的类似饰品呈献给他们[①]。因此，既然我想要向殿下敬献我效忠的证据，那么我觉得在我所有的东西里面，我认为最宝贵、我最看重的莫过于关于伟大人物之行动的知识了，这是我通过对现代事务的长期经验和对古代事务的持续研读而获得的。[②] 对于这些事情，我曾经长期地、孜孜不倦地加以思考和考查，现在我把它们精简为一卷小书进献给殿下。

2. 尽管我认为这本著作不值得你垂青，然而，考虑到除了让你能够在非常短的时间内理解我本人多年来历尽艰难险阻所学到的和所理解的一切之外，我不可能献给你更好的礼物了；所以，我深信，仰赖你的宽厚仁慈，它或许会蒙你嘉纳。我没有对这本著作加以装饰，也没有像许多人在叙述和润饰他们的主题时惯常做的那样，使用谄媚的字句、浮华而瑰丽的辞藻，以及任何奉承讨好的话语或者炫人耳目的修饰。[I]因为我希

① 马基雅维利习惯于在人称的单复数之间任意转化。

② 参见《李维史论》的献辞："这是尼科洛·马基雅维利所能够送给你们的最贵重的礼物了。因为，在其中我阐明了我通过对世事的长期实践和持续研读所知道的一切和所学到的一切"；《战争的技艺》的献辞："依据我见过的和读过的，我判断回归古代的模式并赋予它过去德性的某种形式并非不可能"。

I　就像塔西佗和吉本那样。（将军时期）

望它要么根本不会受到称誉，要么只能由于其话题的丰富和主题的厚重而受到欢迎。我希望，一个卑下、低微的人敢于讨论和指点君主们的政务，不应当被视为僭妄。因为就像那些绘制风景画的人，为了考察山峦和高地的特性而置身于平原，为了考察低地的特性而置身于山巅；[Ⅰ]同样，要深刻认识人民的特性，就必须成为君主，而要深刻认识君主的特性，就必须属于人民。

3．因此，殿下，请你体恤我进献这个小礼物的心意而笑纳它吧。如果殿下勤勉思考和阅读它的话，你就会从中了解我热切的希望：祈望你达到机运和你的其他品性使你有望达到的伟大。如果殿下有朝一日，从你所在的巍峨山巅俯瞰这些卑下低地，你就会了解到我是多么无辜地忍受着机运巨大而持续的恶毒折磨！①

① 关于“机运巨大而持续的恶毒折磨”（grande e continua malignità di fortuna），类似的表达，参见本书第7章“机运异常而极端的恶毒折磨”（estraordinaria e estrema malignità di fortuna）；马基雅维利1513年12月10日致韦托里的信“我的这种命运的恶毒折磨”（questa malignità di questa mia sorta，书信224）；《李维史论》第2卷前言“时势和机运的恶毒折磨”（malignità de' tempi e della fortuna）。

I 我就是从这里开始的，也应该从这里开始。站在山巅后才能更好地看清谷底。（执政官时期）

第1章
君主国有多少种类？获取它们的方式有哪些？*

过去曾经和现在正在对人类行使统治权的一切国家、一切领地，不是共和国就是君主国。[①] 君主国不是世袭的就是新的，[②] 所谓世袭君主国是指他们统治者的血脉世系长久以来就是那里的君主；而新君主国要么是全新的，[Ⅰ]比如米兰〔公国〕

---

* Quot sint genera principatuum et quibus modis acquirantur.

① 马基雅维利在这里放弃了传统的政体三分法或者说六分法（君主制 / 贵族制 / 平民制 / 僭主制 / 寡头制 / 暴民制），而采用了 15 世纪才开始盛行的君主制 / 共和制、王国 / 共和国的二分法。在《李维史论》中，除了在第 1 卷第 2 章复述古典政体学说时他提到了三分法之外，全书也采用了这种现代的政体二分法。

② 这个二分法未尽完备，没有包括选举的君主国，比如，罗马教廷（参见本书第 11 章）、“苏丹的王国”（埃及的马穆鲁克王朝，参见本书第 19 章）。

I　如有上帝相助，我的国家亦将如此。（将军时期）

之于弗朗切斯科·斯福尔扎，[①] 要么是像肢体那样嫁接于获取了它们的世袭君主国，比如那波利王国之于西班牙国王。[②] 如此获取的领地，要么习惯于生活在一位君主的统治之下，要么习惯于自由的生活；其获取的方式，要么是依靠他人或自己的武装，要么是凭借机运或德能。[③]

① 弗朗切斯科·斯福尔扎（1401—1466），著名的雇佣军首领，在1450年推翻米兰的安布罗斯共和国，取代维斯孔蒂家族，成为米兰公爵；参见《佛罗伦萨史》，第5卷，第13章；第6卷，第13、17—22章。

② 1500年，西班牙国王“天主教徒”斐迪南与法国国王路易十二缔结条约瓜分了那波利王国，1504年西班牙驱逐了法国势力，兼并了那波利和西西里。

③ 在西方思想史上，“fortuna”与“virtù”的对分是一个经典命题，并且对于理解马基雅维利的思想具有十分重要的意义，参见本书第25章。

第2章

论世袭君主国*

1. 我将撇开对共和国的探讨，因为我在其他地方已经详细探讨过了。[①] 我将只处理君主国，[Ⅰ]并按照前面提到的头绪来进行编织，[②] 探究这些君主国应该如何统治和维持。

2. 因此，我要说，在人们已经习惯了他们君主血脉世系统治的世袭国家里比在新的国家里维持国家，困难要小得多，[Ⅱ]因为君主只要不背离其先人定下的秩序，然后在遇到意外事件时能够随机应变，就足够了。这样，一位君主只要付出寻常的努力，就总是能够维持他在其国家中的地位，除非遇到某种超乎寻常、格外强大的势力，它才可能被篡夺；

* De principatibus hereditariis.

① 应该是指《李维史论》，特别是第1卷。

② 关于编织与治国术的譬喻，参见柏拉图：《政治家篇》(Plato, *Statesman*, 279-286a)。

Ⅰ 不管他们怎么说，只有这种制度才是好的；然而，我必须附和他们，直到新的秩序建立。（将军时期）

Ⅱ 我将尽我所能成为欧洲其他统治者的宗主，以弥补这种劣势。（将军时期）

即便如此，一旦篡夺者发生祸患，他还能收复之。[Ⅰ]

3. 例如，在意大利我们就有费拉拉公爵。[①] 其所以能够抵御 1484 年威尼斯人的进攻、1510 年教皇尤利乌斯[②] 的进攻，就是因为其家族在那个领地的统治由来已久，此外别无其他原因。[③] 因为自然的〔世袭的〕君主侵害人民的理由和必然性都较少，所以他理当更受爱戴。只要没有超乎寻常的恶行使他为人所憎恨，那么合乎情理的是，他将自然而然地获得〔民众的〕好感。革新的记忆与理由，由于统治的古老和持续而消除；因为每次变革总是为下一次变革留下凹槽。[④] [Ⅱ]

---

① 指埃斯特家族的埃尔科莱一世和阿方索一世。

② 教皇尤利乌斯二世（1443—1513，本名 Giuliano della Rovere），在位十年期间，积极巩固和扩张教皇国，不惜采取战争手段收复教皇领地，被称为战神教皇。同时，他还以鼓励和保护艺术创作而闻名。

③ 埃斯特家族对费拉拉的统治可以追溯到 1240 年；但是，埃尔科莱和阿方索这两位费拉拉公爵在政治上和军事上都颇具才能。

④ 马基雅维利区分了“革新”（innovazioni，这里指革命、改朝换代）与“变革”（mutazioni，更替、继承）。“凹槽”(addentellato) 是一个建筑学术语，指用于连接新旧建筑物砌体的齿状墙；这里比喻世袭君主国的逐步建构就像一排建筑物在末端留下凹槽，为未来的建筑做好铺垫。

I 这一点让我们拭目以待。对我有利的地方是，我并未夺取君权，我的权力是从第三者——那些把局面搞得一塌糊涂的共和主义者——手中得来的。篡夺者的可憎名号不会落到我头上。那些被我收买的喉舌已经说服大家："他只是推翻了无政府状态"。我对法国王位的权利在勒芒（Lemont）的小说中就可以确立……但对意大利的王位，我就需要蒙加（Montga）的论说文了……这套办法适合于辩手一般的意大利人，但对于法国人，一本小说就足够了。普通民众不识字，那就让主教们和教士们给他们讲道，况且我的教理是得到教皇特使批准的。在这一魔力面前，他们根本不会抵抗。教皇已经为我的帝国加冕，那它就是无可指摘的。所以，我比波旁王室的任何人都要名正言顺。（皇帝时期）

II 人们为我留下了多少凹槽啊！所有属于我的仍然在那里；除非它们一个都不剩了，我所有的希望才会落空。我的雄鹰，我的N，我的头像，我的雕塑，也许还有我加冕时的帝国马车，我将在凹槽里把这些悉数找回来。这一切一直维系着人民对我的支持，并一直召唤着我。（厄尔巴岛时期）

第3章

论混合君主国*

1. 但是，在新君主国里就会困难重重。首先，如果它不是全新的，而是像嫁接的肢体那样（所以，从整体来说，可以近似地称之为混合的），[Ⅰ]那里的动荡一开始源自所有的新君主国都会面临的一项自然的难题。这就是，人们是怀着改善自己境遇的信念而自愿更换其统治者的，这种信念让他们拿起武器来反对他；但他们在这件事上受骗了，因为后来经验让他们看到，他们的境遇反而更糟了。这又是由于另一种自然的、平常的必然性造成的；那就是，新君主由于他的重骑兵和新的获取〔征服〕所带来的无数其他损害，总是不可避免地侵害其新的臣民的利益。[Ⅱ]由此，所有那些在你夺取该君主国的过程中侵害过的人都变成了你的敌人；而你又

* De principatibus mixtis.

I　正如我将来对皮埃蒙特、托斯卡纳、罗马等地的统治那样。（执政官时期）

II　不重要，胜者为王。（执政官时期）

不能保持那些曾经帮助过你的人的友谊，因为你既不能依照他们期待的方式给予满足，又不能针对他们施以猛药，毕竟你对他们负有恩义。[Ⅰ]还因为，纵使一个人拥有最为强大的军队，但他为了进入一个地区，也总是需要获得那个地区居民们的支持。由于这些原因，法国的路易十二夺取米兰甚速，但丧失米兰亦甚速；[Ⅱ]并且第一次从他手上夺回米兰，洛多维科自己的力量就足够了。[①] 因为原先给他打开城门的人民，后来发现在他们的意见和他们预期的好处上都受骗了，[Ⅲ]他们无法再忍受新君主的折磨。

2. 确实，一度反叛的地方再度获取〔征服〕后就不会那么容易丧失了，因为统治者会抓住反叛提供的机会毫不迟疑地惩罚反叛者，揭露可疑分子，加强薄弱环节，巩固自己的安全。[Ⅳ]因此，如果说第一次使法国失去米兰，只要洛多维科公爵一个人在边境起事就足够了；那么，要使他再次失去米兰，则必须

① 洛多维科·斯福尔扎（即“摩尔人”卢多维科，1452—1508），弗朗切斯科·斯福尔扎的次子，1494年成为米兰公爵。1499年2月法国国王路易十二与威尼斯人结盟，9月法军攻占米兰，洛多维科逃亡，威尼斯人分占米兰公国三分之一的领土。1500年2月，洛多维科归国光复米兰，但其后又被法军挫败，死于监狱。

Ⅰ 那些可恶的家伙！他们残酷地让我认清了这一真相。如果我不设法摆脱他们的控制，他们就会拿我开刀。（皇帝时期）

Ⅱ 如果1798年我留在了那里，奥地利人和俄国人就绝不会打败我。（执政官时期）

Ⅲ 1796年，人民为我打开了城门，我至少没有辜负他们的希望。（执政官时期）

Ⅳ 这正是1800年我再次夺得这个国家时使用的手段。去问问卡尔大公，我是不是干得很漂亮。（皇帝时期）

他们被弄得措手不及，一切的发展都如我所愿。（厄尔巴岛时期）

使全世界都起来反对他，[①] 必须把他的军队消灭或者逐出意大利，其原因一如上述。[Ⅰ]然而，米兰毕竟两度从他手里被夺走。

3. 关于第一次〔丧失〕的一般性原因已经讨论过了，现在还要说说第二次〔丧失〕的原因，并且看看他当时有什么补救办法，亦即一个人如果设身处地要想比法国在其获取〔征服〕中更好地维护自己的地位有什么补救办法。[Ⅱ]让我说，那些被征服者合并到他已有国家的国家，要么与征服的国家属于同一地区、使用同一语言，要么并非如此。如果是前一种情况的话，尤其是如果它们不习惯于自由地生活，那么保有这些国家是非常容易的；[Ⅲ]并且只要灭绝过去统治它们的君主的血脉世系，就足以稳固地占领这些国家。[Ⅳ]只要在其他事情上维持着它们旧的状态，而且在风俗习惯上没什么差异，人们就会安然地生活下去——就像人们在勃艮第、

① 为了驱逐在意大利的法军，1511 年教皇尤利乌斯二世和西班牙、威尼斯结成“神圣同盟”。1512 年 4 月 11 日在拉韦纳的决定性战役中，尽管法军取胜，但由于主帅加斯东·德·富瓦阵亡和瑞士人支持“神圣同盟”而突袭米兰，使法军受到挫折。瑞士人在教皇尤利乌斯二世的怂恿下征服米兰，立洛多维科的儿子马西米利亚诺为其傀儡公爵。

Ⅰ 这种情况再也不会发生了。（执政官时期）

Ⅱ 在这方面，我比马基雅维利知道得更多。（执政官时期）这些方法不可信，我还是建议采取完全相反的方法：那样会更好。（厄尔巴岛时期）

Ⅲ 就算他们习惯于自由生活，我也知道如何去压制他们。（将军时期）

Ⅳ 在我建立起统治的所有地方，我都不会忘记这一点。（将军时期）

布列塔尼、加斯科涅和诺曼底看到的，这些地方与法兰西合并已经很长时间了；[①] [Ⅰ]而且，尽管语言上可能有些差异，但是风俗习惯相同，因此它们很容易相互容忍。任何征服这些地方的人想要保有它们，就必须关注两个方面的问题：一方面是，要灭绝它们过去君主的血脉世系；[Ⅱ]另一方面就是，不要改变它们的法律或赋税；[Ⅲ]这样，在一个非常短的时间内，它就会同他们已有的君主国浑然一体。[Ⅳ]

4. 但是，如果那些被征服的国家位于一个在语言、风俗习惯和秩序上都不同的地区，那么就会产生种种困难；[Ⅴ]为了保有它们，就需要非常好的机运并做出巨大的努力，而最有力、最便捷的补救办法之一，就是征服者亲自前往，驻跸在那里。这会使他的占领更加稳固、持久，例如土耳其人在希腊就是这样做的。[②] 如果土耳其苏丹没有移跸希腊，

① 以上各地归并于法国的时间是：勃艮第为1477年（路易十一）、布列塔尼为1491年（查理八世）、加斯科涅为1453年（查理七世）、诺曼底为1204年（菲利普二世）。

② 此处所称希腊，实指土耳其人在15世纪征服巴尔干半岛。先是穆拉德二世（1421—1451年在位）开始远征匈牙利、希腊、阿尔巴尼亚等国；其后穆罕默德二世（1451—1481年在位）继续扩张：于1453年灭拜占庭帝国，并将奥斯曼帝国的首都移至君士坦丁堡，改名伊斯坦布尔，从而确立了土耳其在欧洲的势力。

Ⅰ 比利时并入法国的时间并不长，然而由于我的统治，它已然成为一个非常好的范例。（执政官时期）

Ⅱ 我将促成此事。（将军时期）

Ⅲ 马基雅维利真是幼稚。他能如我这般了解强大的帝国吗？很快我就会在他的家乡托斯卡纳给他上一课，还有皮埃蒙特、帕尔马、罗马，等等。（皇帝时期）

Ⅳ 我没有采取这种软弱的措施，照样取得了相同的结果。（皇帝时期）

Ⅴ 又是蠢话！用武力！（皇帝时期）

那么，即使他为了保有那个国家而采取其他一切方法，他还是不可能保有它。[Ⅰ]因为如果你待在当地的话，那么动乱稍一露头你就能察觉，从而就能够迅速地加以补救；但是，如果你不在跟前，那么只有当天下大乱的时候你才能察觉，而那时你已经无力回天了。除此之外，那个地区不会受你的官吏的掠夺，[Ⅱ]臣民们由于能够随时求助于君主而感到满意；因此，那些愿意做良民的人势必更加爱戴他，[Ⅲ]而那些别有用心的人则势必更加畏惧他。任何想从外部进攻这个国家的人，就会更加迟疑，因为只要君主驻跸在那里，他失去它就会极为困难。[Ⅳ]

5. 另一个更好的补救办法是，往一两个地方派遣移民，作为那个国家的羁绊(compedes)；[①] 因为这样做是必然的，否则就必须以大批重骑兵和步兵来保有它们。[Ⅴ]在殖民这件事上不用花费太多，无须花自己的钱或者只要花自己很少的钱就可以向那里派遣移民并保有之；所侵害的只有那些其田地和房屋被征用给新居民的人，而他们只是那个国家中很少的一部分人。而且，受侵害的那些人是分散的、贫穷的，所以

① 关于殖民地，参见《佛罗伦萨史》，第2卷，第1章；《李维史论》，第2卷，第6章。

Ⅰ 我会用副王或者傀儡国王来代替：他们唯我是从；稍有不从，立马换掉！（皇帝时期）

Ⅱ 要想让他们乐意为我效劳，就得让他们发点财。（执政官时期）

Ⅲ 只要他们畏惧我就足够了。（皇帝时期）

Ⅳ 对我而言这不可能。我的名字就如我亲临一般震慑四方。（执政官时期）

Ⅴ “此若不足，彼则补之”，我要两者兼顾。（执政官时期）

绝不会对他〔君主〕构成危害；[Ⅰ]而其他所有人一方面没有受到损害，所以他们容易安抚，另一方面，由于害怕自己遭到同样的掠夺，所以他们不敢有半点差错。[Ⅱ]我的结论是：这种殖民花费不高，更加忠诚可靠，并且侵害性较小；而那些被侵害的人，如上所说，既贫穷又分散，是不可能造成危害的。[Ⅲ]关于这一点，必须注意的是：对人们要么加以安抚，要么加以剪除；因为他们可以报复受到的轻微侵害，[Ⅳ]却无力报复受到的沉重侵害；所以，对一个人的侵害应当是无须害怕他复仇的那种侵害。①[Ⅴ]但是，如果为了保有一个国家而以重骑兵代替殖民的话，那么他将由于守卫它而不得不花费掉那个国家的全部收入，如此靡费甚巨。[Ⅵ]结果，获取反而变成了损失，而且侵害更大，因为军队在周转调动中会危害整个国家，每个人都会感到痛苦，每个人都会变成他的敌人：这样的敌人就算被打败了，但仍然待在自己的家乡，所以足以构成危害。[Ⅶ]因此，无论从哪个方面说，以驻军来守卫是无益的，而以殖民来守卫却

① 反对在惩罚问题上走“中间道路”，参见马基雅维利：《关于基亚纳谷地叛民的处理方式》；《李维史论》，第2卷，第23章，以及第3卷，第6、40章。

Ⅰ 非常犀利的观察，我可以从中受益。（执政官时期）

Ⅱ 这正是我想要的效果。（执政官时期）

Ⅲ 把皮埃蒙特并入法国之后，我也会采取所有这些手段。在我的殖民地上，财产将归我所有，它们将被称为“国有财产”。（将军时期）

Ⅳ 我出于一时心软，只对自己的人民实施了轻微的侵害：结果他们仍要报复，损害我的利益。少数人的不满，就相当于许多人的怨恨；如果忽略了这一点，还谈何了解统治艺术的基本法则？（厄尔巴岛时期）

Ⅴ 我没有很好地遵循这条规则；但他们将自己侵害的人武装起来，这些被侵害者就成了我的人。（厄尔巴岛时期）

Ⅵ 为了维持自身运转，需要加重赋税。（执政官时期）

Ⅶ 只要我迫使他们留在家乡，我就不用顾忌他们。他们不会离开家乡，至少不会聚集起来反对我。（执政官时期）

是有益的。

6．无论谁在一个如上所说〔在语言、风俗习惯和秩序上〕不同的地区，都应当还要使自己成为邻近弱小势力的首领和保护者，设法削弱那个地区的强大势力，[Ⅰ]同时注意不要让一个同自己一样强大的外国势力利用某个意外事件介入那里。总是会出现这样的情况：一个外国势力被那个地区心怀不满的人引入，要么由于过分的野心要么由于恐惧，[Ⅱ]就像我们曾经看到埃托利亚人把罗马人引入希腊；[①] 而且，罗马人进入其他任何地区都是由其居民引入的。[Ⅲ]事态的发展往往是：一旦一个强大的外国势力进入一个地区，那里所有的弱小势力，就会出于对任何凌驾于他们之上的人的嫉妒，纷纷依附于他。[Ⅳ]所以，对于这些弱小势力，笼络他们易如反掌，因为他们全部都会马上心甘情愿地同他在那里已经获取〔征服〕的国家结为一体。[Ⅴ]他只需注意不要让这些弱小势力获得太大的力量和太大的权威；依靠自己的力量和他们的支持，他可以轻而易举地压服那些强大势力，从而继续成为那个地区完全的主宰。[Ⅵ]任何人只要没有很好地实施这个策

---

① 公元前2世纪，希腊的埃托利亚同盟及其他希腊城邦，为了反对与迦太基结盟的马其顿国王腓力五世，决定与罗马人结盟，罗马人由此进入希腊。

Ⅰ 要做到这一点，除了掠夺和占领以外，没有更好的方法。摩德纳、皮亚琴察、帕尔马、那波利、威尼斯、罗马和佛罗伦萨，都是如此。（执政官时期）

Ⅱ 正如我对伦巴第与奥地利所希望的那样。（将军时期）

Ⅲ 被招请至伦巴第的可不是罗马人。（将军时期）

Ⅳ 奥地利想反抗我，却只能在软弱的意大利诸国那里寻求援助！（将军时期）

Ⅴ 笼络他们！我将毫不费力地达到目的；这些势力在我的逼迫下，尤其是通过我的莱茵联盟计划，只能选择归附于我。（皇帝时期）

Ⅵ 这对于我在意大利和德意志方面的计划是不错的参考。（将军时期）

略，他很快就会失去已经获取的一切，并且就算保有它，他也会在那里遇到无数的困难与烦恼。[Ⅰ]

7. 罗马人在他们夺得的地区很好地遵循了这些策略：他们派遣移民，安抚弱小势力但不让其权势增长，镇压强大势力，不让强大的外国势力在那里赢得声望。① [Ⅱ]我想只要举希腊这个地区为例就足够了。罗马人同亚该亚人和埃托利亚人修好，打倒了马其顿王国，驱逐了安条克。[Ⅲ]然而，罗马人从来没有让亚该亚人或者埃托利亚人由于他们的功劳而增强他们的国家；[Ⅳ]无论腓力怎样劝说都不能诱使罗马人成为他的盟友而不把他打倒；同时，安条克的权势也不能使罗马人同意他保有那个地区的任何国家。② [Ⅴ]因为罗

① 上文提到了五种补救办法，但对于罗马共和国来说，派遣移民就等于征服者（君主）亲自驻跸。

② 公元前215年，马其顿国王腓力五世与汉尼拔结盟，对付罗马及希腊各城邦，因此罗马与希腊各城邦组成反马其顿同盟。在第二次马其顿战争中，罗马人成功地让亚该亚同盟放弃亲马其顿的立场，并在公元前197年打败腓力，由此罗马人控制了整个希腊，但也引起了其前盟友的不满。在希腊中部的埃托利亚同盟的请求下，公元前192年叙利亚国王安条克三世（安条克大帝）出兵希腊，小亚细亚的希腊城邦则请求罗马人帮助。公元前190年，安条克被罗马人打败，被迫放弃全部小亚细亚领土。其后马其顿复苏，但在公元前168年再次被罗马人打败，曾经帮助马其顿的希腊人亦受到镇压。从此，罗马人成为整个地中海世界的主宰。

Ⅰ 马基雅维利钦佩这种艺术，而我知道自己完全不必这么做。（皇帝时期）

Ⅱ 要诋毁他们。（执政官时期）

Ⅲ 为什么不把其他所有势力一网打尽？（执政官时期）

Ⅳ 这还远远不够：罗穆卢斯的子孙还需要向我学习。（皇帝时期）

Ⅴ 这是他们做得最好的地方。（执政官时期）

马人在这些情况下的所作所为正是所有明智的君主都应该做的：他们需要考虑的不仅是当前的忧患，还有未来的忧患；他们必须尽一切努力，避免这些忧患，因为防患于未然，还可以亡羊补牢，可一旦病入膏肓，就无可救药了。关于这一点，就像医生们说消耗热病一样：在患病之初，治疗容易而诊断困难；但随着时间流逝，在初期没有检查出来也没有采取措施，它就会变成诊断容易而治疗困难了。[Ⅰ]国家事务也是如此，因为对一个国家中滋生的祸患能够察识于未萌的话（只有审慎的人才能做到这一点[①]），很快就能加以恢复；但是如果不曾察识，任其发展直到每个人都能看出来的话，那就没有任何补救办法了。

8. 因此，预见麻烦于未萌的罗马人总是能够找到补救办法，从不为了避免一场战争而任其发展，因为他们知道战争无可逃避，而拖延时日只会有利于他人。[Ⅱ]所以，他们决意同腓力和安条克在希腊作战，以免将来不得不在意大利作战；虽然他们本来可以避免这两场战争，但他们不想这么做。他

① 参见马基雅维利在《佛罗伦萨史》中对科西莫·德·美第奇的评论："他非常审慎，能够防患于未然，从而要么有时间阻止其滋长，要么即使其滋长也有时间做好准备，不让其损害自己"（VII. 5）。

Ⅰ　在写这一段话时，马基雅维利像个病人似的，要不就是他刚刚看过医生。（皇帝时期）

Ⅱ　非常重要的格言，我要将它作为我战争与政治行动的基本原则。（将军时期）

们也不喜欢我们这个时代的聪明人整天挂在嘴上的那句话“享受时间的恩惠吧”[①]，[Ⅰ]而宁愿享受自己德能和审慎的恩惠。因为时间把一切都推到跟前：它在带来好处的同时也带来坏处，而在带来坏处的同时也带来好处。[Ⅱ]

9. 但是，让我们回过头来看看法国并考查一下他是否做过上述任何一件事情吧。我想谈谈路易而不是查理，因为前者占领意大利的时间更长，他的进程可以看得更清楚。[②] 您[③]会看到，他的所作所为，与想要在一个截然不同的地区保有

① 原文为：“godere el benefizio del tempo”，是当时意大利和法国流行的谚语。参见圭恰尔迪尼在《格言集》中的评论：“如果不能正确理解‘聪明人要善于利用时间的恩惠’这句格言会很危险”（Francesco Guicciardini, *Ricordi,* C. 79）。

② 路易指法国国王路易十二，查理指法国国王查理八世。查理八世于 1494 年 9 月入侵意大利，迅速地占据了那波利王国，但在 1495 年 10 月随即丧失，至 1496 年完全失败；查理八世的远征成为外族入侵意大利的开始，拉开了法国和西班牙争霸的意大利战争的序幕。路易十二继承了查理八世征服意大利的计划，在 1499 年率军进入意大利，一度攻占米兰，同西班牙瓜分那波利，并在拉韦纳战役中战胜了反对法国的“神圣同盟”，直至 1513 年被击败。

③ 按照施特劳斯、阿尔瓦热兹、曼斯菲尔德等人的解释，当马基雅维利由“你”改用第二人称复数或敬称（本书译为“您”）时，都是与“发现”、“考虑”之类的动词连用。

Ⅰ 一群懦弱的小人；如果这种人以顾问身份出现在我面前，我会把他们……（执政官时期）

Ⅱ 必须将这两方面都控制住。（将军时期）

一个国家所应当做的事情，恰好背道而驰。[Ⅰ]

10. 路易国王被引入意大利是由于威尼斯人的野心，他们想通过他的介入为自己获得半个伦巴第国家。① 我不想非难国王所采取的策略，因为他想在意大利获得一个立足点，而他在那个地区又没有盟友——事实上，还由于查理国王过去的行动而饱尝闭门羹，② 所以，他不得不接受能够得到的任何友谊。[Ⅱ]而且，假如他在处理其他事情的时候没有犯错的话，他稳固采取的这个策略本来可能会取得成功的。因此，在获取〔征服〕伦巴第后，国王立即重新获得查理失去的声望：热那亚投降了；③ 佛罗伦萨人成为他的盟友；曼托瓦侯爵，费拉拉公爵，本蒂沃利奥，弗利伯爵夫人，法恩扎、佩萨罗、里米尼、

① 1499 年初，路易十二与威尼斯人签署条约，允诺放弃阿达河畔的贾拉和克雷莫纳，以获取后者对他进攻米兰的支持。

② 1495 年 7 月，威尼斯、米兰、佛罗伦萨、那波利、曼托瓦、西班牙、神圣罗马帝国和教皇组成的反法“神圣同盟”在塔罗河畔福尔诺沃击败法军，但查理八世和法军主力得以脱身。

③ 指 1499 年 10 月热那亚脱离米兰的支配，接受法国的保护。

Ⅰ 从距离法国最近的皮埃蒙特开始，我将要求当地必须使用法语。要把一个民族的习俗推广到异国，推行这个民族的语言是最行之有效的方法。（将军时期）

Ⅱ 赢得热那亚人的友谊要简单得多，单凭给点钱财，他们就为我打开了意大利的通道。（将军时期）

卡梅里诺、皮翁比诺等地的统治者，[①] 还有卢卡人、比萨人、锡耶纳人，全都逢迎他，要成为他的盟友。[Ⅰ]只有到了这个时候，威尼斯人才发觉自己采取的策略是多么冒失：为了获取伦巴第的两块土地，他们让国王成为意大利三分之二[②]〔领土〕的统治者！[Ⅱ]

11. 现在可以考虑一下：如果国王遵循前面提到的规则，稳固维系并保护他的所有这些盟友的话，那么，他要在意大利维持自己的声望又有什么困难呢！因为他们虽然为数众多，但既弱小又胆怯——有的害怕教会，有的害怕威尼斯人——因此，他们总是出于必然性而站在他这一边，而借助他们，他就总是能够轻而易举地保护自己的安全，对抗我们当中仍然强大的任何势力。[Ⅲ]但是，他一进入米兰就反其道而行

---

① 以上统治者分别指：曼托瓦侯爵詹弗朗切斯科·贡扎加（1484—1519），费拉拉公爵埃尔科莱一世·德·埃斯特（1471—1505），博洛尼亚领主乔瓦尼·本蒂沃利奥（1443—1508），弗利伯爵夫人卡泰丽娜·斯福尔扎（1463—1509），法恩扎领主阿斯托雷·曼弗雷迪（1485—1502），佩萨罗领主乔瓦尼·斯福尔扎（1466—1510），里米尼领主潘多尔福·马拉泰斯塔（1475—1534），卡梅里诺领主朱利奥·切萨雷·达·瓦拉诺（1432—1502），皮翁比诺领主亚科波·阿皮亚诺（1460—1510）。

② 个别版本作“三分之一”。

Ⅰ　我已经取得了同样的有利地位；而我绝对不会犯同样的错误。（将军时期）

Ⅱ　我假意将瓦尔泰利纳、贝尔加莫、曼托瓦、布雷西亚等地送给伦巴第人，又向他们植入了对共和主义的狂热，于是伦巴第人便帮了我这个同样的忙。一旦控制了这里，我很快就会拿下意大利的其他地区。（将军时期）

Ⅲ　我无需他们就能取得这样的利益。（将军时期）

之：他援助教皇亚历山大〔六世〕，使教皇得以夺取罗马涅。[①]他没有注意到，由于此项决策，他削弱了自己的力量，失去了他的盟友和那些前来投靠他的人；同时，在教会拥有如此巨大权威的精神权力之外，他又给它增加了如此巨大的世俗权力，[Ⅰ]使之势力壮大。[Ⅱ]在犯了第一个错误之后，他就不得不继续错下去，直到最后为了制止亚历山大的野心，阻止其成为托斯卡纳的统治者，他不得不来到意大利。[②]他使教会的势力壮大并且失去了盟友之后好像还不够似的，他又垂涎于那波利王国，便同西班牙国王瓜分了它。[③][Ⅲ]一开始他是意大利的主宰，而现在却引来一个同伙：结果，那个地区有野心的人和那些对他心怀不满的人在别处有了靠山；本来

---

① 亚历山大六世（1431—1503，本名 Rodrigo Borgia），西班牙裔教皇，在位十一年间，不择手段大肆敛财，并借助其私生子切萨雷・博尔贾（瓦伦蒂诺公爵）的军事力量，竭力扩张罗马教廷势力，维护本家族的利益。关于瓦伦蒂诺公爵对罗马涅的军事征服，参见本书第 7 章。

② 路易十二在 1502 年 7 月来到意大利，主要是为征服那波利王国做准备；不过，此前他确实制止了瓦伦蒂诺公爵对佛罗伦萨的进犯。

③ 1500 年 11 月，路易十二同西班牙国王斐迪南二世缔结《格拉纳达条约》，瓜分那波利；后来法国和西班牙闹翻，路易十二战败，法国人于 1504 年从所占领的那波利领土上被驱逐。

Ⅰ 我必须让教廷之剑的双刃变钝。路易十二只是个白痴。(将军时期)

Ⅱ 巨大的错误。(将军时期)

Ⅲ 我也会拥有那波利，但与人共享并不会让我失去至高无上的地位：我的好约瑟夫是永远不会对我说个不字的。(皇帝时期)

他可以在那个王国留一个向他纳贡称臣的人[①] 当国王，[Ⅰ]但他却把他撵走了，结果引来了一个能够把自己赶跑的人。[Ⅱ]

12. 获取的欲望确实是非常自然的、平常的事情；并且，只要在人们的能力范围之内，这样做总是会受到赞扬而不会受到非难；但是，如果这并非他们能力所及，却又千方百计地去做，那么，这就是错误而要受到非难了。[②][Ⅲ]因此，如果法国能够依靠自己的力量进攻那波利的话，他就应该这样做；如果他没有这个能力，他就不应该瓜分那波利。如果说他同威尼斯人瓜分伦巴第是因为法国需要借此在意大利获得立足之地而无可厚非的话，那么，这一次的瓜分就没有那种必然性为之开脱而要受到非难了。[Ⅳ]

13. 因此，路易犯了这样五个错误：他消灭了弱小势力；[Ⅴ]

---

① 指那波利国王阿拉贡的费代里科（1452—1504），他的王国为其堂亲斐迪南二世和法国国王路易十二所瓜分。

② 参见《李维史论》，第1卷，第37章："大自然创造了人类，使他们能够欲求一切事物，却不能得到一切事物；如此一来，既然欲求总是大于获取的能力，结果就是不满足于现在所占有的，对其缺乏满足感。由此导致他们的机运变幻起伏，因为有些人想要拥有更多，而有些人又害怕失去已经获取的，他们最终走向敌对和战争，由此又导致一个地区的毁灭和另一个地区的兴旺。"

Ⅰ 就像我将要做的那样。（皇帝时期）

Ⅱ 我不得不撤掉约瑟夫，对于我选定继承他的人，我也不无担忧。（皇帝时期）

Ⅲ 我从来都能实现自己的欲望。（将军时期）

Ⅳ 自作自受。（将军时期）

Ⅴ 如果他没有犯下其他错误的话，这项行动就算不上错误。（将军时期）

在意大利扩大了一个强大势力的权势；引入了一个非常强大的外国势力；他既没有亲自驻跸在那里，也没有向那里殖民。然而，假如他没有由于夺取威尼斯人的国家而犯下第六个错误的话，那么当他在世的时候，① 这些错误还不足以损害他。[Ⅰ] 因为假如他不曾使教会势力壮大，不曾把西班牙引入意大利，那么他让威尼斯人屈服就是合乎情理的、必然的。但是，既然他已经采取了那些策略，那么他就绝不应该同意威尼斯人的毁灭；② 因为只要他们强大的话，他们就决不会让他人染指伦巴第：不管是因为威尼斯人不会同意这种企图，除非他们自己成为那里的统治者；还是因为，其他人也不会想要从法国手中夺取伦巴第来送给威尼斯人，更不会有与这两者同时为敌的勇气。[Ⅱ] 有人会说，路易国王是为了避免战争才把罗马涅让给亚历山大〔六世〕、把〔那波利〕王国让给西班牙的；我可以根据上述理由回答说：人们绝不

---

① 路易十二在 1515 年 1 月 1 日去世。

② 1508 年 12 月法国参与反威尼斯的“康布雷联盟”，并在 1509 年 5 月维拉战役中打败威尼斯（参见本书第 166 页注释②）。法国在意大利势力的加强又引起了教皇、皇帝和西班牙的恐惧，他们转与威尼斯结成反对法国的“神圣同盟”，并于 1513 年将法国势力赶出意大利。

I 他的错误在于他在这件事上急于求成了。（将军时期）

II 就那个时代来说，这一推理已经足够有力了。（皇帝时期）

应当为了逃避一场战争而听任动乱继续，因为那非但不能避免战争，反而只能拖延战争而对你不利。[Ⅰ]如果还有人援引国王对教皇许诺的信义：他支持教皇的事业是以教皇同意解除他的婚姻关系和授予鲁昂枢机主教的帽子作为回报的；[①] 关于这一点，后面论述君主的信义和应该如何守信时，我再给予回答。[②][Ⅱ]因此，路易国王失去伦巴第就是因为他没有遵循那些夺取领土并希望保有领土的人所应当遵循的条件。这不是什么奇迹，而是平常的、合乎情理的。当瓦伦蒂诺（老百姓对教皇亚历山大的私生子切萨雷·博尔贾[③] 的称呼）占据罗马

① 双方的交易是：路易十二支持教皇的儿子切萨雷·博尔贾攻占罗马涅；亚历山大六世同意路易十二与妻子瓦卢瓦的让娜离婚，以便同查理八世的遗孀布列塔尼的安妮结婚，并且同意路易十二的宠臣乔治·安布瓦兹（1460—1510）由鲁昂大主教升任枢机主教。

② 参见本书第 18 章。

③ 切萨雷·博尔贾（1475—1507），教皇亚历山大六世的私生子，曾出任枢机主教，后放弃教职出任教廷军队的统帅，并从法国国王路易十二那里接受了瓦伦蒂诺公爵的称号。回到意大利后，在法国的支持下，他开始攻击教皇领地内的众多统治者，并被亚历山大六世授予罗马涅公爵的称号。1502 年亚历山大去世后，他受到新教皇尤利乌斯二世的打击，被迫放弃罗马涅并被囚禁，越狱后投奔纳瓦尔国王，在一场军事冲突中丧生。马基雅维利对他的述评，详见本书第 7 章。

Ⅰ 稍不满意，立刻宣战：这种决绝之心一旦传开，你的敌人就会慎重行事。（将军时期）

Ⅱ 这才是最高明的政治艺术；我的观点是，不要做过头。（将军时期）

涅的时候，我在南特同鲁昂枢机主教谈论过这个话题。当时，鲁昂枢机主教对我说：意大利人不懂战争；我回答他说，法国人不懂国家〔治国术〕，因为如果他们懂得国家的话，就不会让教会的势力如此坐大。[①] [Ⅰ] 经验也许可以表明：教会和西班牙在意大利的强大是由法国促成的，而法国的毁灭是由它们促成的。[Ⅱ] 由此，我们可以得出一条从不会出错或者极少出错的一般性规则：谁是促使他人强大的原因，谁就是自取灭亡；[Ⅲ] 因为这种强大是由他要么通过费尽心机要么通过武力促成的，而这两者对于任何已经变得强大的人来说都是可疑的。[Ⅳ]

① 马基雅维利在第一次出使法国宫廷期间，与鲁昂枢机主教有过多次交往，参见 1500 年 8—11 月的外交公函。在 1500 年 11 月 21 日致十人委员会的信（《马基雅维利全集·政务与外交著作》“第一次出使法国宫廷”书信 26）中，马基雅维利提到他曾当鲁昂枢机主教之面批评了路易十二的政策：“这位国王陛下本应防范那些试图消灭他盟友的人，到头来却使那些人的权势坐大，并且轻而易举地从他手里夺走意大利的利益”。

Ⅰ 罗马教廷把马基雅维利列入禁书目录是否还远远不够？（将军时期）

Ⅱ 我将让他们付出沉重的代价。（皇帝时期）

Ⅲ 我永远不会这么做。（将军时期）

Ⅳ 我的敌人似乎察觉不到这些。（将军时期）

第4章
为什么亚历山大所夺取的大流士的王国在亚历山大死后没有反叛其后继者*［I］

1. 在考虑保有一个新获取〔征服〕的国家所存在的困难时，有人可能会对此感到惊奇：亚历山大大帝在几年间就成为亚洲的统治者，而在他刚刚夺取它之后他就死了——整个国家由此发生反叛似乎是合乎情理的；然而，为什么亚历山大的后继者们却仍然维持它，［Ⅱ］并且在保有它的过程中并没有遇到其他困难，除了由于他们自己的野心而在他们内部产生的困难？①［Ⅲ］对此，我回答说：人类有记忆以来的君主国是通过两种不同的方式来统治的：要么是由一位君主和所有

* Cur Darii regnum, quod Alexander occupaverat, a successoribus suis post Alexandri mortem non defecit.

① 亚历山大大帝在公元前334年至前327年迅速占领了“亚洲”，在他死后，他的帝国被他的将领们所瓜分，最终分裂为多个王国。

Ⅰ 需要关注这一章，我最多也只能统治三十年，因此需要有能力的子嗣继承我的统治。（皇帝时期）

Ⅱ 仅仅因为亚历山大名字的力量，这个国家就能得以留存。（皇帝时期）

Ⅲ 亚历山大这个疯子竟然想让他的继承者们手持武器参加他的葬礼，查理大帝比他更为明智。（皇帝时期）

其他的臣仆来统治——后者承蒙君主的恩惠和任命，作为大臣辅助统治王国；要么是由一位君主和诸侯来统治——后者所保有的那种地位不是由于领主的恩惠而是由于血脉世系的古老得来。这些诸侯拥有他们自己的国家和臣民，这些臣民把他们奉为领主，对他们有着自然的情感。[Ⅰ]至于那些由一位君主及其臣仆统治的国家，他们的君主拥有更大的权威，因为在他的地区全境只有他是至高无上的；如果他们服从其他任何人，他们也只是把此人看作大臣和官吏，并不对他抱有特别的爱戴。[Ⅱ]

2. 在我们的时代里，这两种不同的政体类型的例子就是土耳其苏丹和法兰西国王。土耳其苏丹的整个帝国只有一个统治者来统治，其他的人都是他的臣仆。他的王国被划分为若干“州”，他派遣各种行政官员去那里，并且他可以随心所欲地调动和撤换他们。[Ⅲ]但是，法兰西国王却置身于一群古老的领主之中，他们在那个国家里为他们的臣民所公认和爱戴：他们拥有自己的特权，国王不冒些风险是不能剥夺这些特权的。[Ⅳ]因此，无论谁考虑这两个国家都会发现：要获取〔征服〕土耳其苏丹的国家是困难的，但一旦攻克之，保有它是很容易的；反之，您会发现，在某些方面夺取法兰

Ⅰ 我十分担心，如果我的将军们坚持要求这样的法律，那么我将不得不复活封建制的腐旧物。（皇帝时期）

Ⅱ 非常好！我将尽力做到这一点。（皇帝时期）

Ⅲ 皇帝的随心所欲总是值得尊敬的。这么做一定有他们的道理。（皇帝时期）

Ⅳ 至少我没有遇到这种障碍，但却遇到了与此几近相当的麻烦。（皇帝时期）

西国家是比较容易的，但保有它却是非常困难的。[①]

3. 夺取土耳其苏丹的王国之所以困难，原因就在于入侵者不可能由那个王国的君主们招请进来，也不能指望通过他〔苏丹〕周围的人反叛而使事业获得便利。这是基于上面提到的那些理由，[Ⅰ]因为他们全都是君主的奴仆并对他负有恩义，要收买他们是非常困难的；而且，即使收买了他们，也不能指望从他们那里得到多少好处，因为他们不能让人民追随他们，其理由已如上述。[Ⅱ]因此，任何向土耳其苏丹进攻的人都必须想到，他将会发现他〔的国家〕是团结一致的，他最好把希望寄托在他自己的力量而不是他人的动乱之上。[Ⅲ]但是，一旦推翻了土耳其苏丹，并且在战场上把他打得一败涂地以致不能够重振旗鼓，那么，唯一可担心的就是君主的血脉世系了。如果君主的血脉世系被灭绝，那么，就再没有什么人需要害怕了，因为其他人都不会得到人民的信任；并且，就像胜利者在取得胜利之前不曾寄望于他们一样，胜利之后也不用害怕他们。[Ⅳ]

4. 对于像法国那样统治的王国，情况恰好相反：因为那里总会有心怀不满的人和想要革新的人，如果你把这个

---

① 有些版本没有分号后面这句话。

Ⅰ　想象一下那些超乎寻常的方法，因为东罗马帝国必须归于西方。（皇帝时期）

Ⅱ　在法国，我不正是处于相同的情况之中吗？！（执政官时期）

Ⅲ　我的力量、我的名号。（皇帝时期）

Ⅳ　我简直可以把文中所有的土耳其都换成法国！（皇帝时期）

王国的某些诸侯笼络过来，就很容易进入那里。[Ⅰ]基于上述理由，这些人会为你进入那个国家大开方便之门，让你顺利地取胜。然而，如果你想要维持这种胜利，你就会遇到无数的困难，既来自于那些曾经帮助过你的人，也来自于那些你已经压服的人。[Ⅱ]如果你只是灭绝了君主的血脉世系，那还不够，因为保留在那里的领主将会成为新变革的首领；而既然你既不能让他们满意，又不能消灭他们，[Ⅲ]那么，一旦他们的机会到来，你就会失去那个国家。[Ⅳ]

5. 现在，如果您考虑一下大流士[①] 政府的特性，您就会发现它类似于土耳其苏丹的王国。[Ⅴ]因此，亚历山大必须首先在战场上把大流士完全击溃，并将其驱逐；赢得这场胜利之后，随着大流士的死亡，基于上面讨论过的理由，那个国家对亚历山大来说仍然是稳固的。而且，假如他的后继者们团结一致的话，他们本来是能够从容地享有它的，那个王国也不会发生任何骚乱，除非是他们自己引起的。但是，对于像法国那样组织起来的国家，就不可能如此平稳地占领了。[Ⅵ]

① 波斯国王大流士三世（公元前 337—前 330 年在位），他在公元前 333 年的伊苏斯之战中惨败于亚历山大的远征军，他的母亲、妻子和女儿被俘获，并最终在公元前 331 年的高加米拉之战中败亡。

Ⅰ 打断他们的手臂，或者砍下他们的脑袋。（执政官时期）

Ⅱ 我也注意到很多这样的例子。（皇帝时期）

Ⅲ 1793 年，我们有一个相当好的开头。（皇帝时期）

Ⅳ 这句话简直字字玑珠。（原书未标明此句批注时期。——译者注）

Ⅴ 但大流士并不等于亚历山大，正如……（执政官时期）

Ⅵ 我已经提供了稳定的环境，并且还会再接再厉。（皇帝时期）

西班牙、法兰西[①]和希腊之所以屡屡发生反对罗马人的叛乱，就是因为在这些国家里有为数众多的小君主国。只要他们的记忆尚存，罗马人的占领就始终不稳定；可一旦他们的记忆由于帝国的权势和长久统治而消除，罗马人就成为他们稳固的占领者。[I]即使后来罗马人发生内战的时候，他们也仍然占领那些地区，他们中的每一方都能够凭借各自在那些地区的某个部分所获得的权威而找到自己的支持者；[②]因为那些地区先前的统治者的血脉世系已经灭绝，所以，除了罗马人之外，再没有其他人得到承认。因此，考虑到所有这些事情，我们便不会对如下情形感到惊奇：亚历山大保有亚洲的国家极为容易；而像皮洛士[③]以及许多像他那样的人，保全他们所获取〔征服〕的地方却困难重重。这并不是由于胜利者的德能有大有小，而是由于被征服者的情况有所差异。

---

① 马基雅维利喜欢用现代的名称法兰西（Francia）称呼古代的高卢，参见《李维史论》各处。关于高卢充斥着"心怀不满的人和想要革新的人"，参见恺撒《高卢战记》各处。

② 指罗马共和国末期，马略、苏拉、庞培和恺撒等人在各行省都有自己的追随者。

③ 皮洛士（公元前 319—前 272 年），伊庇鲁斯国王，在公元前 279 年以沉重代价打败罗马人（"皮洛士的胜利"），占领西西里和南意大利，公元前 275 年被罗马人击败。

I　我也指望以这种优势维持统治。（皇帝时期）

第5章

应当如何处置被占领前生活在自己法律下的城市或君主国*

1. 如果那些被获取〔征服〕的国家，如前所说，习惯于生活在它们自己的法律之下、生活在自由之中，那么想要保有这种国家有三种方式：其一是毁灭它们，[Ⅰ]其二是亲自前往生活在那里，其三是让它们生活在自己的法律之下，[Ⅱ]但要求它们进贡并在其内部建立一个让它们对你保持友好的寡头国家。因为这样一个国家是由那个君主建立的，它知道如果没有他的友谊和权势，它就不能立足，所以它竭尽全力维护他。而且，如果想要保全一个习惯于自由地生活的城市[①]，那么，借助这个城市自己的公民来保有比依靠其他任何方式都容易。[Ⅲ]

---

* Quodmodo administrande sunt civitates vel principatus qui ante quam occuparentur suis legibus vivebant.

① 大部分情况下，城市（城邦）就是共和国。

Ⅰ 在我们这个时代，这种方式毫无意义。（将军时期）

Ⅱ 糟糕的准则；接下来的才是更好的。（将军时期）

Ⅲ 在米兰，我设立了由三个忠实的人组成的执行委员会；就像我在热那亚设立的三人执政委员会一样。（执政官时期）

2. 例如，斯巴达人和罗马人。斯巴达人通过在当地建立寡头国家来控制雅典和底比斯，但仍然再次失去它们。[①] 罗马人为了保有卡普阿、迦太基和努曼提亚，摧毁了它们，[②] 就没有失去它们。罗马人想要像斯巴达人那样保有希腊，允许它享有自由并保留它自己的法律，但他们却没有成功。因此，他们为了保有希腊，不得不摧毁那个地区的许多城市。因为要占领它们，除了毁灭它们之外，确实没有别的安全稳固的方式。[Ⅰ]任何人成为一个习惯于自由生活的城市的宗主，却没有摧毁它，那他就是坐待被它摧毁；因为这个城市在反叛的时候，始终会以自由的名义和古老的秩序作为口实，而这两者无论是经久的岁月还是施恩布惠都不能使人忘怀。无论一个人如何主动出击或者积极预防，除非那里的居民四分五裂或者分散流离，否则他们是不会忘掉那个名义和那些秩序的；就像处在佛罗伦萨人奴役下百年之久的比萨一样，任何

---

① 在雅典，斯巴达在公元前 404 年扶植了“三十僭主”政府，随即在公元前 403 年被推翻。在底比斯，斯巴达在公元前 382 年建立了一个寡头政府，在公元前 378 年被佩洛皮达斯和埃帕米农达推翻。

② 卡普阿在公元前 211 年因为在第二次布匿战争中支持汉尼拔而受到惩罚（但没有被摧毁），迦太基在公元前 146 年被摧毁，西班牙的努曼提亚在公元前 133 年被摧毁。

I　但是，我们可以通过多种方式完全达到目的而不必毁灭城市，当然，宪法是必须要改变的。（将军时期）

意外事件发生都会让他们立即想起这两者。[①][Ⅰ]但是，如果一些城市或地区习惯了生活在一位君主的统治之下，并且他的血脉世系已经灭绝；那么，由于一方面它们习惯了服从，另一方面它们没有了旧的君主，它们就既不会同意在它们当中另立一位君主，也不知道如何自由地生活。所以，它们不会很快拿起武器来反抗，而一位君主可以更加轻而易举地获得它们，[Ⅱ]并保护自己的安全免于其患。但是，在共和国里，存在着更强的生命力、更大的仇恨感和更热切的复仇心，对其古老的自由的记忆不会也不能让它们平静；[②]因此，最安全稳固的办法就是消灭它们[Ⅲ]或者生活在它们中间。[Ⅳ]

① 佛罗伦萨在1405年获得比萨，1494年查理八世入侵意大利时，比萨趁机摆脱了佛罗伦萨的控制。直到1509年比萨才被佛罗伦萨以武力重新夺回，而马基雅维利在这场军事行动中扮演了重要角色。

② 关于共和国的人民对自由的热爱与捍卫、对剥夺自由者的报复，参见《李维史论》，第2卷，第2章。

Ⅰ 我对日内瓦尚有些许担忧；不过，我一点都不担心威尼斯人和热那亚人。（执政官时期）

Ⅱ 尤其是当我们宣称将为人民带来自由和平等的时候。（将军时期）

Ⅲ 让他们保持中立或改旗易帜就足够了。（将军时期）

Ⅳ 如果已经彻底改变了他们，或者通过声称他们始终是自由的而牢牢地控制住了他们，就没必要再这么做了。（将军时期）

第6章

论依靠自己的武装和德能获取的新君主国*

1. 任何人都不应该对此感到惊奇，即当我论述在君主和国家两个方面都是全新的君主国的时候，我会援引最伟大的范例。因为人们几乎总是走在他人走过的道路上，仿效他人的行动，尽管并不能完全沿着他人的道路或者获得你所仿效的那些人的德能；[I]然而，一个审慎的人总是应该追随伟大人物的足迹，仿效那些最卓越的人，因此，即使他自己的德能达不到那样的程度，但至少有几分相像。①[II]他应该像那些审慎的射手那样行事：当他们想要射击的目标看起来太远，同时知道自己的弓力（virtù）所及，他们瞄准时就比实际目

---

* De principatibus novis qui armis propriis et virtute acquiruntur.

① 本章下面的内容以摩西、居鲁士、忒修斯和罗穆卢斯这些传说中的伟大人物为例，要“新君主”仿效他们的做法多少有些以大喻小，故有此说。

Ⅰ 有时候我可以让你的话站不住脚。（将军时期）

Ⅱ 我这样做过。（将军时期）

标抬高很多，这并不是想把箭射到那么高的地方，而是为了能够借助这样的高度命中他想要射击的目标。[Ⅰ]

2. 因此，我要说，在全新的君主国中——那里有一位新君主——为了维持这种国家，他所遇到的困难是大还是小，这取决于获取这种国家的人拥有的德能是多还是少。因为从平民跃升为君主，要么以德能要么以机运为前提条件，[Ⅱ]这两者中的任何一者似乎都可以部分地减缓许多困难；然而，他越不倚靠机运，他就越是能够维护自己的地位。如果君主没有其他的国家而不得不亲自到那里生活的话，那就更加容易了。但是，说到那些依靠自己的德能而不是机运成为君主的人，[Ⅲ]我要说最卓越的〔范例〕是摩西、居鲁士、罗穆卢斯、忒修斯以及诸如此类的人物。[①] 于摩西，虽然他只是上帝指令给他的事务的一位执行者，我们不应该予以探讨，但是，仅仅就让他有资格同上帝谈话这一恩典而言，[②] 他也应该受

① 摩西是《旧约》中希伯来的先知和立法者，居鲁士是波斯帝国的奠基人，罗穆卢斯是传说中罗马的奠基人和第一位国王，忒修斯是传说中雅典的国王和雅典国家的奠基人。

② 关于与上帝（或神）对话和交谈，参见《李维史论》第1卷，第11章；《战争的技艺》，第4卷，第141—146句。

Ⅰ　我会让人们看到，看似瞄准低处，也可以命中目标。（将军时期）

Ⅱ　德能比机运更重要；正是德能带来了机运。（将军时期）

Ⅲ　我也属于这一类人。（将军时期）

到钦佩。[Ⅰ]但是，让我们考虑一下居鲁士以及其他获取或建立了王国的人，您就会发现他们全都是值得钦佩的；[Ⅱ]如果我们考虑一下他们各自的行动和方法，我们就会看到他们与有一位如此伟大之导师的摩西的行动和方法并没有什么不同。并且，只要考查一下他们的行动和生平就会看到：除了机会[①]之外，他们从机运那里一无所获；机会给他们提供质料，他们想把它塑造成什么形式就什么形式。[②][Ⅲ]如果没有这种机会，他们的精神德能（virtù dello animo）就会消耗；而如果没有这种德能，机会就会白白溜走。[Ⅳ]

3. 因此，对摩西来说，必须找到在埃及被埃及人奴役与压迫的以色列人民，这样他们就会愿意追随他，以摆脱这种奴役。[Ⅴ]罗穆卢斯合该在阿尔巴不被接纳，而应该在他出生的时候就被遗弃，[③] 这样他才能成为罗马的国王和祖国的奠基

---

① 关于“机会”（occasione），参见马基雅维利：《歌四章·论机会》。

② “质料与形式”（materia e forma）这组哲学对分经常出现在当时的历史与政治著述中。马基雅维利对这组对分的使用，参见本书第26章；《李维史论》，第1卷，第11、17、18、35章，第3卷，第8章；《论小洛伦佐去世后佛罗伦萨的政务》。

③ 摩西（依据 Exodus 2: 3—10）和居鲁士（依据 Herodotus, 1. 108—114）也是在出生时就被遗弃。

Ⅰ 我没有这么高的目标，略过。（将军时期）

Ⅱ 这份贤者的名单上也将有我的一席之地。（将军时期）

Ⅲ 我更不需要强求机会；机会早晚会来；要准备好抓住它。（将军时期）

Ⅳ 总之，德能胜过一切。（将军时期）

Ⅴ 这正是法国人现在的状况和形势。（将军时期）

者。[Ⅰ]居鲁士必须察觉到波斯人对米底人的统治心怀不满，而米底人则由于长期的和平而变得柔顺、懦弱。[Ⅱ]至于忒修斯，假如不曾遇到分散流离的雅典人，他就不能展现他的德能。[Ⅲ]因此，这些机会使这些人功成名就，而他们卓越的德能使他们能够洞察到这种机会；而他们的祖国也由此日月重光，变得极为繁荣昌盛。[Ⅳ]

4. 那些像他们这样依靠德能之路成为君主的人，在获取君主国的时候困难重重，但是保有它就轻而易举了；在获取君主国时产生的困难，部分地来自于他们为了建立他们的国家和确保安全，不得不引入新的秩序和模式（nuovi ordini e modi）。[Ⅴ]必须记住，再没有什么比带头引入新的秩序着手更加困难、成败更加不确定、实施起来更加危险的事情了。① [Ⅵ]这是因为，引入者使所有旧秩序的既得利益者成为敌人，[Ⅶ]而那些可能受益于新秩序的人却只能是半心半意的拥护者。[Ⅷ]这种半心半意之所以产生，部分是因为这些人对他们的

---

① 参见《李维史论》，第1卷，前言："发现新的模式和秩序（modie ordini nuovi）总是与寻找未知的水源和土地一样危险"；第3卷，第35章："带头发起一件关涉许多人的新事物是多么危险，而着手准备它并完成它，以及完成之后维持它，又是多么困难"。

Ⅰ 有恩于我的母狼是布里埃纳。罗穆卢斯，我会让你相形见绌。（将军时期）

Ⅱ 呸！（将军时期）

Ⅲ 可怜的英雄！（将军时期）

Ⅳ 他们那一点点智慧足够应对今天的局面吗？（将军时期）

Ⅴ 只要运用一点手腕，就能达到目的。（执政官时期）

Ⅵ 他们难道不知道设立唯命是从的立法傀儡吗？（将军时期）

Ⅶ 我会让他们的行动流产。（将军时期）

Ⅷ 心慈手软之人不知道如何获得能让其他人缴械投降的忠实拥护者。（执政官时期）

对手心存畏惧，因为法律站在后者一边；部分是因为人类不轻易信任的心理：除非他们对此取得牢靠的经验，否则他们是不会真心相信新事物的。[Ⅰ]因此，任何时候只要那些敌人有机会发起进攻，他们就会沆瀣一气；而其他进行防卫的人却是半心半意，同他们站在一起便会危险重重。[Ⅱ]但是，如果我们想透彻地讨论这个问题，就必须考查这些革新者是依靠自己还是倚赖他人；换句话说，为了实施其行动，他们是必须乞求〔他人〕，还是事实上能够使用武力。在第一种情况下，结果总是糟糕的，并且永远一事无成；[Ⅲ]但是，如果他们依靠自己并且能够使用武力，那么他们就没有什么危险。由此观之，所有武装的先知都取得了胜利，[Ⅳ]而没有武装的先知都灭亡了。[Ⅴ]因为，除了已经说过的情况之外，人民的天性就是反复无常；要说服他们相信某件事情是容易的，但要他们对这项说服坚信不移，那就困难了。[Ⅵ]因此，事情必须以这样一种方式做出安排：当他们不再相信的时候，能够用武力迫使他们相信。[Ⅶ]假如摩西、居鲁士、忒修斯和罗穆卢斯不曾武装起来，那么，他们就不可能使其人民长期地遵守他们的政制，就像我们这个时代的吉罗拉莫·萨沃纳罗拉修士的遭遇一样。一旦大众开始不再相信他，他便在他

Ⅰ 这种情况只会发生在有一点小聪明，并且仍然保留着某种自由的人民身上。（执政官时期）

Ⅱ 这个问题并不困扰我。（执政官时期）

Ⅲ 伟大的发现！谢天谢地！再胆小的懦夫，也不敢展现自己的软弱。（将军时期）

Ⅳ 这些神谕屡试不爽。（将军时期）

Ⅴ 再自然不过了。（将军时期）

Ⅵ 今天，人民相信我，尤其是得到了教皇的认可之后，我是一个复兴宗教的虔诚信徒，一个上天派来的使者。（执政官时期）

Ⅶ 我总有手段让他们相信。（执政官时期）

的新秩序中灭亡了，因为他既没有方式使那些信仰的人坚定信仰，也没有方式使那些不信仰的人信仰。[①] 所以，像他们这样的人，在实施他们的事业时会发现巨大的困难；在前进的道路上充满了一切艰难险阻，他们必须运用德能加以克服。[Ⅰ]但是，一旦他们克服了艰险，他们就会开始受人崇敬，在消灭了那些对他们的品性心怀嫉妒的人之后，[②] 他们就能继续享有权势、安全、荣誉和幸福。[Ⅱ]

5. 在这些显要的范例之外，我想补充一个次要的范例，但它同它们多少可以相提并论，并且我认为它足以代表所有其他类似的情况，这就是叙拉古的希耶罗[③]。[Ⅲ]他从平民跃升为叙拉古的君主，除了机会之外他并没有更多地受惠于机运。当时叙拉古人遭受压迫，于是选择他作为他们的将领，

① 萨沃纳罗拉（1452—1498），多明我会修士、宗教改革家。1481 年来到佛罗伦萨圣马可修道院传教，并对佛罗伦萨的政治产生了很大的影响。1494 年，美第奇家族被驱逐后，萨沃纳罗拉及其追随者开始在佛罗伦萨掌权，但受到教皇亚历山大六世敌视，1498 年作为异端被捕并被绞死焚尸。马基雅维利对萨沃纳罗拉的评论，参见 1498 年 3 月 9 日致里恰尔多·贝基的信（书信 3）；《李维史论》，第 1 卷，第 11、45、56 章。

② 关于消除嫉妒者的反对，参见《李维史论》，第 3 卷，第 30 章。

③ 叙拉古的僭主希耶罗二世（公元前 270—前 215 年在位）。

Ⅰ 我并没有这种困扰。（将军时期）

Ⅱ 最后一项对我来说依然不可捉摸；然而享有前三者，我也应该满足了。（皇帝时期）

Ⅲ 从我童年时代接受的教育开始，他就从未离开过我的思想。他就像我的邻居；我也许与他属于同一家族。（将军时期）

此后他便证明自己有资格成为他们的君主。[Ⅰ]他拥有如此大的德能，甚至在他身处平民运道的时候，就有人如此写道："他要成为一位国王，除了一个王国之外，什么都不缺"。① [Ⅱ]希耶罗消灭了旧的军队，组织了一支新的军队；② 抛弃了旧的盟友，建立了新的友谊；③ 当他有了自己的盟友和军队后，他就能够在这个基础之上建造任何建筑物；因此，他在获取时历尽艰辛，但在维持时轻而易举。[Ⅲ]

① 拉丁文引语："quod nihil illi deerat ad regnandum praeter regnum"（也见于《李维史论》的献辞），这句引语有多种可能的出处（比如，Polybius, VII. 8；Livy, XXIV. 4；Justin, *Historiarum Philippicarum*, XXIII. 4；I Samuel 18: 8）。此引语也出现在《李维史论》的献辞中。

② 对照本书第 13 章的说法，希耶罗发现叙拉古所使用的雇佣军是无益的，"他认为自己既不能留用他们又不能把他们遣散，只好将他们全部斩杀"。

③ 希耶罗一开始是迦太基的盟友，但在公元前 263 年，他转而成为罗马的盟友。

Ⅰ　毫无疑问，只需一点帮助，我就可以像他一样。（执政官时期）

Ⅱ　我的母亲也常常对我说同样的事情；正是因为这些预言，我非常爱她。（皇帝时期）

Ⅲ　这是一条出色的预言。（皇帝时期）

第7章
论依靠他人的武装和机运获取的新君主国 *

1. 那些单单靠机运从平民成为君主的人，在发迹时很少艰辛劳苦，[I]但在维护自己的地位时就要艰苦得多。[II]他们在中途没有什么困难，因为他们在那里飞翔；但等到他们落脚之后，一切困难就都接踵而来。[III]那些要么依靠金钱要么依靠他人恩惠赐予而获得一个国家的君主就是如此。在爱奥尼亚和赫勒斯滂的希腊城邦里，就有好些这样的人：他们在那里由大流士① 立为君主，为的是使他们为了大流士的安全和荣耀而继续保有这些城邦；[IV]还有那些依靠收买士兵，由平民获得帝国的皇帝也是如此。② 这些人完全依赖他人给予他

---

* De principatibus novis qui alienis armis et fortuna acquiruntur.

① 波斯国王大流士一世（公元前 521—前 486 年），不是本书第 4 章提到的大流士三世。

② 参见本书第 19 章提到的由士兵选立的罗马皇帝。

Ⅰ　比如那些随波逐流，自己不知如何争取的傻瓜们。（将军时期）

Ⅱ　这不可能。（厄尔巴岛时期）

Ⅲ　对于这种人来说，一切都应该很困难。（厄尔巴岛时期）

Ⅳ　除此之外，这些盟国几乎没有别的目标。（厄尔巴岛时期）

们一个国家的意愿和机运，而这两者都是变化无常、极不稳定的。他们既不懂得如何保有而且也不可能保有那种地位：[Ⅰ]他们之所以不懂得，是因为如果他们不是具有巨大才智和德能的人，那么，相信那些始终生活在平民运道中的人懂得如何发号施令是不合乎情理的；[Ⅱ]他们之所以不可能保有那种地位，是因为他们并不拥有对自己保持友好和忠诚的军队。[Ⅲ]再者，倏然而至的国家，就像自然界其他一切迅速滋生长大的东西一样，不可能根深蒂固、枝桠交错，[Ⅳ]一旦遇到狂风暴雨就会连根拔起。[Ⅴ]事实上，除非像刚才说过的，那些倏然之间成为君主的人拥有如此大的德能，以致他们随即懂得如何做好准备来保持机运投送到他们怀中的东西，并在成为君主之后奠定其他人在成为君主之前就已经奠定了的基础。[Ⅵ]

2. 关于依靠德能或机运成为君主这两种方式，[Ⅶ]我想援引两个发生在我们尚有记忆的年代中的范例，这就是弗朗切斯科·斯福尔扎和切萨雷·博尔贾。弗朗切斯科凭借适当的手段，[1]运用自己巨大的德能，由平民跃升为米兰的公爵；[Ⅷ]他获取其地位历尽千辛万苦，而维持其地位却轻松异常。另一

① “凭借适当的手段”(per i debiti mezzi)这个短语，也见于《李维史论》，第1卷，第41章。

Ⅰ 还有许多人处于这种境地。（厄尔巴岛时期）

Ⅱ 就像某个普通人远离了自己习以为常的处境：这是同一回事。（厄尔巴岛时期）

Ⅲ 我料想也是如此。（厄尔巴岛时期）

Ⅳ 无论一个人生来有如何显赫的命运，当他已经在家庭这样的私人圈子里生活了二十三年、远离那个性格几乎全然不同的民族的时候，他突然借机运之翼、假他人之手来到这里、要统治这里：就如同马基雅维利此处所谈论的那一类新国家。在那里，古老的、约定俗成的道德声誉已经中断太久，名存实亡。（厄尔巴岛时期）

Ⅴ 这比卡尔卡斯的预言更加令人信服。（厄尔巴岛时期）

Ⅵ 在成为君主之前，我就已经奠定了我的基础。（厄尔巴岛时期）

Ⅶ 我的情况，也是他们的情况。（厄尔巴岛时期）

Ⅷ 我更像哪一个？精彩的预言！（执政官时期）

方面，老百姓称为瓦伦蒂诺公爵的切萨雷·博尔贾依靠其父亲的机运而获取他的国家，亦随着这种机运的消失而失去它；尽管他在他人的武装和机运所赐予的国家里，为了扎下根来，已经采取了各种行动，并且凡是一个审慎的、有德能的人应该做的一切事情他都做了。[Ⅰ]因为，如上所说，无论是谁一开始也许都不可能奠定基础，但后来可以凭借巨大的德能去打基础，[Ⅱ]虽然这对于建筑师来说可能是困难的，对于建筑物来说可能是危险的。[Ⅲ]因此，如果考虑一下公爵的全部进程，我们就会看到，他已经为未来的权势奠定了牢不可破的基础，[Ⅳ]讨论一下这件事我认为并不多余；[Ⅴ]因为我不知道，关于一位新君主，除公爵的行动这个范例之外，我还能给出什么更好的教导。再者，如果说他的秩序〔措施〕并没有给他带来补益的话，那也不是他的过错，而是由于机运异常而极端的恶毒折磨。[①][Ⅵ]

3. 亚历山大六世决意壮大他的儿子〔瓦伦蒂诺〕公爵的势力，但不管是当时还是后来，都遇到了重重困难。首先，他看到没有办法使他的儿子成为教会〔教皇国〕之外任何一

① 切萨雷·博尔贾在1503年教皇亚历山大六世去世的时候，本人也身患重病。

Ⅰ 通常不错，有时也不对。（将军时期）

Ⅱ 就是去统治。其他的不过是些眩人耳目的废话。（厄尔巴岛时期）

Ⅲ 尤其当他只是在小心翼翼地摸索时……（厄尔巴岛时期）

Ⅳ 比我做得还好？这很困难。（将军时期）

Ⅴ 我很希望你只对我一个人说过这些话；不过，大家都不知道好好读你的书，所以倒也一样。（将军时期）

Ⅵ 我也要抱怨时运不济，但我会改变机运。（厄尔巴岛时期）

个国家的统治者；而如果他决意取得教会〔教皇国〕的话，他知道米兰公爵和威尼斯人是不会同意的，[Ⅰ]因为法恩扎和里米尼已经长期处于威尼斯人的保护之下。除此之外，他看到意大利的武装，特别是他本来可以加以利用的武装，全都掌握在那些害怕教皇势力坐大的人手里；因此，他不能信赖他们，这些人全都属于奥尔西尼家族和科隆纳家族[①]及其追随者。所以，为了使自己稳固地成为他们当中一部分人的统治者，[Ⅱ]他就必须打乱这些秩序，并使他们的国家陷入动乱。[Ⅲ]对他来说，这是再容易不过的，因为他发现，[Ⅳ]威尼斯人由于其他理由的驱使，愿意把法国人再次招回意大利；对此，他非但不反对，反而还帮助路易国王解除了先前的婚姻关系，使事情更加顺利。[Ⅴ]于是，〔法国〕国王在威尼斯人的帮助和亚历山大的同意下进入意大利；[Ⅵ]他刚刚到达米兰，教

① 奥尔西尼家族和科隆纳家族是罗马两个主要的贵族世家，也是著名的雇佣军家族，他们为了争夺对罗马的控制权和教皇的宝座长期对立。

Ⅰ 我的情况与之相似，但更麻烦。我能否有更好的办法，把王国分给我的约瑟夫、热罗姆……至于路易，如果还有剩下的王国便分给他。（执政官时期）

在这个问题上，我踌躇再三是对的。但是那个忘恩负义的卑鄙小人，叛徒若阿基姆 [缪拉]！……需要弥补自己的过错。（厄尔巴岛时期）

Ⅱ 一部分人！对我来说太少了。（皇帝时期）

Ⅲ 教皇亚历山大都不会否认我比亚历山大大帝的成就更大。（皇帝时期）

Ⅳ 我懂得制造其他的混乱，它们越适合我和我的时代，对我就越有利。（皇帝时期）

Ⅴ 我已尝试过这种方法。我让出了乌尔比诺公国以获得政教协定，这说明不管是在罗马还是在别处，不管是当时还是现在，都应该留一只手去洗另一只手；这可以……（执政官时期）

Ⅵ 热那亚人认为法国给他们的利益将会分文不少地兑现，怀着这种疯狂的期待，他们为我打开了意大利的大门："人为财死"。不过，至少我会善待他们多于其他意大利人。（执政官时期）

皇便为了在罗马涅[①]发动战事向他借兵，而罗马涅慑于国王的声望，便向教皇屈服了。这样，公爵在获取〔征服〕罗马涅、打垮科隆纳家族之后，想要维持收获并继续推进，便遇到了双重的障碍：其一是，他的军队在他看来并不忠诚；其二是，法国的意愿。也就是说，他迄今为止所利用的奥尔西尼家族的军队有可能背弃他，不但阻止他进一步获取〔征服〕，而且夺走他已经获取〔征服〕的；〔法国〕国王也可能是一丘之貉。[I]在攻占法恩扎后进攻博洛尼亚的时候，[②]他看到奥尔西尼家族对这次进攻态度冷淡，于是，他对奥尔西尼家族就心中有数了。在他夺取乌尔比诺公国后进攻托斯卡纳时，〔法国〕国王阻止了这项战事，于是，他对国王的心思也就看透

---

① 意大利被称作罗马涅的区域从博洛尼亚一直到亚得里亚海岸，包括一连串富饶的城市：伊莫拉、法恩扎、弗利、切塞纳、里米尼和佩萨罗，向南还有乌尔比诺以及亚平宁山脉另一侧的卡斯泰洛城。罗马涅是教皇国的一部分，每个城市都由一名教皇的代理人统治，每年向教皇交纳贡赋。这些代理人的位子一般都在一个家族内部继承，比如，法恩扎的曼弗雷迪家族、里米尼的马拉泰斯塔家族、佩萨罗的斯福尔扎家族以及卡斯泰洛城的维泰利家族。

② 1501 年 4 月。

I 由于对德意志地区我的保护国和盟国没有这样的防备，我付出了高昂的代价。（厄尔巴岛时期）

了。[①] 因此，公爵决定再不依靠他人的武装和机运。[Ⅰ]他要做的头一件事就是，削弱罗马的奥尔西尼派和科隆纳派。为此，[Ⅱ]他笼络所有他们的支持者，通过厚赏使这些贵族成为自己的贵族；按照他们的品性，给他们加官进爵，赐予荣誉〔名位〕；于是，几个月间，他们心中的派性情感就消失殆尽，所有情感都转向了公爵。[Ⅲ]在他分化瓦解了科隆纳家族的首领之后，他便等待机会消灭奥尔西尼家族的首领。[Ⅳ]一个绝佳的机会果然到来，并且他很好地抓住了它；[Ⅴ]因为奥尔西尼家族终于意识到（虽然为时已晚），公爵和教会的强大就意味着自己的灭亡，于是他们在佩鲁贾附近的马焦内举行了一次会议。[②] 由此，乌尔比诺的反叛和罗马涅的骚乱爆发了，这给公爵带来无数的危险；[Ⅵ]然而，在法国人的帮助下，所有这一切危险

---

① 1502 年 6 月，在切萨雷 · 博尔贾的党羽维泰洛佐 · 维泰利的怂恿下，佛罗伦萨的属地、托斯卡纳的重要城市阿雷佐以及基亚纳谷地以南的地区开始反叛佛罗伦萨。这样，博尔贾对佛罗伦萨构成了严重威胁，但同时也引起了法王路易十二的警惕，在他的干涉下，佛罗伦萨很快收复了这些地方。

② 1502 年 9—10 月，奥尔西尼家族、维泰利家族、博洛尼亚的本蒂沃利奥家族以及其他受到切萨雷 · 博尔贾的野心威胁的政治势力，结成反博尔贾的联盟；1502 年 12 月被博尔贾剿杀。

Ⅰ 我还能怎么做呢！（厄尔巴岛时期）

Ⅱ 我的科隆纳家族是保王党；我的奥尔西尼家族是雅各宾派；而我的贵族们是两边各自的头目。（将军时期）

Ⅲ 早在执政府前，我就已经部分地开始了这项工作，待到执政府时期，我早早地就完成了这些重要步骤。（皇帝时期）

Ⅳ 在那场可怕的雪月阴谋的元老院法令中，在阿雷纳和托皮诺的歌剧院阴谋中，我都抓住了这样的机会。（执政官时期）

Ⅴ 这两者本来不能同时做到尽善尽美；但自我以后，它发生了。（皇帝时期）

Ⅵ 我也见过同样的情况……就是皮舍格吕、马莱这些人。我没有依靠外国力量就获得了胜利。（皇帝时期）

他都克服了。[Ⅰ]在恢复他的声望之后，他不再信赖法国或其他外部力量，为了不再受制于他们，他转而诉诸欺骗。他深深懂得如何掩饰自己的意图，[Ⅱ]通过保罗大人〔保罗·奥尔西尼〕，他使奥尔西尼家族同自己和解。[①] 为了稳住保罗大人，公爵尽心履行各种义务，给他奉送金钱、华服和骏马，于是，他们的单纯使他们在塞尼加利亚落入公爵之手。[②] [Ⅲ]公爵消灭了这些首领并把他们的党羽变成自己的盟友后，[Ⅳ]他据有了罗马涅全境和乌尔比诺公国，这就给他的权势打下了非常良好的基础。尤其是，他认为自己获取了罗马涅的友谊，争取了那里所有人民的支持，因为他们现在已经开始尝到幸福的甜头。[Ⅴ]

4. 因为这一点值得注意，并且值得他人仿效，所以我不想略而不谈。[Ⅵ]公爵占领罗马涅后发现，罗马涅过去处于一些

① 1502年10月底，博尔贾一度与奥尔西尼家族及其支持者签署了一份和平协议。

② 1502年10月—1503年1月，马基雅维利受命第二次出使切萨雷·博尔贾，一直随军待在他身边，对他有近距离的观察，参见马基雅维利在这一时期的外交公函；他对博尔贾镇压其敌人的生动记述，参见《记述瓦伦蒂诺公爵在塞尼加利亚残杀维泰洛佐、奥利韦罗托·达·费尔莫、帕戈罗大人以及格拉维纳公爵奥尔西尼的方式》。

Ⅰ 我单靠自己就做到了这一点。（皇帝时期）

Ⅱ “不知伪装者，不知统治之道”（Quid nescit dissimulare, nescit regnare）。路易十一对此认识还不够深刻。他应该说：“不知欺骗者，不知统治之道”（Qui nescit fallere, nescit regnare）。（皇帝时期）

Ⅲ 在我的科隆纳家族和奥尔西尼家族中，那些反对我最厉害的人都没能从我手上逃脱。（皇帝时期）

Ⅳ 我相信这两件事情我都做得相当完美。（皇帝时期）

Ⅴ 二十年来，法国可曾体会过今天它所享有的、凭我的一己之力重建的秩序？（皇帝时期）

Ⅵ 它伤害的只是少数夸夸其谈的傻瓜，造福的却是数以千倍计的人民。（皇帝时期）

孱弱无能的领主的支配之下，他们与其说是纠治其臣民，倒不如说是掠夺他们；[Ⅰ]给臣民们制造事端，使之分崩离析而不是团结一致。[①][Ⅱ]由于这个地区充满了抢劫、动乱以及其他各种无法无天的事情，[Ⅲ]所以他认为，要想使当地恢复和平并服从于王权，就有必要给它建立一个优良的政府。[Ⅳ]于是，他给那里选派了一个残酷而干练的人雷米罗·德·奥尔科大人，并授予他全权。[②][Ⅴ]雷米罗在很短的时间内就使之恢复了和平与统一，因此获得了极大的声望。[Ⅵ]后来，公爵认为没有必要再授予这样过分的权力，因为他担心这会惹人憎恨；[Ⅶ]于是，他在这个地区的中心设立了一个民政法庭，委派一名非常卓越的庭长，让每一个城市都在那里有自己的辩护人。[③][Ⅷ]因为他知道，过去的严酷已经引发人们对雷米罗的某种仇恨，为此，他要涤荡那里人民的怨气，并把他们完全争取过来；他希望表明，过去实施的任何残酷行为，都不是来自他本人，[Ⅸ]而是来自其大臣的残

---

① 参见《李维史论》，第3卷，第29章。

② 雷米罗·德·奥尔科在1501年被切萨雷·博尔贾派往罗马涅代理博尔贾统治，次年被处决。

③ 这个法庭由罗马涅主要城市的代表组成，1502年10月24日设立；庭长指圣萨维诺山的安东尼奥·乔基（Antonio Ciocchi di Monte San Savino）。

Ⅰ 就像那些法兰西共和国的缔造者。（执政官时期）

Ⅱ 就像在法兰西共和国。（执政官时期）

Ⅲ 一切都与我统治之前的法国相似。（执政官时期）

Ⅳ 这不正是我所做的吗？要镇压无政府状态，必须强硬而严厉。（皇帝时期）

Ⅴ F...，你就是我的奥尔科。（执政官时期）

Ⅵ 在这方面我不需要你的帮助。（皇帝时期）

Ⅶ 这就是我要解除你的部长职务并让你在我的元老院中处境困窘的原因。（执政官时期）

Ⅷ 设立一个维护个人自由的元老院委员会，不过，它只能做我想做的事。（皇帝时期）

Ⅸ 没有人比他牺牲的更多，正是在公众舆论的压力下，他成了我的替罪羊。（皇帝时期）

暴天性。他抓住这个机会，[Ⅰ]在一个早晨把雷米罗斫为两段，曝尸在切塞纳的广场上，尸体旁放着一块砧木和一把血淋淋的刀子。[①] 这一残忍的场面既让人民感到心满意足，又让人民感到惶惑不安。[Ⅱ]

5. 但是，让我们回到我们岔开的地方来吧！我要说，这时公爵觉得自己十分强大了，而且有几分把握应对当前的危险——因为他已经按照自己的心愿武装起来，并且大体消灭了那些邻近可能攻击自己的武装；现在就剩下法国国王需要考虑了，如果他想继续进行获取〔征服〕的话。因为他知道，一旦国王稍晚察觉到自己的错误，是不会对此再容忍的。于是，他开始寻求新的盟友；当法国人远征那波利王国以抗击正在围攻加埃塔的西班牙人时，公爵对法国虚与委蛇。[Ⅲ]他的意图是保护自己的安全免于其患；对此，假如教皇亚历山大还活着的话，公爵本来可以迅速取得成功的。[Ⅳ]

6. 这些就是公爵对于当前的事件所采取的措施。但是，对于未来，他不能不有所担心。首先，教会新的继位者可能对他并不友好，而且可能试图夺走亚历山大已经给予他的东

① 马基雅维利在 1502 年 12 月 23 日、26 日的外交公函中谈到了雷米罗的被囚和民众对他的反感，并报道了曝尸实况。

Ⅰ 我只能疏远他，却不能让其元气大伤，这令我怒火中烧。（皇帝时期）

Ⅱ 在一个晴朗的日子里实施这些惩罚，这是他罪有应得！（皇帝时期）

Ⅲ 很好，做得非常完美。（执政官时期）

Ⅳ 这些该死的家伙耗尽了我的耐心。（执政官时期）

西。他考虑为了保护自己的安全，[Ⅰ]可以采取四种方式应对之：[Ⅱ]其一，灭绝那些被他废黜的领主们的血脉世系，使〔新〕教皇无可乘之机；[Ⅲ]其二，如上所说，把在罗马的所有贵族都笼络过来，以便能够用他们来羁绊〔新〕教皇；其三，尽可能使枢机主教团倒向自己；其四，在〔亚历山大〕教皇未死之前获取更大的统治权，[Ⅳ]以便能够依靠自己的力量抵御最初的进攻。在亚历山大去世的时候，公爵已经完成了这四件事情当中的三件，第四件也几乎完成了。对于那些被废黜的领主们，他已经能杀多少就杀多少，只有极少数活命；[Ⅴ]罗马的贵族已经被他笼络过来；[Ⅵ]而且，在枢机主教团里，大部分人都是他的同党。至于新的获取〔征服〕，他决计成为托斯卡纳的统治者，他占领了佩鲁贾和皮翁比诺，[①] 并且已经把比萨置于自己的保护之下。并且，一旦不再需要顾忌法国（他事实上已经无须顾忌，因为法国人已经被西班牙人驱逐出〔那波利〕王国，所以他们中的任何一方都不得不迫于必然性向他买好），他就会攫取比萨。[Ⅶ]此后，卢卡和锡耶纳很快也会投降，一来出于对佛罗伦萨人的嫉妒，二来出于恐惧；

① 切萨雷·博尔贾占领佩鲁贾是在1503年1月，占领皮翁比诺是在1501年9月。

Ⅰ 必须预见到这些突发情况。（执政官时期）

Ⅱ 完美地找到了解决办法。（执政官时期）

Ⅲ 只要有可能就不漏掉一个；极尽所能而为之。（执政官时期）

Ⅳ 弗朗索瓦二世……（皇帝时期）

Ⅴ 我尚不如他做得那么绝。（皇帝时期）

Ⅵ 我只能完成这项谋划的一半：需要时间（Si vuol tempo）。（皇帝时期）

Ⅶ 既然我已经争取到了所有的德意志君主，那么想想我在北方的伟大计划吧。同样的事情将发生，而没有一个征服者曾经取得这样的结果。（皇帝时期）

对此，佛罗伦萨人毫无补救办法。如果他的这些计划成功实施（在亚历山大去世的那一年他是接近成功的），他就会获取如此之大的力量和声望，以致他可以以此自立，不再依靠机运和他人的力量，[Ⅰ]而是依靠自己的权势和德能。[Ⅱ]但是，在他开始拔剑出鞘后的第五年，亚历山大死了。[①]他给公爵留下的只有罗马涅这个国家是巩固的，其他所有的〔国家〕夹在两支非常强大的敌军之间摇摆不定，而且公爵本人也已病危。[Ⅲ]然而，公爵如此勇猛、如此富有德能，他深知如何才能把人们争取过来、如何就会失去他们，而他在如此短促的时间里所奠定的基础又是如此稳固；假如没有那些敌军在他背后，[②]或者假如他的身体已经康复，那么他是能够摆平一切困难的。而且，从罗马涅等待他一个多月这件事可以看出，[Ⅳ]他的基础是非常牢靠的；在罗马，虽然他已是半死不活，但仍然是安全稳固的；[Ⅴ]虽然巴廖尼家族、维泰利家族和奥尔西尼家族的人进入了罗马，却没有人追随他

① 亚历山大六世死于1503年8月18日。

② 当时，法国在罗马附近的维泰博有驻军，而西班牙军队也从那波利向罗马开拔。

Ⅰ 没有类似情况的羁绊，我大可走得更远。（皇帝时期）

Ⅱ 不应有任何依赖。（皇帝时期）

Ⅲ 他太不幸了：要牢记，永远都不要生病，让自己坚不可摧。（皇帝时期）

Ⅳ 正如在莫斯科的灾难之后，法国仍等着我。（厄尔巴岛时期）

Ⅴ 在斯摩棱斯克，虽然从政治上说我也是半死不活，但我从不担心我的安全。（厄尔巴岛时期）

们反对他；[1] 如果说他不能使他属意的人成为教皇，但他至少可以阻止他不喜欢的人当选。[Ⅰ]但是，假如在亚历山大去世的时候公爵的身体已经康复，那么，对他来说，一切事情都会好办。在尤利乌斯二世当选教皇的那一天，[2] 公爵告诉我说，他已经考虑到他父亲垂死时可能会发生的一切，并且已经找到一条万全的补救办法，唯独没有料到他父亲去世的时候他自己也会濒临死亡。[Ⅱ]

7. 因此，如果让我总结一下公爵的所有行动，我会认为他没有可以指责之处；相反，我觉得应该像我这样把公爵推出来，让所有那些依靠机运和他人的武装而取得统治权的人来仿效。[Ⅲ]因为他具有伟大的精神和崇高的意图，他的行动义无反顾；[Ⅳ]只是由于亚历山大的短命[3] 和他自己患病，他的鸿图才终成泡影。[Ⅴ]所以，无论谁只要认为有必要在他的新君主国中保护自己的安全免遭敌人侵害，[Ⅵ]为自己赢得

① 巴廖尼是佩鲁贾的统治家族，维泰利和奥尔西尼是著名的雇佣军家族，他们都是切萨雷·博尔贾的敌人。

② 1503 年 8 月亚历山大六世死后，选出庇护三世继位，未就任即去世，另选尤利乌斯二世继任。新教皇选举期间（1503 年 10—12 月），马基雅维利正出使罗马教廷。

③ 参见本书第 146 页注释②。

Ⅰ 对我来说这不难：单是我在弗雷瑞斯登陆的消息就已经排除了有悖于我的选择。（执政官时期）

Ⅱ 总之，正常来说，当一个人想要光荣地统治时，最好永远不要考虑这个问题。这个想法让我最为大胆的计划流产了。（皇帝时期）

Ⅲ 那些蹩脚的文人说，这适用于所有的君主，甚至适用于那些没有处于也不可能处于相同境地的君主。他们简直无知至极。在整个欧洲，除了我，这一典范不适合任何人。（皇帝时期）

Ⅳ 我也是这样做的，我的处境让我需要这么做，进而变成必须这么做。（厄尔巴岛时期）

Ⅴ 我的挫败也正是由于相同的原因，对此，我的才华毫无用武之地。（厄尔巴岛时期）

Ⅵ 这正是我需要做的。（将军时期）

盟友支持，依靠武力或欺诈克敌制胜，使人民对自己既爱戴又畏惧并让士兵对自己既服从又敬畏，把那些能够或者势必加害于你的人消灭掉，以新的模式更新旧的秩序，要想冷峻严酷却又亲善悦人、宽宏大量、慷慨大方，要消灭不忠诚的军队而建立新的军队，要维持同国王们和君主们的友谊，使他们不得不要么欣然对你施恩布惠、要么犹疑着不敢加害于你；那么，他都找不到比这个人〔公爵〕的行动更鲜活的范例了。[①][Ⅰ]我们可以责难他的唯有让尤利乌斯〔二世〕当选教皇这一件事，在这个问题上他做出了错误的选择；[Ⅱ]因为，正如已经说过的，他纵使不能按照自己的心愿选择一个教皇，他也可以阻止任何人当选；[Ⅲ]对于教皇之位，他绝不应该同意选举一个自己已经得罪的枢机主教或者一个当上教皇就会害怕自己的枢机主教来担任。[Ⅳ]因为人们加害于你要么出于恐惧，要么出于仇恨。在公爵曾经得罪的人当中，有“锁链中的”圣彼得、

① 以上列举的九个方面在很大程度上出于马基雅维利的理想，事实上切萨雷·博尔贾本人都没有很好的做到或者实现。

Ⅰ 但愿我也是一个范例，不仅更加鲜活，而且更加完美，更加让人赞赏。（皇帝时期）

Ⅱ 疾病让他头脑混乱。（皇帝时期）

Ⅲ 要是他的当选不合我意，我会很快打垮他。（执政官时期）

Ⅳ 除了我们选择的那个人，所有人都知道或预料到他们应该害怕我。（执政官时期）

科隆纳、圣乔治和阿斯卡尼奥等人。[1][Ⅰ]其他所有人一旦当上教皇，势必会害怕他，[Ⅱ]只有鲁昂和西班牙人例外：西班牙人由于亲缘和恩义，鲁昂则由于其权势同法兰西王国联系在一起。[2][Ⅲ]所以，当务之急，公爵应该选立一个西班牙人当教皇；如果做不到这一点，他就应该同意选立鲁昂，而不是“锁链中的”圣彼得。[3]任何人如果相信给予新的恩惠会使大人物忘却旧的伤害，[Ⅳ]他就是自欺欺人。[4]因此，公爵在这次选择中犯了错，这就是他最终灭亡的原因。[5]

---

① “锁链中的”圣彼得，指朱利亚诺·德拉·罗韦雷，这里按习惯以其虚衔领受的教会堂区（罗马“锁链中的圣彼得教堂”）的名字命名；科隆纳，指乔瓦尼·科隆纳；圣乔治，指拉法埃莱·里亚里奥，以罗马“圣乔治教堂”命名；阿斯卡尼奥，指阿斯卡尼奥·斯福尔扎。

② 博尔贾家族发源于西班牙的瓦伦西亚地区，鲁昂枢机主教乔治·安布瓦兹是法国的廷臣。

③ 圣彼得枢机主教朱利亚诺·德拉·罗韦雷（1503 年当选的教皇尤利乌斯二世）此前是教皇亚历山大六世有力的竞争对手，亚历山大在世时被迫流亡多年，所以当选教皇后竭力对付切萨雷·博尔贾。

④ 参见马基雅维利 1513 年 4 月 29 日致韦托里的信（书信 212）：“这个国王只要有机会，就会想起过去所受到的伤害，而不是新近所蒙受的恩惠”；《李维史论》，第 3 卷，第 4 章：“可以提醒每个统治者，旧的伤害绝不会因新的恩惠而消除，这种新的利益相对于曾经的伤害越少，那些伤害就越不会消除”。

⑤ 切萨雷·博尔贾最终逃亡到他妻兄的领地纳瓦尔王国，1507 年 3 月在那里的一次军事冲突中离奇身亡，年仅 32 岁。

Ⅰ 害怕这些人怨恨的时代已经一去不复返了。（皇帝时期）

Ⅱ 单单我的名字就会让他们颤抖，我会让他们像绵羊一样匍匐在我的王座下。（执政官时期）

Ⅲ 真是指望这些人的好理由啊！马基雅维利也太讲诚信了。（皇帝时期）

Ⅳ 只要他们的激情愿意如此，他们似乎可以忘掉过去，但是千万别相信表象。（皇帝时期）

第8章
论以罪恶获得君主国的人们*

1. 但是，一个人从平民成为君主，还有两种方式——这两种方式都不能完全归之于机运或德能，因此，我认为对这两者不应该略而不谈，尽管其中一种方式在具体论述共和国的时候还可以更充分地探讨。[①] [I] 这两种方式就是：一个人依靠某种罪恶而卑鄙的办法获得君权，[II]或者一个平民依靠其公民同胞的支持，跃升为其祖国的君主。[III]说到第一种方式，有两个例子可以用来说明：一个是古代的，另一个是现代的；无须进一步考虑这种方式的是非功罪，因为我认为，对于任何必须仿效他们的人来说，这就足够了。[IV]

---

* De his qui per scelera ad principatum pervenere.

① 曼斯菲尔德、阿尔瓦热兹、康奈尔等人认为此处是指《李维史论》，但也有学者（比如，David Wootton）认为是指下一章“论公民的君主国”。

Ⅰ　我不必了解这种方式。（将军时期）

Ⅱ　坚决不同意这种说法。不管经由何种途径，达到目的不才是最重要的吗？(Qu'importe le chemin, pourvu qu'on parvienne?) 马基雅维利以道德家的立场来论述这些问题，这是严重的错误。（将军时期）

Ⅲ　人们总是为表象所欺骗。（将军时期）

Ⅳ　道德家的谨慎，离国家事务太远。（将军时期）

2. 西西里人阿伽托克勒斯[①] 仅是从平民运道，而且是从低贱、卑下的运道跃升为叙拉古国王的。[Ⅰ]这个人是陶工出身，他终其一生在每个职位上都过着罪恶的生活；[Ⅱ]然而，他的罪恶也伴随着身心两方面的德能[②]，[Ⅲ]这种德能使他从军后，经过各种职位，擢升为叙拉古的执政官。[Ⅳ]取得这个职位之后，他决定要成为君主，并且打算依靠暴力而不必对他人承担责任来保有人们经过同意授予他的东西。[Ⅴ]为此，他把他的计划透露给了迦太基人哈米尔卡[③]，后者当时正率领他的军队在西西里作战。[Ⅵ]他在一个早上召集了叙拉古的人民和元老院，好像要同他们决定共和国的国事；在发出一个约定好的信号后，他让他的士兵杀害了全体元老和人民中最富有的人。这些人死后，他便夺取并保有这个城市的君权而没

---

① 阿伽托克勒斯（公元前361—前289年），公元前316年开始成为叙拉古僭主，对抗迦太基军队的进攻，直至公元前309年与迦太基订立和约。马基雅维利对他的记述和评价，参见《李维史论》，第1卷，第12、13章；第3卷，第6章。

② “身心两方面的德能”（virtù d'animo e di corpo）这个短语也见于《李维史论》（III. 8，论曼利乌斯·卡皮托利努斯）、《卡斯特鲁乔·卡斯特拉卡尼传》和《佛罗伦萨史》(VI . 6，论巴尔达乔·德·安吉亚里)。

③ 哈米尔卡，第三次西西里战争中迦太基的将领，公元前311年在希梅拉河畔战败阿伽托克勒斯。

Ⅰ 此人与我有亲缘关系，比他晚一些的希耶罗则更加确定无疑地名列于我祖先的谱系之上。（将军时期）

Ⅱ 这种坚韧是果决与勇敢最明显的一个标志。（将军时期）

Ⅲ 尤其是内心：这是根本。（将军时期）

Ⅳ 我也会做到的。（将军时期）

Ⅴ 有人任命我做十年任期的执政官，我很快就会成为终身的；我们走着瞧！（将军时期）

Ⅵ 我不需要这种帮助：不过我需要其他的帮助，它们更加容易获得。（将军时期）

有任何公民反抗。[Ⅰ]而且，虽然他曾两次被迦太基人打败，并最后被围攻，但是他不但能够保卫他的城市，而且在留下部分人马抵御围城之后，以其余兵力进攻非洲。这样，他很快就解除了叙拉古之围，并使迦太基人陷入极端的窘境，迫于必然性同他讲和；迦太基人满足于占领非洲，而把西西里让给了阿伽托克勒斯。[Ⅱ]因此，任何人只要考虑这个人的行动与德能[①]，都会看到他没有什么或者很少有什么可以归功于机运的。因为，正如上面所说，他取得君权并没有依靠任何人的支持，而是凭借军中各种职位晋升，那是他历尽千难万险为自己赢得的；[Ⅲ]其后，他又以许多大胆的、危险的策略维持之。[Ⅳ]然而，屠杀公民，出卖盟友，缺乏信义，毫无仁慈之心，没有宗教信仰，是不能称作德能〔德性〕的；以这样的方式只能获取统治权，但不能

① 此处依据“国家版”（virtú）和曼斯菲尔德英译本（virtue）译出；潘汉典中译本译作“生涯”（vita,“牛津经典版”Bondanella 英译本译作“life”），并在注释中说明依据邦凡蒂尼（Bonfantini）校订本和马佐尼（Mazzoni）校订本译出。

Ⅰ　瞧我在雾月十八日的政变及其成效！这场政变为我带来了更大的利益，又没有犯下这些罪行。（执政官时期）

Ⅱ　我得到的更多。阿伽托克勒斯与我相比不过是个侏儒。（皇帝时期）

Ⅲ　我也是以同样的代价换来了权力。（皇帝时期）

Ⅳ　我也是这样做的。（皇帝时期）

赢得荣耀。[1][Ⅰ]因为，如果考虑到阿伽托克勒斯出入危殆之境的德能、忍受和克服逆境的精神的伟大[2]，[Ⅱ]我们看不出何以非要认为他比任何一个最卓越的将领逊色。[Ⅲ]然而，他的野蛮残酷和毫无人道，连同他无数的罪恶，不允许他跻身于最卓越的人物之列。[Ⅳ]因此，我们不能把他的成就归功于机运或德能，因为他取得成功没有依靠它们中任何一种。[Ⅴ]

3. 在我们的时代里，在亚历山大六世当政期间，奥利韦罗托·达·费尔莫早年是一个没有父亲的孤儿，[Ⅵ]由他的一位叫作乔瓦尼·福利亚尼的舅父抚养成人。在他非常年轻的时候，他被送到保罗·维泰利部下当兵，[Ⅶ]这样他经过训练就能够在军中取得卓越的地位。保罗死后，他在保罗的兄

---

① 这句话的原文为："li quali modi possono fare acquistare imperio, ma non gloria"。参见《李维史论》，第3卷，第40章："尽管这（欺诈）有时候可能为你获取国家和王国（就像前面所讨论的），但它绝不可能为你赢得荣耀"。也参见西塞罗的评论："如果是为了荣耀而竞争统治权，那么就不应该采用罪恶手段，因为其中不可能存在荣耀"（Cicero, *De Officiis*, III 22. 87）。

② "精神的伟大"（grandezza dello animo）这个短语在本书第26章中也用于居鲁士，在《李维史论》（II. 2，III. 23、25）中则用于罗马的统帅。

Ⅰ 这些都是幼稚的偏见！荣耀总是伴随着成功而来，不管这种成功是如何取得的。（皇帝时期）

Ⅱ 他比我更能克服困难吗？（皇帝时期）

Ⅲ 请把我排除。（皇帝时期）

Ⅳ 又是道德！老好人马基雅维利真没有胆识。（皇帝时期）

Ⅴ 我两者兼备。（皇帝时期）

Ⅵ 老奸巨猾的人！从我童年时代开始，他就激发我产生了许多绝妙的主意。（将军时期）

Ⅶ 沃布瓦，你就是我的维泰利。我诚挚地感谢你。（将军时期）

弟维泰洛佐麾下从军；由于他机智勇敢、身强胆壮，很快就成为其军中第一号人物。但他觉得在他人手下服役是屈辱的事情，所以，他想在费尔莫某些公民——这些人认为奴役胜过他们祖国的自由［Ⅰ］——的帮助下和维泰利家族的支持下，夺取费尔莫。于是，他写信给乔瓦尼·福利亚尼说，他背井离乡已经有些年头，想要回去看望他和他的城市，顺带确认一下自己的遗产；除了获取荣誉之外，再也没有什么让他牵肠挂肚了，他希望由他的朋友和仆从组成一百名骑兵陪伴荣归故里，［Ⅱ］从而让他的公民同胞看到他并没有虚度年华。他请求乔瓦尼乐意做出安排，使自己受到费尔莫居民的光荣接待，这不仅是他自己的荣誉，也是乔瓦尼本人的荣誉，因为奥利韦罗托是他养育的。于是，乔瓦尼毫无保留地尽了对外甥的义务，使他受到费尔莫居民的光荣接待，并把他安顿在乔瓦尼家里住宿。过了几天，奥利韦罗托为他未来的罪恶做好必要的秘密安排后，他举行了一个盛大的宴会，邀请乔瓦尼·福利亚尼和费尔莫所有首要的人物出席。①［Ⅲ］在酒足饭饱以及这种宴会所常有的其他娱乐完毕后，奥利韦罗托一本

① 这件事发生在1501年12月26日。

Ⅰ 共和主义的思想。（将军时期）

Ⅱ 调皮鬼！奥利韦罗托的整个故事，在不同情况下都让我受益匪浅。（将军时期）

Ⅲ 这有点像果月之后我从意大利回来，众议员们请我在圣叙尔皮斯教堂进行的盛大晚餐；不过那时时机尚不成熟。（执政官时期）

正经地开始发表某种重要的谈话，说起教皇亚历山大和他的儿子切萨雷·博尔贾及其事业的伟大。当乔瓦尼和其他人对这些谈话作出回应时，奥利韦罗托突然站起来说，这些事情应当在一个更为秘密的地方谈论。然后，他退入一个房间，乔瓦尼和其他所有人也都跟随他进去。但他们刚要落座，士兵们就从秘藏的地方涌上来，杀死了乔瓦尼和其他所有人。在这场谋杀之后，奥利韦罗托跨上马背，在城里巡行，并把最高行政长官围困在市政宫中，他们迫于恐惧不得不对他惟命是从，并建立一个由他出任君主的政府。[Ⅰ]此后，他除掉了所有那些心怀不满从而可能加害于他的人，[Ⅱ]同时以新的民政[Ⅲ]和军政秩序[Ⅳ]来巩固自己的地位。这样，在他保有君权的一年中，[Ⅴ]他不但在费尔莫城是安全稳固的，而且让所有的邻邦都惧怕。正如前面所说，当切萨雷·博尔贾在塞尼加利亚对付奥尔西尼家族和维泰利家族的时候，如果奥利韦罗托没有上当受骗，推翻他就会像推翻阿伽托克勒斯一样困难了。在奥利韦罗托弑亲一年后，[Ⅵ]他本人以及他在德能和罪恶两方面拜作老师的维泰洛佐一道被勒死了。[①][Ⅶ]

① 参见本书第88页注释②。

Ⅰ　这件事我做得足够完美，雾月十八日，尤其是第二天在圣克卢。（执政官时期）

Ⅱ　目前，我只需恐吓他们，击溃他们，让他们逃之夭夭，这样就足够了。我曾郑重地对巴拉斯说，我不喜欢流血。我必须证实这句话。（执政官时期）

Ⅲ　我很快制定出了《民法典》，我要让它冠上我的名字！（执政官时期）

Ⅳ　这完全取决于我；我按照自己的意愿循序渐进地制定了军政制度。（执政官时期）

Ⅴ　傻瓜，谁在掌握君权的时候还会丢掉性命！（厄尔巴岛时期）

Ⅵ　通过用这个贬义词，马基雅维利似乎把他看作一个罪人。可怜的家伙！（执政官时期）

Ⅶ　好人们说奥利韦罗托罪有应得，而博尔贾就是公正惩罚的工具。然而，我却为奥利韦罗托鸣不平；如果世界上还有人比我更像切萨雷·博尔贾，这对于我来说可不是个好兆头。（执政官时期）

4. 有人可能会问：为什么阿伽托克勒斯以及像他那样的人，无比的背信弃义、残酷无情，却能够长期地在他的祖国安全稳固，保护自己抵御外部敌人的入侵，而本国的公民从未阴谋反对他；相反，其他许多人，依靠残酷手段，即使在和平时期也不能维持他们的国家，更不用说在战争的不确定时期了。我相信，这取决于恶劣地还是妥善地使用残酷：所谓"妥善地使用"（如果恶也可以称善的话）是指，出于保护自己安全的必然性，[Ⅰ]一次性地使用残酷手段，[Ⅱ]其后，除非为臣民谋取最大可能的好处，[Ⅲ]否则绝不继续使用；[①][Ⅳ]"恶劣地使用"是指，尽管一开始很少使用残酷手段，但其后与时俱增，而非日渐消歇。[Ⅴ]那些采取第一种方式的人，在上帝与人的佑助下，对他们的国家有所补救，就像阿伽托克勒斯那样；而其他人却连维护自己的地位都不可能。[Ⅵ]

5. 因此，必须指出，夺取了一个国家的人在控制它的时候，应当审视自己必须实施的一切侵害，并且要毕其功于一役，[Ⅶ]以使今后不必日复一日地故伎重演；由于不必一再实施

① 关于"妥善地使用残酷"，也参见本书第17章。

Ⅰ 幸亏他们对此不太关注。(厄尔巴岛时期)

Ⅱ 如果以这种手段开头，就像查理二世和其他许多人一样，那么我的事业早就失败了。整个世界都盼着这一天，没有人会发出抱怨；很快，人民就不会再想起它，彻底把我遗忘。(厄尔巴岛时期)

Ⅲ 这很容易。(厄尔巴岛时期)

Ⅳ 如果他们拖延这件事，就会与其利益背道而驰。当我们关于必须惩罚之罪行的那份记忆淡化时，实施惩罚的人就会被认为是生性残酷的，因为我们已经忘记了这是公正的惩罚。(厄尔巴岛时期)

Ⅴ 这种手段，我对大臣们用过的唯一手段，于我有百利而无一弊。(厄尔巴岛时期)

Ⅵ 很快就会有一个新例子。(厄尔巴岛时期)

Ⅶ 结果是公正的，准则就得严格。(厄尔巴岛时期)

侵害，他就能够让人们获得安全感，并通过施恩布惠的办法把他们争取过来。无论谁反其道而行之——要么由于怯懦要么由于听信谗言［Ⅰ］——就会迫于必然性而一直手持屠刀；［Ⅱ］他也绝不可能信赖其臣民，因为只要新的伤害持续不断，他们就不可能从他那里获得安全感。伤害必须一下子施加，这样，被人品味得越少，［Ⅲ］它们造成的侵害就会越小；[①] 而恩惠应该点滴赐予，以使它们更好地被人品尝。［Ⅳ］同时，一位君主首先应当与其臣民生活在一起，以免发生任何意外事件——无论是坏的还是好的——迫使他改弦易辙：［Ⅴ］因为如果〔改变的〕必然性是在危难时期发生的，这时你要采取恶劣手段就太迟了；［Ⅵ］而你做良善之事也于事无补，［Ⅶ］因为人们会认为你是被迫如此，从而得不到任何感激。[②]

① 参见《李维史论》，第 1 卷，第 45 章："必须要么绝不侵害任何人，要么一次性施加所有侵害，这样才能打消人们的疑虑，并且让他们有理由保持精神的安宁和平静"。

② 参见《李维史论》，第 1 卷，第 32 章："一个共和国或一位君主不应当推迟到迫不得已时再施惠于人民"。

Ⅰ 两者造成的毁灭都要算在他的头上；后者的主动性几乎完全掌握在我手里。（厄尔巴岛时期）

Ⅱ 只要可能的话。（厄尔巴岛时期）

Ⅲ 那些行动动手得太晚了，胆怯地从最弱小的开始下手，会引起强大者的声讨和反抗，结果让他们受益。（厄尔巴岛时期）

Ⅳ 要是大量地赐予恩惠，许多不配的人就会占便宜；还有的人几乎一点都不知感激。（厄尔巴岛时期）

Ⅴ 就如同站在中心轴上！（厄尔巴岛时期）

Ⅵ 他们会体验到的！（厄尔巴岛时期）

Ⅶ 就算许诺甚至给予再多的好处，也毫无用处，因为人民自然而然地对由于缺乏远见和不得已的给予不以为然。（厄尔巴岛时期）

第9章

论公民的君主国*

1. 但是，现在来谈谈另一种策略：一个平民出身的公民成为其祖国的君主，不是通过罪恶或其他难以容忍的暴力，[Ⅰ]而是依靠其公民同胞的支持；这种国家可以称作公民的君主国（principato civile）：要获得它，既不完全依靠德能，也不完全依靠机运，需要的毋宁是一种幸运的机巧（astuzia fortunata）。[Ⅱ]我要说，一个人取得这种君权（principato），要么是依靠人民（populo）的支持，要么是依靠大人物（grandi）的支持；[Ⅲ]因为在每一个城市里都可以找到两种对立的脾性①，这是由于：人民欲求不受大人物的支配和压迫，而大人

---

* De principatu civili.

① “两种对立的脾性”，原文为“due umori diversi”，“umori”按字面可译为“体液”（humor）。按照西方古典医学中的“四种体液学说”，人体由血液、粘液、黄胆汁和黑胆汁四种体液组成，这四种体液的不同配合使人们有不同的体质和性格。与此对应，下文中的“欲望”（appetito）可以译为“脾胃”、“胃口”。马基雅维利曾多次使用这个譬喻，参见本书第19章（关于军队和人民）；《李维史论》，第1卷，第4、5、40章（关于贵族与平民）。

Ⅰ 这正是我想要的；但很难实现。（将军时期）

Ⅱ 不过，这种方式还在我的掌握之中，并且已经很好地为我所用。（将军时期）

Ⅲ 我们至少应该在表面上设法联合其中一方。（将军时期）

物则欲求支配和压迫人民。由于这两种对立的欲望，城市会产生如下三种结果之一：要么君主统治（principato），要么自由（libertà），要么无政府状态（licenzia）。

2. 君权不是由人民促成，就是由大人物促成，这要看双方哪一方拥有这样的机会。当大人物看到自己不能抵抗人民的时候，[Ⅰ]他们就开始赋予他们当中某个人以声望，[Ⅱ]并使他成为君主，[Ⅲ]这样他们就能够在他的庇荫下实现自己的欲望。同样，当人民看到自己不能抵抗大人物的时候，也会把声望赋予某个人，并使他成为君主，以便能够依靠他的权威保护自己。[Ⅳ]一个人在大人物的帮助下获得君权，比在人民的帮助下成为君主更难于维持自己的地位；[Ⅴ]因为在前一种情况下君主会发现自己周围有许多人看起来像是他的同侪，[Ⅵ]所以他不能按照自己的心愿支配他们或者管理他们。但是，如果他是依靠民众的支持而获得君权，[Ⅶ]他就会发觉自己是巍然独立的，在自己周围没有一个人或者只有极少数人不准备服从。[Ⅷ]除此之外，一个人如果持守正派而不损害他人，就不能满足大人物，[Ⅸ]但他却可以让人民感到满足；因为人民的目的比大人物的目的更加正当，大人物想要进行压迫，而人民只是想要不受压迫。再说，一位君主是绝无

Ⅰ 这正是督政府派的现状；利用他们来抬高我在人民心目中的威望。（将军时期）

Ⅱ 他们会被拖到这一步的。（将军时期）

Ⅲ 我把它作为预言。（将军时期）

Ⅳ 我们要沿着这个方向努力，并达到与督政府相同的目的，哪怕是出于相反的动机。（将军时期）

Ⅴ 我会让自己看起来不仅是依靠他们崛起的，而且也是为他们崛起的。（将军时期）

Ⅵ 他们总是给我带来巨大的麻烦。（厄尔巴岛时期）

Ⅶ 我要是能成功地让人们相信我是属于这一类该多好！我会让我的回归显得顺理成章。（厄尔巴岛时期）

Ⅷ 然而我已经把他们引到了这一步。（厄尔巴岛时期）

Ⅸ 我手下的大人物永远不会满足。这些革命者永远嫌钱不够多。他们无论做什么都是为了中饱私囊，并且欲壑难填。如果他们追随占上风的党派，并为之效力，那也是为了得到实惠。当他们不再能捞到好处时，就会颠覆之前扶持的党派。他们一心只想着获取，当所支持的党派不再为他们牟利时，他们就会推翻它以拥立另一个可以给他们好处的党派。与这些好事者共事再危险不过了。但是还能怎么办呢？尤其是我没有任何其他的支持！啊！要是我有世袭的王权的话，这些人就既不能背叛我，也不能伤害我了。（厄尔巴岛时期）

可能防范怀有敌意的人民而保护自己的安全的，因为人民为数众多；另一方面，对付大人物，君主却能够保护自己的安全，因为大人物人数甚少。一位君主能够预料到怀有敌意的人民对他干出的最坏的事情，那就是被他们抛弃；但是，一旦大人物心怀不轨，他不仅害怕被他们抛弃，而且还害怕他们起来反对自己；因为大人物更有远见、更加机巧，他们往往能够及时挽救自己，并从他们希望获胜的一方寻求地位。[Ⅰ]而且，君主总是不得不和同样的人民生活在一起，但如果没有同样的大人物，君主也能生活得很好，因为他能够随时随地地设立或者废黜大人物，随心所欲地抹掉或者给予他们声望。①[Ⅱ]

3. 为了更好地澄清这个问题，我要说，对于大人物应该主要按照以下两种方式加以考虑：他们在自己的行为处事中如此表现，以使他们要么完全仰赖你的机运，要么不是。对

① 参见《李维史论》，第1卷，第40章："他绝不可能赢得所有贵族的支持，因为他们有非常大的野心而且贪得无厌，僭主不可能有那么多的财富和荣誉〔名位〕来满足他们所有人。……如果僭主以普通民众为友而以大人物为敌，他们就会更加安全稳固，因为支持他们的势力比支持那些以人民为敌而以贵族为友的人的力量更大"。

Ⅰ 这些野心勃勃的家伙永远见风使舵，一旦我身处逆境，他们就会抛弃我，背叛我，难道我没有预料到这一点吗？如果他们看到我处于有利地位，他们就会支持我对抗敌人，如果我遭受挫折，他们又会反过来攻击我。要是我能用新人来组成大人物该多好！（厄尔巴岛时期）

Ⅱ 这不太容易，至少与我想做的和应该做的一样困难；对于……和 F... 我已经尝试过，他们是非常危险的：前者背叛我；我需要后者，但他又态度暧昧；然而，我们总要选择这种或那种方法。（厄尔巴岛时期）

于那些完全仰赖你机运的人，只要不是贪得无厌，[Ⅰ]你就应该赐予荣誉〔名位〕并加以宠爱；对于那些不仰赖你机运的人，你必须按照以下两种方式进行考查：他们这样做要么是出于胆怯和天然地缺乏勇气，要么是人为地、出于野心而不仰赖你。在前一种情况下，你必须利用他们，特别是利用那些能够给你提出有益建议的人们，因为这样一来，在你兴旺发达的时候，他们会给你带来荣誉；在你身处逆境的时候，你也不必害怕他们。[Ⅱ]但如果是后一种情况，这个迹象表明，他们为自己着想比为你着想更多；[Ⅲ]君主必须防范他们，并且把他们当作公开的敌人加以提防，因为在他身处逆境的时候，他们总是助成他的毁灭。[Ⅳ]

4. 所以说，一个人由于人民的支持而成为君主，他应该同人民保持友好；因为他们所要求的只是不受压迫，而君主是很容易做到这一点的。但是，一个人对立于人民，依靠大人物的支持而成为君主，他首先应该做的事情就是想方设法争取人民，只要他把人民置于自己的保护之下，很容易就可以做到这一点。[Ⅴ]因为人们如果从原先他们相信要受到其损害的那个人那里得到好处的话，他们一定会对施惠者更加感恩戴德；[Ⅵ]人民会立即对他充满好感，胜过他好似凭借他

I 我周围几乎没有这种人。（皇帝时期）

II 我有过不少这样的时候。（皇帝时期）

III 我周围最多的就是这种人。（皇帝时期）

IV 我没有好好地考虑过这个事实；现实给了我沉重的一击。未来我还能从中受益吗？（厄尔巴岛时期）

V 我会尽力让人民相信这一点。（将军时期）

VI 然而，我需要征收重税、招募大军。（执政官时期）

们的支持而登上君主之位的。而且，君主要争取人民有许多方式，这些方式根据具体情况而各不相同，我们无法给出一定之规，这里就略而不谈了。我只能得出结论说：一位君主必须同人民保持友好，[Ⅰ]否则他在逆境之中就没有补救办法了。[①] [Ⅱ]

5. 斯巴达人的君主纳比斯[②]，抵御了全希腊人和一支罗马常胜军的围攻，保卫了他的祖国和他的国家不受他们的入侵；当危难降临时，为了保护自己的安全，他只需要对付少数人就可以了；但假如他是与人民为敌的话，这就不够了。请不要拿这句老套的格言"以人民为基础，犹如筑室于泥沙"来反驳我的看法。[Ⅲ]因为如果一位平民把他的基础建立在人民之上，并且自信当他受到敌人或行政长官压迫的时候人民将会解救自己的话（在这种情况下，他往往会发现自己上当

① 关于君主如何赢得人民的友好，参见《李维史论》，第1卷，第16章。

② 公元前205—前192年在位。在《李维史论》中，马基雅维利称纳比斯为僭主（I. 10、40），并且提到纳比斯尽管得到人民的支持，但仍然被刺杀（III. 6）。

Ⅰ　那正是我的弱点。（厄尔巴岛时期）

Ⅱ　他们残酷地让我体会到了这一点。（厄尔巴岛时期）

Ⅲ　没错，没错，尤其是当人民确实就是泥沙的时候。（厄尔巴岛时期）

受骗了，就像罗马的格拉古兄弟[①] 和佛罗伦萨的乔治·斯卡利大人[②] 的遭遇那样），那么这句格言就是真确的。但是，如果一位君主把他的基础建立在人民之上，并且他知道如何发号施令，是一个有勇气的人，身处逆境而不畏惧，其他方面也能够做到有备无患，并且以他的精神意志与秩序激励大多数人民；那么，他将绝不会被他们背弃，并且他将会看到他打下的基础是牢靠的。[③] [I]

6. 当这些君主国打算从公民的秩序（ordine civile）转向绝对的秩序（ordine assoluto）时，往往会陷入危险之中。因为这些君主要么自己发号施令要么通过行政长官之手发号施

① 保民官提比略·格拉古和盖尤斯·格拉古，二人分别于公元前 133 年和前 121 年，在罗马贵族挑起的反对他们的骚乱中被杀害。马基雅维利对他们的看法，参见《李维史论》，第 1 卷，第 37 章。

② 乔治·斯卡利是 1378 年佛罗伦萨梳毛工起义的领袖之一，参见《佛罗伦萨史》，第 3 卷，第 18、20 章。

③ 参见马基雅维利在《佛罗伦萨史》中对 1476 年刺杀米兰暴君加莱亚佐·斯福尔扎的密谋的评论：“君主们应当学会如何为人处世，以使自己受到人民的尊敬和爱戴，使任何敢于谋杀他们的人无处可逃；其他人应当懂得，过于相信心存不满的群众会在你铤而走险的时候追随你或帮助你，这种想法是多么虚妄”（VII. 34）。

I　当我缺乏人民的爱戴这一优势时，确实如此，然而……在我所处的情况下，既要得到我所需要的，又要被人民爱戴，这是非常困难的。（厄尔巴岛时期）

令：[①] 在后一种情况下，他们的地位更加虚弱也更加危险，因为他们完全受制于那些居于行政长官之位的公民的意愿；而那些人，特别是在危难时期，能够轻易地夺取他的国家，要么采取行动反对他，要么拒不服从他。[Ⅰ]君主在危难之中来不及夺取绝对的权威，因为公民们和臣民们已经习惯了接受行政长官的命令，在这些紧急情况下他们不会服从他的命令；[Ⅱ]而且在动荡时期，他往往缺乏能够信赖的人。[Ⅲ]这样一位君主不能仰赖太平时期所看到的情况，因为在那个时候，公民对国家有所需求，每个人都围绕着国家转，每个人都信誓旦旦，并且当死亡遥不可及时，每个人都想要为他赴死；[Ⅳ]但是，到了危难时期，当国家对公民有所需求的时候，能够倚靠的人就寥寥无几了。[②] 而且，这种经历是极其危险的，因为一个人只能经历一次就再没有下次了。[Ⅴ]因此，一位明智的君主必须考虑一个办法，让他的公民无论在哪个时期始终都对国家和他本人有所需求，[Ⅵ]这样，他们就会始终忠诚于他。

---

① “国家版”的注解认为，这两种公民君主（principe civile）前者以皮耶罗·索德里尼为代表，他在1502年当选为佛罗伦萨的终身正义旗手，后者以科西莫·德·美第奇及其后裔、萨沃纳罗拉为代表。

② 参见本书第17章。

Ⅰ 这一点让我们拭目以待。（厄尔巴岛时期）

Ⅱ 我正寄望于此。（厄尔巴岛时期）

Ⅲ 哪儿能找到这样的人？（厄尔巴岛时期）

Ⅳ 这正是他们在宣誓中预见不到的，这些献辞麻痹了他们，而他们还不知道怎么回事！（厄尔巴岛时期）

Ⅴ 只要他们有了第一次，我就会利用优势向他们复仇，或者借他人之手替我复仇。（厄尔巴岛时期）

Ⅵ 对于这一事实，我们无论多么重视都不为过。（厄尔巴岛时期）

第10章
应当以何种方式衡量一切君主国的力量*

1. 在考查这些君主国的特性时，必须考虑另一个问题，那就是：一位君主是否足以拥有这样一个国家，在必要时他能够自己来统治；[Ⅰ]或者，他是否始终处于依赖他人来保护的必然性之下。[Ⅱ]为了更好地澄清这个问题，我要说，我认为那些由于人口众多或财力充裕而能够招募一支足够的军队，并同任何前来进攻他们的人决战一场[①] 的人，他们能够自己来统治；[Ⅲ]我还认为，其他那些不能同敌人决战于疆场，不得不躲在城墙后面进行防御的人，他们始终处于他人的必然性之下。[Ⅳ]第一种情况已经讨论过了，将来还要说一说它的必要条件是什么。关于第二种情况，我们无话可说，只能鼓励这种君主为自己的城镇加强防御工事、充足供应补

---

* Quomodo omnium principatuum vires perpendi debeant.

① 关于“决战一场”（fare una giornata），参见《李维史论》，第2卷，第17章。

Ⅰ 比如有征兵、征用等制度的法国。（将军时期）

Ⅱ 完全没有意义。（将军时期）

Ⅲ 尤其是当他们进攻的时候，会让其他所有人闻风丧胆。（将军时期）

Ⅳ 实在悲哀！我可不想沦落至此。（将军时期）

给，不要顾虑乡村。[Ⅰ]任何人只要为他的城镇做好防御工事，按照前面已经说过的、后面还要谈到的方法处理好对其臣民的其他方面的统治，那么，向他发起进攻总会迟疑不定；因为人们总是抵触其中困难的显而易见的事业，他们会看到进攻这样一位君主并非易事：他拥有一座强固的城镇，同时也没有为人民所憎恨。[Ⅱ]

2. 德意志的城市非常自由，很少有乡村，只有乐意的时候才服从皇帝；它们既不害怕皇帝也不害怕周围其他任何势力，因为它们的防御工事是如此巩固，以致谁都认为要攻占它们将旷日持久，困难重重。[Ⅲ]因为所有这些城市都建有适当的壕沟和城墙，配备充足的火炮，它们的公共库房里总是储备足够一年之用的饮水、食物与燃料；除此之外，为了让平民得到温饱而不必损耗公共储备，它们总是保持公共供给，足以让他们能够在构成城市生命线和供应平民日常生活所需之行当的那些职业中工作一年之久。此外，它们的军事训练名声远播，并有许多规章制度用来维持之。[1] [Ⅳ]

---

① 马基雅维利关于德意志城市的评论，参见《李维史论》，第1卷，第55章；第2卷，前言、第19章；《德意志事务报告》、《德意志事务概览》。

Ⅰ 我不用考虑这个问题。（执政官时期）

Ⅱ 然而我曾经陷入这种困境；不过，我第一时间抓住机会巩固了首都的防御，没有人猜到我真实的目的。（厄尔巴岛时期）

Ⅲ 在过去，这样做很好；并且这里也没有提到法国人这一可能的侵略者。（将军时期）

Ⅳ 在我们热情高涨的攻势下，德意志和瑞士的这些预防措施又有什么用呢？（执政官时期）

3. 因此，一位君主只要拥有强固的城市，又没有使自己为人所憎恨，他就不会受到攻击；就算有人攻击他的话，也将不得不耻辱地败退，因为世事如此变幻莫测，不敢想象一个人能够让他的军队徒劳无益地围城一年之久。[Ⅰ]有人也许要回应说，如果人民在城外有财物，眼看着它们被焚毁，他们肯定按捺不住；长期的围城和对他们自己的爱将使他们忘记君主。对此，我的回答是，一个强大的、英勇的君主总是能够克服所有这些困难：既要让他的臣民产生灾祸不会长久的希望，也要让他们对敌人的残酷产生恐惧，还要巧妙地保护自己的安全，避免让那些他认为过于莽撞的人给他带来危险。[Ⅱ]除此之外，敌人刚到来时，必定会焚烧和毁坏乡村，这个时候人们士气正旺，并且愿意抵抗；如此，君主就更不应该犹豫不决〔而应该加强抵抗〕，因为几天一过，士气就会消沉，损失已经造成，灾祸已然临头，再没有什么补救办法了。这个时候，人们会更加下定决心与君主同仇敌忾，因为在他进行抵抗的时候他们的房屋已被焚烧，财物已被毁坏，因此他显然不能不对人民负有责任。[Ⅲ]人的天性就如此：施恩与受惠一样都使人产生责任。所以，综合来考虑的话，只要不乏生活供给和防卫的手段，一位审慎的君主便不难在被围攻的时候自始至终让他的公民保持士气坚定。[Ⅳ]

Ⅰ　我可不会什么都不做，光在别人的城墙下游荡一年。（执政官时期）

Ⅱ　虽然少见，但最好的方法就是通过一次大的恐怖事件一劳永逸地解决问题；压制他们，他们就不会反叛，也不敢出声。（皇帝时期）

Ⅲ　不管是不是这样，我都不太关心：我不需要他们。（皇帝时期）

Ⅳ　要抵抗的敌人是谁，这才是关键。（皇帝时期）

第 11 章
论教会的君主国*

1. 现在有待探讨的只剩下教会的君主国。关于它们，全部困难都产生于占领它们之前；因为获取这种国家要么依靠德能，要么依靠机运；而维持它却两者都不需要，因为它们是靠在宗教中变得古老的秩序来维护的，这种秩序十分强大，且具有这样一种特性：它们使其君主执掌国家，却不管他们的行事和生活如何。[I]这些君主虽然拥有国家却不用加以防卫，拥有臣民却不用加以统治；但是，其国家虽然没有防卫却没有被褫夺，其臣民虽然没有统治却无须顾虑：他们既没有想过也没有能力背弃这种君主。因此，只有这样的君主国才是安全稳固的、幸福的。但是，既然这种国家是由人类的心智所不及的超越性原因维护的，我就不再谈论它们了；

---

* De principatibus ecclesiasticis.

I　啊！要是我能在法国既让自己成为奥古斯都，又让自己成为至尊的教皇，那该多好！（将军时期）

因为它们是由上帝树立与维持的，所以议论它们就是冒失鬼的僭妄。[Ⅰ]然而，如果有人问我，何以教会现在取得如此大的世俗权力？而在亚历山大〔六世〕之前，意大利的主权者（potentati），并且不仅仅是被称为主权者的人，甚至就连小小的诸侯和领主，在世俗事务上都非常轻视她〔教会〕；而如今一位法国的国王都对她怕得发抖，她不但能够把他〔法国国王〕驱逐出意大利，而且能够毁灭威尼斯人。虽然这件事众所周知，但是在我看来呼吁人们仔细回顾一下它并非多余。[Ⅱ]

2. 在〔1494年〕法国国王查理进入意大利之前，这个地区处于教皇、威尼斯人、那波利国王、米兰公爵和佛罗伦萨人的统治之下。这些主权者有两项主要的关注：一是，不能让一个外国人带着军队进入意大利；二是，他们当中谁也不能扩大他的国家。他们最关注的是教皇和威尼斯人：为了遏制威尼斯人，其他所有人必须团结一致，就像保卫费拉拉那样；① 为了压制教皇，他们利用罗马的贵族诸侯，因为后者分裂为奥尔西尼和科隆纳两派，彼此总是发生争吵，而他们

① 指1482年威尼斯与费拉拉公爵埃尔科莱一世之间的战争，后者与米兰、佛罗伦萨、阿拉贡以及教皇结成联盟；战争在1484年结束，以割让一些土地给威尼斯为代价，费拉拉保留了自治权。

Ⅰ 这种讽刺足以招致梵蒂冈世俗权力的所有绝罚。（将军时期）

Ⅱ 你并没理解到自己的声誉带来的影响；因为这段冒失的历史，罗马教廷是不会赦免你的。（将军时期）

在教皇眼皮底下持械争斗，让教皇职位虚弱不堪、摇摇欲坠。[Ⅰ]虽然也有可能出现一个像西克斯图斯[①] 那样英勇的教皇，但无论是机运还是智慧都不能使他摆脱这些纷扰。他们的生命短促[②] 是一个原因；因为一位教皇在位时间平均十年，在这十年当中，他可能费尽周折才镇压下其中的一派。[③] 比如说，一位教皇差不多消灭了科隆纳派，但另一个教皇却敌视奥尔西尼派的崛起，这就会使科隆纳派东山再起，并且他也没有时间来消灭奥尔西尼派。

3. 这就使得教皇的世俗权力在意大利不为人所敬重。[Ⅱ]后来亚历山大六世继位，在历代教皇中，他最充分地说明了

---

① 西克斯图斯四世（1414—1484，本名 Francesco della Rovere），在他任教皇期间，为其多个子侄谋取圣职和世俗利益，并因为支持了“帕齐阴谋”而与佛罗伦萨交恶。马基雅维利在《佛罗伦萨史》中说：“这位教皇在向世人展示一个教皇究竟能肆意妄为到何种程度方面可谓前无古人，许多事情在他之前被看作罪恶，现在却在教皇的权威之下掩藏起来”（VII. 22）。

② 事实上，教皇西克斯图斯四世活了 70 岁，在位 13 年（1471—1484）；英诺森八世活了 60 岁（1432—1492），在位 8 年（1484—1492）；亚历山大六世活了 72 岁（1431—1503），在位 11 年（1492—1503）；尤利乌斯二世活了 70 岁（1443—1513），在位 10 年（1503—1513）。所以，“生命短促”（brevità della vita loro），当指教皇在位时间。

③ 参见《佛罗伦萨史》第 1 卷第 23 章末尾处的评论。

I 睿智的观察……值得深思。（将军时期）

II 我也做到了这一点。（将军时期）

一位教皇可以利用金钱与武力使自己的气焰达到何等程度之盛。[Ⅰ]他利用瓦伦蒂诺公爵作为工具，并且利用法国入侵的机会，做了我在前面讨论公爵之行动的时候说过的所有事情。虽然他的意图本来可能并不是为了壮大教会的势力，而是为了壮大公爵的势力；但是他这样做却有助于教会的势力壮大。在他去世和公爵被消灭后，教会坐享了他的劳动果实。其后，尤利乌斯〔二世〕继位，他发现教会已然壮大：她拥有整个罗马涅，而罗马的贵族诸侯被镇压了，那些派别在亚历山大的打击下也被消灭了；[Ⅱ]他还发现，在亚历山大之前从未使用过的一种积累钱财的方式①，仍然可以开发利用。尤利乌斯不仅继续而且扩大了这些事情；他想为自己夺取博洛尼亚，消灭威尼斯人，并把法国人驱逐出意大利。[Ⅲ]所有这些事业他全都成功了，② 并且更加值得赞扬，因为他所做的一切都是为了提高教会而非某个平民的地位。他还把奥尔西尼和科隆纳

---

① 似乎是指出售圣职和赎罪券。

② 尤利乌斯二世在1506年征服了博洛尼亚；在1509年战胜了威尼斯，然后解散了1508年成立的“康布雷联盟”；在1511年成立了反对法国国王路易十二的“神圣同盟”，罗马教廷、威尼斯、西班牙联合起来驱逐法国人。

Ⅰ　在他的时代和他的国家。（将军时期）

Ⅱ　我很愿意在法国做同样的事情。（皇帝时期）

Ⅲ　这就是所谓的伟大人物的动作。（将军时期）

这两派都控制在他所设定的同等范围之内；[Ⅰ]虽然他们当中的某些首领随时打算起事，但是有两件事约束着他们：一是教会的势力壮大，这使他们心存畏惧；二是他们没有了自己的枢机主教，这本是两派之间骚乱的根源。只要这两派有自己的枢机主教，他们就绝不会保持相安无事，[Ⅱ]因为枢机主教们在罗马内外培植党羽，而贵族诸侯们不得不起来保护他们。于是，由于高级教士们的野心导致了贵族诸侯之间的动乱与骚乱。[Ⅲ]因此，圣座教皇利奥[①] 发现教皇职位已经非常强大；我们可以希望，如果说先前的教皇依靠武力使之壮大，那么当今的教皇将依靠善行和无数的其他德能〔德性〕使之更加壮大和受人崇敬。

① 指教皇利奥十世（乔瓦尼·德·美第奇），1513—1521 年在位。

Ⅰ　在法国，这是我唯一合适做的事情。（执政官时期）

Ⅱ　扶植几个为我效力的枢机主教有利无害。（执政官时期）

Ⅲ　我会利用他们的野心来助我一臂之力。（执政官时期）

第12章

论军队有多少种类以及雇佣军*

1. 我们已经详尽地讨论了我在本书的开头提出来探讨的那些君主国的全部特性，并部分地考虑了它们兴盛与衰败的原因，也指出了许多人用来获取和保有它们的方式；现在仍需我一般性地讨论一下，前面提到的每一种君主国可能会采取的进攻与防卫。我们在前面已经说过，一位君主必须为自己打下稳固的基础，[①] 否则的话他必然走向灭亡。一切国家，无论是新的国家、旧的国家还是混合的国家，最主要的基础就是良好的法律和优良的军队：因为没有优良的军队，就不可能有良好的法律；有优良的军队，就一定会有良好的法律。[②] 我将不探讨法律而只谈论军队。[I]

---

* Quot sint genera militiae et de mercennariis militibus.

① 参见本书第7章。

② 参见《李维史论》，第1卷，第4章："在有优良军队的地方肯定有良好的秩序〔制度〕，并且在这样一个地方也很少没有大好机运的"。

I 那么，为什么预言家一般的孟德斯鸠在《立法者》一章中提到了马基雅维利呢？（执政官时期）

2. 因此，我要说，一位君主用来保卫其国家的军队，要么是他自己的军队，要么是雇佣军、援军，或者混合的军队。雇佣军和援军是无益的、危险的；[Ⅰ]如果一个人把他的国家建立在雇佣军的基础之上，那么他既不会稳固也不会安全；因为雇佣军是不团结的，包藏野心，毫无纪律可言，更不忠诚可靠；在盟友面前胆大妄为，在敌人面前胆小怯懦；既不敬畏上帝，也不忠诚待人；毁灭之所以没有出现只是由于进攻推迟罢了；你在和平时期受他们的掠夺，在战争时期受敌人的掠夺。其原因就在于，他们既没有爱戴也没有理由让他们走上战场，除了那一点儿军饷，而这并不足以让他们愿意为你赴死。[①] 在你不打仗的时候，他们倒真的愿意做你的士兵，但是每当战争来临，他们就逃之夭夭或者一哄而散。[Ⅱ]要我证明这一点是很容易的，因为意大利当前的毁灭不是由于别的原因，正是由于她这么多年来一直依赖雇佣军。虽然他们

① 参见《李维史论》，第1卷，第43章："他们没有理由坚持战斗，除了你给他们的那一点儿军饷。这个理由不足以也不可能足以让他们保持忠诚，也不足以让他们成为你的朋友，愿意为你赴死。因为，在那些军队里，他们对于那个为之战斗的人没有情感，这种情感会让他们成为其拥戴者……因为这种爱戴或者斗志只能产生于你的臣民"。

I　很明显，如果没有自己的军队，或者雇佣军和援军比自己的军队更多，这是危险的。（将军时期）

II　不过瑞士人除外。（厄尔巴岛时期）

曾经为某些人取得某种进展，并且相互之间可能一逞勇武；可是，一旦外敌入侵，他们就原形毕露。因此，法国国王查理得以“拿着粉笔”就夺取了意大利。[①] 有人说，这得归咎于我们自己的罪过，他说的是实情；但显然不是他所相信的那些罪过，而是我已经说过的罪过；因为这是君主们的罪过，所以他们也因此受到了惩罚。[②] [Ⅰ]

3. 我想进一步展现这些军队的危害。雇佣军的将领要么是卓越的军人，要么不是：如果他们是卓越的，你就不可能信赖他们，因为他们总是渴望自己的势力壮大，要么压迫你——他们的雇主——要么违背你的意图压迫他人；[Ⅱ]如果将领是没有德能的人，[Ⅲ]他就会以通常的方式〔战败〕毁灭你。如果有人回应说，不管是不是雇佣军，只要武器在手都会是这样。我会回答说，军队要么由一位君主使用，

---

① 据法国当时的侍从官、历史学家科明尼斯记载（Philippe de Commynes, *Mémoires*, VII. 14），教皇亚历山大六世说查理八世在1494年入侵意大利时没有遭到抵抗，只要手里拿着粉笔在军队安营扎寨的地方画上标记就可以了。

② 萨沃纳罗拉在1494年11月1日的布道中指出，法国人的入侵是上帝对意大利和佛罗伦萨渎神的惩罚。马基雅维利论意大利君主的罪过，参见《李维史论》，第1卷，第21章；第2卷，第18章。

Ⅰ 在好人马基雅维利的时代，所有的过错——不管是政治的还是道德的——都叫作罪过：人们对政治家的过错并不比詹森主义者对普通人的罪过更加宽容。（将军时期）

Ⅱ 如果军队是由之前的敌人组成的，只因为收了你的钱才为你效命，那么这种军队就会像雇佣兵那样为你服务。（厄尔巴岛时期）

Ⅲ 他们当中会有忠诚之人吗？（厄尔巴岛时期）

要么由一个共和国使用。君主应当亲自出马，担任将领〔统帅〕之职。[Ⅰ]共和国则必须委派其公民，如果派出的人被证明不能胜任，那么必须撤换他；如果胜任其事，则必须用法律加以制约，不要让他逾越界限。[Ⅱ]经验表明，只有君主和武装起来的共和国才能取得重大进展，而雇佣军只能造成危害。[Ⅲ]而且，一个用自己的军队武装起来的共和国，与一个靠外国的军队武装起来的共和国相比，更不容易屈从于其某个公民。[Ⅳ]

4. 罗马和斯巴达以武立国多个世纪，从而保持自由。瑞士人全民皆兵，从而保持完全的自由。[①] 迦太基人是古代使用雇佣军的一个例子。虽然迦太基人派出自己的公民们担任首领，但在他们同罗马人进行第一次战争的末期几乎被雇佣军压倒。[②] 埃帕米农达死后，底比斯人让马其顿的腓力担任他们军队的将领；他取得胜利后，就剥夺了底比斯

① 本段以下部分内容也见于《战争的技艺》，第 1 卷，第 55—58 句。

② 指第一次布匿战争结束时爆发的迦太基雇佣军暴动（公元前 241—前 237 年），参见《李维史论》，第 3 卷，第 32 章。

Ⅰ 我知道这一点；他们也应该知道这一点，但他们做得到吗？（厄尔巴岛时期）

Ⅱ 没有法令、条律可以制约他；法律的制定不是为了针对他——是他制定了法律。（将军时期）

Ⅲ 如果只有雇佣军，那么必须注意这一段。（厄尔巴岛时期）

Ⅳ 但它最终仍可能走到这一步。（将军时期）

人的自由。[①] 菲利波公爵死后，米兰人雇用弗朗切斯科·斯福尔扎对抗威尼斯人；当他在卡拉瓦焦战胜敌人后，斯福尔扎却同威尼斯人联手来压迫他的雇主——米兰人。[②] [Ⅰ]斯福尔扎的父亲曾受雇于那波利女王乔万娜，却突然使她解除武装；为了不失去王国，她被迫投入阿拉贡国王的怀抱。[③] [Ⅱ]然而，威尼斯人和佛罗伦萨人过去都曾经利用雇佣军扩张自己的统治权，但他们的将领并没有随即自立为君主，[Ⅲ]而是保卫了他们，这又如何解释？我回答说，对于这种情况，佛罗伦萨人是受惠于运气（sorte），因为在那些本来可能让他们害怕的有德能的将领中，有些人没有获胜，

---

① 埃帕米农达（公元前 418—362 年），公元前 4 世纪底比斯杰出的将领和政治家。马其顿的腓力，指马其顿国王腓力二世（公元前 382—336 年），亚历山大大帝的父亲。他年青时曾作为人质被送往底比斯，深受埃帕米农达影响，跟随其学习方阵战术。他回国后于公元前 359 年夺取王位，公元前 338 年攻占底比斯。因此，谈不上腓力在埃帕米农达死后担任底比斯军队的将领。

② 卡拉瓦焦之战发生在 1448 年 9 月，斯福尔扎在 1450 年 2 月攻克米兰。相关内容参见《佛罗伦萨史》，第 6 卷，第 18—22 章。

③ 乔万娜二世（1371—1435），那波利女王；斯福尔扎的父亲，指穆齐奥·阿滕多洛·斯福尔扎（1369—1424）；阿拉贡国王指“宽宏者”阿方索五世（1396—1458，那波利国王阿方索一世）。相关内容参见《佛罗伦萨史》，第 1 卷，第 38 章。

Ⅰ 也可以用由国家供饷的军队来完成同样的事情。如果军费充足，给他们灌输雇佣军的精神就不难做到，要从征收的税款中拨出军饷，分发给士兵。当将领与军队身处远地，军队无法受其他势力影响时，他们就只能听命于将领，而将领得以利用军队。（将军时期）

Ⅱ 不管你投入谁的怀抱，即便他们能满足你的基本愿望，总的说来，他们给你带来的伤害也将大于好处。（厄尔巴岛时期）

Ⅲ 那位著名的巴尔托洛梅奥·科莱奥尼几乎只能用正直来形容，他有多种途径可以成为威尼斯的国王，但他却不愿意如此。在他临死之际，他还建议威尼斯人永远不要像对待他一样把军事权交给别人，这是多么愚蠢啊！（将军时期）

[Ⅰ]有些人遇到了对手，[Ⅱ]另一些人则把他们的野心转到了其他地方。[Ⅲ]没有获胜的是乔瓦尼·阿库特[①]：既然他没有获胜，他的忠诚就无法得到证明；但每个人都承认，假如他获胜了，佛罗伦萨人就得受他支配。斯福尔扎始终有布拉乔家族反对他，[②] 他们相互掣肘[Ⅳ]：弗朗切斯科[Ⅴ]把他的野心转到了伦巴第，而布拉乔则反对教会和那波利王国。

5. 然而，还是让我们看看不久前发生的事情吧。[Ⅵ]佛罗伦萨人委派保罗·维泰利担任他们的将领。[③] 他是一个极为审慎的人，从平民运动中崛起，获得过极大的名声。如果他攻占了比萨，没有人会否认，佛罗伦萨人将不得不同他保持密切的关系，因为一旦他受雇于他们的敌人，他们就没法补

---

① 乔瓦尼·阿库特，即英国雇佣军首领约翰·霍克伍德（1320—1394），百年战争中在“黑太子”爱德华手下作战。1362年率“白色军团”进入意大利充当雇佣军，历时三十年。

② 布拉乔家族，一个雇佣军首领家族。这里指安德烈亚·福尔泰布拉乔（Andrea Fortebraccio，亦名 Braccio da Montone）。关于他们之间的对立，参见《佛罗伦萨史》，第1卷，第38章；第5卷，第2章。

③ 保罗·维泰利，佛罗伦萨对比萨战争中的雇佣军将领，后因涉嫌通敌在1499年10月被处决（马基雅维利本人作为第二国务秘书和战争十人委员会的秘书参与了佛罗伦萨政府的决策），此事引起维泰利家族对佛罗伦萨的极大仇视。

Ⅰ 必须将失败作为起点。（将军时期）

Ⅱ 然后我们再看看对手是否不可战胜。（将军时期）

Ⅲ 重要的是得看哪方面更占上风。（将军时期）

Ⅳ 应该将其一举消灭。（将军时期）

Ⅴ 令人赞赏！这是最佳的典范。（将军时期）

Ⅵ 可惜你看不到我的成功！（执政官时期）

救了；而如果他们继续雇用他，他们就得服从他。[Ⅰ]如果我们考虑一下威尼斯人的进展就会看到，在他们自己作战的时候（那是在他们转向陆上〔扩张〕事业之前），他们做得既稳固又荣耀。凭借自己的贵族（gentili òmini）和武装起来的平民，他们表现得非常有德能；[Ⅱ]但是，当他们开始在陆上作战的时候，他们将这种德能弃之不顾，转而接受意大利的作战习惯。在其陆上扩张的初期，由于在那里拥有的国家还不大，名声却显赫，所以他们没有多大必要害怕他们的将领。但是，随着他们在卡尔米纽奥拉[①] 的指挥下势力大增，他们就吃尽了这个错误的苦头。〔一方面〕，在他的指挥下他们打败了米兰的公爵，看到他是一个非常有德能的人；另一方面，他们了解到他对战争的态度变得冷淡，他们认为凭着他不再能够获胜，因为他无心于此，[Ⅲ]而他们又不能在不失去已经获取的一切的情况下解雇他；于是，为了保护自己的安全，他们不得不迫于必然性杀死他。[Ⅳ]后来，他们还招延过巴尔托洛梅奥·达·贝加莫、鲁贝托·达·圣塞韦里诺、

① 卡尔米纽奥拉（即 Francesco di Bussone，1380—1432），后来成为卡马尼奥拉伯爵，起初为米兰服务，后转而为威尼斯服务，1432 年以通敌罪被处决。

Ⅰ　督政府中谣言四起，颁布了许多法令：我仍坚持不为所动；我的军队仍然服从我。（将军时期）

Ⅱ　募兵制的巨大优势。（执政官时期）

Ⅲ　很快我也会遇到这种情况。（皇帝时期）

Ⅳ　这样做是最安全的：我本应该更经常地做这种事。两次根本不够；我还没有做到至少三次，这令我非常担忧。（皇帝时期）

皮蒂利亚诺伯爵等人担任他们的将领；[①] 使用这些人，他们不得不害怕的是损失，而不是他们的获得，就像后来在维拉战役中发生的那样：他们在一日之间丧失了八百年来历尽艰辛所获取的一切。[②] [Ⅰ]因为这些军队带来的获取只能是缓慢的、迟来的、微薄的，但导致的损失却是突然的、奇迹般的。由于上面这些例子我说到了多年来一直被雇佣军统治的意大利，所以我想更深入地讨论一下雇佣军，以便看清他们的起源与发展，从而能够更好地纠正他们。[Ⅱ]

6. 所以，您一定了解，晚近在意大利，随着〔神圣罗马〕帝国受到排斥、[Ⅲ]教皇在世俗事务方面取得很大的声望，意大利分裂成了许多国家。[Ⅳ]因为许多大城市拿起武器来

---

① 巴尔托洛梅奥·达·贝加莫（即 Bartolomeo Colleoni，1400—1475），卡拉瓦乔战役（1448 年）中威尼斯军队的指挥官；鲁贝托·达·圣塞韦里诺（1418—1487），指挥过威尼斯对费拉拉的战争（1482—1484 年）；皮蒂利亚诺伯爵（即 Niccolò Orsini，1442—1510），维拉战役（1509 年）中威尼斯军队的指挥官。

② 1508 年 12 月，反威尼斯的各国组成“康布雷联盟”，1509 年 5 月 14 日，法国军队在米兰附近的维拉（阿尼亚代洛，也称为阿达河畔的贾拉战役）进攻威尼斯军队，取得重大胜利。然而，同盟内部各方的互不信任决定了威尼斯并没有丧失一切。马基雅维利对威尼斯的评价，参见《李维史论》，第 1 卷，第 6、53 章；第 3 卷，第 11、31 章。

Ⅰ　他们自作自受：更多的损失还在后头。（将军时期）

Ⅱ　对我来说，这是毫无必要的题外话。（将军时期）

Ⅲ　我会在那里重建帝国。（将军时期）

Ⅳ　分裂会消失的。（将军时期）

反抗那些先前受到皇帝支持而压迫自己的贵族，教会则对这些城市给予赞助，以扩大自己在世俗事务方面的声望。[Ⅰ]在其他许多城市中，它们的公民变成了统治它们的君主。[Ⅱ]这样一来，意大利几乎全部落入教会和一些共和国之手，[Ⅲ]而教士们和其他公民由于不谙军事，便开始招募外国人当兵。第一个赋予这类军队以声望的人是来自罗马涅的阿尔贝里戈·达·科尼奥。[①] 他训练出来的人包括布拉乔和斯福尔扎（还有其他人），他们是他们那个时代意大利的主宰。继他们之后，又出现了其他人，他们指挥这些雇佣军直到我们这个时代。[Ⅳ]他们的德能带来的结果却是，意大利遭受查理〔八世〕的蹂躏、路易〔十二〕的劫掠、斐迪南[②] 的摧残和瑞士人的凌辱[③]。[Ⅴ]他们过去采取的方法，首先是贬低步兵的声望，以此抬高自己的声望。他们之所以这样做，是因为他们是没有国家的人，就靠这个行当来维持生活。拥有少数步兵

---

① 阿尔贝里戈·达·科尼奥（即 Alberigo da Barbiano，1344—1409），科尼奥伯爵；关于他创建的“圣乔治连队”，参见《佛罗伦萨史》，第 1 卷，第 34 章。

② 斐迪南，指西班牙国王“天主教徒”斐迪南，详见本书第 292 页注释①。

③ 路易十二征服米兰，曾得瑞士人的帮助，其后瑞士人在教皇尤利乌斯二世怂恿下又独自征服米兰。

Ⅰ　格列高利七世尤其精于此道。（将军时期）

Ⅱ　三个地方一起作乱，由我一人而起，也只有我一人得利。（将军时期）

Ⅲ　这一切都将改变。（执政官时期）

Ⅳ　无能的领袖带着一帮乌合之众！（将军时期）

Ⅴ　我一个人的作为比这三位君主加起来还要令人生畏：而我面对的敌军更加强大。（执政官时期）

是不能为他们赢得声望的，而他们又没有能力供养太多；[Ⅰ]因此，他们改靠骑兵，以适当数量的骑兵来获得供养和荣誉〔名位〕。结果是：在一支两万人的队伍中，步兵不及两千。[Ⅱ]除此之外，他们还想尽一切办法来减轻自己和士兵们的困苦和畏惧，在战斗中不进行杀戮而是活捉俘虏，不要求支付赎金即予以释放。[Ⅲ]他们不夜袭城镇，防守城镇的人也不夜袭野营；他们在军营的周围既不树立栅栏，也不挖掘壕沟；他们在冬季还不发动战事。所有这些事情都是他们的军制允许的，并且，正如已经说过的，这是他们为了逃避困苦和危险而想出来的：[Ⅳ]就这样，他们使意大利陷入[①] 奴役和屈辱之中。[Ⅴ]

① 原文为“condotta”，马基雅维利用这个词是一语双关，它不仅是动词“condurre”（引导）的过去分词，而且还是一个名词“condotta”（合同），它解释了意大利语中“雇佣兵队长”（condottiere）的起源，即与雇主签订合同为佣金而战。

Ⅰ　可悲！可怜！（将军时期）

Ⅱ　一无是处，却到处吹嘘！（将军时期）

Ⅲ　懦弱！荒唐！砍削他们，剁碎他们，把他们切成块，碾成泥，彻底打倒。（将军时期）

Ⅳ　应该反其道而行之，这样才能培养出优秀的军队。（将军时期）

Ⅴ　这是必然的结果。（将军时期）

第13章

论援军、混合的军队和自己的军队*

1. 援军是另一种无益的军队，就是招请一个强国以其军队来帮助和保护你的那些人，[Ⅰ]就像教皇尤利乌斯〔二世〕晚近所做的那样。我们看到，当他在对费拉拉的战事中吃尽了其雇佣军的苦头之后，便转而求助于援军。他同西班牙国王斐迪南〔二世〕达成协议，由斐迪南以他的人马和军队来帮助他。这些军队本身可能是有益的、精良的，[Ⅱ]但对于招请他们的人来说却几乎总是有害的：因为如果他们失败了，你就完蛋了；如果他们胜利了，你就会沦为他们的俘虏。[Ⅲ]虽然在古代历史上，这样的例子比比皆是；[Ⅳ]但我不想离开教皇尤利乌斯二世这个晚近的例子，他的做法再轻率不过了：他想得到费拉拉，却把自己置于一个外国人之手。只是由于

* De militibus auxiliariis, mixtis et propriis.

Ⅰ 毫无用处！简直不能容忍！想象一下，为了同盟战略或者扩张帝国，把别人的士兵编入自己的队伍，这会是什么感觉。（执政官时期）

Ⅱ 对我来说这就足够了。（执政官时期）

Ⅲ 我的联盟政策必须预见到这两种不利因素。（将军时期）

Ⅳ 当我注定要推翻这个例子时，应该认可它吗？（厄尔巴岛时期）

他的好运带来了第三件事情，才使他没有吃到这种错误选择的苦果：[Ⅰ]他的援军在拉韦纳被打败之后，出乎所有人——他自己以及其他人——的预料，瑞士人奋起把胜利者驱逐；[①]所以，他既没有成为他敌人的俘虏，因为他们已经逃走，也没有成为他援军的俘虏，因为他是靠他们之外的其他军队获胜的。[Ⅱ]佛罗伦萨人完全没有武装，却带领一万法国人去攻占比萨，这种做法使他们面临比在其他任何艰苦的时候都更大的危险。[②] 君士坦丁堡的皇帝为了反对其邻国，派遣上万土耳其人到希腊；在战争结束的时候，他们却拒不离境，[Ⅲ] 这是希腊受

---

① 教皇尤利乌斯二世第二次攻打费拉拉，但由于费拉拉同法国结盟获得支援，没有成功。于是，教皇同西班牙、威尼斯等结成反法“神圣同盟”（1511 年 10 月 4 日）。其后罗马教廷和西班牙的军队同法军作战，在 1512 年的拉韦纳战役中惨败，但由于法军主帅加斯东·德·富瓦阵亡，并且瑞士人出兵支援“神圣同盟”，法军被迫退却。

② 1500 年 6—7 月，佛罗伦萨人再次攻打比萨。这次的军队是法国提供的雇佣军，由瑞士人和加斯科涅人组成，但计划再次落空。瑞士人和加斯科涅人拒不向比萨推进，并因薪饷和给养问题开始哗变，瑞士人甚至扣押佛罗伦萨的专员作为人质索要赎金。整个军事行动是一场彻头彻尾的失败。其间马基雅维利曾受命奔赴前线，其后又出使法国宫廷交涉此事。

Ⅰ 这三种因素从未阻挡过我的好运。（厄尔巴岛时期）

Ⅱ 教皇获胜完全是运气使然。（将军时期）

Ⅲ 我们会在意大利做同样的事情，我们进入完全是为了驱逐联军。（将军时期）

异教徒奴役的肇端。[①]［Ⅰ］

2. 因此，谁不想赢得胜利，[Ⅱ]就让他去利用这些军队吧！他们比雇佣军危险得多，因为毁灭伴随着援军；他们全体团结一致，完全听命于某个外国人。但是，就雇佣军而言，当他们取得胜利时，他们要想加害于你需要更长的时间和更好的机会，因为他们并不是一个整体，他们是由你招来并发给军饷的；而且，你可能委派第三方担任他们的首领，他是不能很快夺取足够的权威来加害于你的。总之，就雇佣军而言，惰怠无能是最危险的；就援军而言，最危险的却是德能。[Ⅲ]

3. 因此，一位明智的君主总是避免使用这些军队，转而依靠他自己的军队。他宁愿依靠自己的军队打败仗，也不愿依靠他人的武力获胜，因为他并不认为利用外国的军队获取的胜利是真正的胜利。我毫不犹豫地[Ⅳ]援引切萨雷・博尔贾及其行动为例。这位公爵进入罗马涅靠的就是援军，这些援军完全由法国的军队领头，并且依靠他们夺取了伊莫拉和弗利。[②]［Ⅴ］但是，

① 14世纪中叶，拜占庭帝国发生内讧，约翰六世（John Cantacuzene）与奥斯曼土耳其结盟并寻求支持；1353年召请土耳其人攻打塞尔维亚人，成为土耳其人在欧洲扩张的第一块基地。

② 在1499年11月到1500年1月之间。

Ⅰ 意大利的情况更加乐观。（皇帝时期）

Ⅱ 傻瓜，除了援军之外，还有其他力量能够依靠吗？（将军时期）

Ⅲ 令人赞赏，非常有深度！（皇帝时期）

Ⅳ 唉！为什么要犹豫呢？因为你鄙视他的道德品质，因为许多蠢材认为他名声狼藉。然而，这一切于政治又有什么关系呢？（将军时期）

Ⅴ 有了这些军队，哪座城池不能攻克？然而，守住战果是否也如此容易呢？（将军时期）

他后来觉得这种军队靠不住，便转而依靠雇佣军，因为他认为雇佣军的危险较小，他雇佣了奥尔西尼家族和维泰利家族的人。后来，在指挥中发觉他们不确定、不忠诚，并且有危险；于是，他消灭了他们，转而依靠他自己的军队。[Ⅰ]如果考虑一下，在这位公爵只依靠法国人、依靠奥尔西尼家族和维泰利家族的人、依靠他自己的军队和他自己的时候，他的声望是不同的，从而也就很容易看出这些军队之间的不同：我们发现，他的声望总是愈来愈大，但是当每个人都知道他是其军队的完全的主人时，他受到人们的敬重是前所未有的。

4. 虽然我不想离开意大利的和晚近的例子，但是我也不想忽略我在前面已经提到的那些人中的一个——叙拉古的希耶罗。[①] [Ⅱ]正如我说过，他被叙拉古人任命为军队的首领，他随即意识到他们的雇佣军是没有好处的，因为他们就像我们意大利人所建立的雇佣兵队长；他认为自己既不能留用他们又不能把他们遣散，只好将他们全部斩杀；[Ⅲ]此后，他率领自己的军队而不是外国的军队作战。[Ⅳ]接下来我想唤

① 参见本书第6章。

I 自己的军队永远是最重要的。（将军时期）

II 马基雅维利不断地将话题回到我家族的这位英雄上来，以此讨好我。（将军时期）

III 让我高兴的是，你能够这么做；更让我高兴的是，你这么做了。（皇帝时期）

IV 要获取任何荣耀和权力，都绝不能指望除自己之外的任何人。（将军时期）

起人们回顾一下《旧约》中非常切题的一个人物。[Ⅰ]大卫请求扫罗让自己同非利士人的挑战者歌利亚战斗，扫罗为了给他助威壮势，把自己的铠甲给他穿戴；但大卫试了一下之后就谢绝了，他说，他穿戴这身铠甲不能很好地发挥自己的力量，所以，他宁愿用自己的投石器和刀子迎战敌人。①

5. 总之，他人的铠甲要么从你的身上脱落，要么把你压倒，要么把你束缚得紧紧的。法国国王路易十一的父亲查理七世凭借自己的机运和德能，把法国从英国人的统治之下解放出来。他认识到了依靠自己的军队武装自己这种必然性，[Ⅱ]在他的王国里颁布了重骑兵和步兵的条例。后来，他的儿子路易国王废除了步兵制，而开始雇用瑞士人。②[Ⅲ]正如我们现在事实上看到的，这个错误——其他人还在重蹈覆辙——是给那个王国带来危险的原因。因为在他让瑞士人享有声望的时候，他就削弱了自己所有的武装，因为他完全废除了步兵，又使

① 参见《旧约·撒母耳记上》(17：38—40，50—51)；与原文有重大出入。

② 查理七世，法国国王（1422—1461 年在位），他在英法百年战争后期组织起由骑兵和步兵组成的独立军队，不再依赖贵族提供军队；路易十一，法国国王（1461—1483 年在位），他从 1474 年开始雇佣瑞士人。

Ⅰ 选择这个例子实在荒谬。（将军时期）

Ⅱ 他们需要时间和致命的经历才能理解什么是不可或缺的。（厄尔巴岛时期）

Ⅲ 蠢货！但也不尽如此。他的脑子里装着整个议会；他把法国看作是年年可以收获的牧场，并尽力实现其所愿。他在圣让－当热利很得人心，在处理奥代河事件时，表现得也很不错。（执政官时期）

他的重骑兵仰赖于其他人的军队：他们已经习惯了和瑞士人协同作战，以致他们认为，如果没有瑞士人就不能打胜仗。[Ⅰ]由此导致，法国人没有能力对抗瑞士人，而且没有瑞士人就不敢对抗任何人。于是，法国的军队就成为混合的军队，一部分是雇佣军，一部分是自己的军队。这种军队总体来说比纯粹的援军或纯粹的雇佣军好得多，但毕竟比〔完全是〕自己的军队差得非常远。[Ⅱ]上述这个例子就足以证明这一点，因为如果查理〔七世〕的条令得到发展或者保留下来，法兰西王国将是不可战胜的。[Ⅲ]但是，由于缺乏审慎，人们开始从事一件当时让人感觉良好的事情，却没有察觉到隐匿其中的祸害，就像我在前面说到的消耗热病一样。[①]

6. 因此，一个人如果不能察识到君主国中正在滋生的祸患，他就不是真正明智的，而能够察微知著的只是少数人。[Ⅳ]如果我们考虑一下罗马帝国毁灭的头一个原因，就会发现，那是从雇用哥特人当兵才开始的；因为罗马帝国的势力就是从那个时候开始衰落的，[Ⅴ]罗马人的一切德能都转移到了哥特人那里。

---

① 参见本书第3章。

Ⅰ　天壤之别！我的每个战士都认为靠自己就能打下胜仗。（皇帝时期）

Ⅱ　差得非常远。（将军时期）

Ⅲ　查理的制度确实还在，因为我把它发展得更加完善了。（皇帝时期）

Ⅳ　甚至是在如此开明的时代……（厄尔巴岛时期）

Ⅴ　当我还是个孩子的时候，第一次读到这段衰落的历史，我也做出了同样的判断。（将军时期）

7. 因此，我的结论是：如果没有自己的军队，没有哪个君主国是安全稳固的；[Ⅰ]事实上，既然它在逆境之中没有德能[①] 保护自己，它就完全仰赖于机运。明智的人们总是提出这样的意见和判断："世上最不牢靠、最不稳固的东西，莫过于不以自己的力量为基础的关于权力的名望了"。[②] 所谓自己的军队就是由臣民、公民或者你的属民组成的军队，其他的一切军队不是雇佣军就是援军。[Ⅱ]如果审视一下我在前面提到的四个人[③] 的方法，并且看一看亚历山大大帝的父亲腓力〔二世〕[④] 以及如此之多的共和国与君主是如何整军经武的，那么很容易就可以找到创建自己军队的方式；[Ⅲ]我完全信赖这些方法。[Ⅳ]

---

① 有版本此处还有"带着信心"（参见曼斯菲尔德英译本注释和潘汉典中译本）。

② 拉丁文引语，出自塔西佗《编年史》："quod nihil sit tam infirmum aut instabile quam fama potentiae non sua vi nixa"（Tacitus, *Annals*, XIII. 19），略有出入。

③ 切萨雷·博尔贾、叙拉古的希耶罗、大卫和查理七世。本书第 6 章中马基雅维利提到的四个人是：摩西、居鲁士、罗穆卢斯和忒修斯。

④ 参见本书第 160 页注释①。

Ⅰ 你们的军队不属于你们，而是属于我。（厄尔巴岛时期）

Ⅱ 如果雇佣军和援军隶属于自己，听命于自己，那么实际上也就成了自己的军队。（厄尔巴岛时期）

Ⅲ 对于他们来说并非如此，至少不会这么快。（厄尔巴岛时期）

Ⅳ 很好；不过参照我的办法会更好。（执政官时期）

第14章
一位君主在军事方面应当做什么*

1. 因此，一位君主除了战争及其规章制度和训练之外，不应该有其他的目标、其他任何的思想，也不应该把其他任何事情作为他的技艺，[Ⅰ]因为这是发号施令者应当关注的唯一技艺。它的效力（virtù）不仅能够使那些凭出身成为君主的人维持地位，而且多次使那些平民运道的人跃居君主之位；[Ⅱ]反之，我们则看到，君主一旦考虑安逸享乐甚于整军经武，就会失去他们的国家。[Ⅲ]导致你失去国家的头一个原因就是忽略了这种技艺，而使你获取国家的原因就是你精通这种技艺。

2. 弗朗切斯科·斯福尔扎武装了自己，于是由一介平民跃升为米兰的公爵；[Ⅳ]而他的儿子们[①] 躲避军事的艰苦，结

---

* Quod principem deceat circa militiam.

① 此处"儿子们"（figliuoli），实指"后嗣们"，这种用法也见于《李维史论》（II. 24）和《佛罗伦萨史》（VI. 20）。

Ⅰ　他们说我应该提起笔来撰写回忆录。我？写作？这些人把我当成傻瓜了吗？我的弟弟吕西安写诗就已经很过分了。沉溺于这种无聊的事情，就等于放弃统治。（厄尔巴岛时期）

Ⅱ　在我身上这两者都有所体现。（皇帝时期）

Ⅲ　这是不可避免的。（厄尔巴岛时期）

Ⅳ　当然还有我！（厄尔巴岛时期）

果由公爵降为平民。[Ⅰ]没有武装给你带来祸患的另外一个原因便是它让你被人蔑视；[Ⅱ]这是君主必须提防的一种恶名，就像后面将要说到的。① 因为武装起来的人与没有武装的人无法相提并论，指望一个武装起来的人心甘情愿地服从一个没有武装的人，[Ⅲ]或者没有武装的人厕身于武装起来的臣仆之中能够安全稳固，[Ⅳ]这是不合乎情理的。因为一方心存蔑视，另一方心怀猜忌，他们是不可能好好共事的。[Ⅴ]所以，一位不懂军事的君主，除了其他的不幸之外，就像已经说过的，他既不能为自己的士兵所敬重，自己也不能信赖他们。[Ⅵ]

3. 因此，他绝不应该让自己的思想离开军事训练问题，并且在和平时期他应该比在战争时期更加注重训练。他可以通过两种方式做到这一点：其一是采取行动，其二是动用心智。在行动方面，除了妥善组织和训练他的军队之外，他应当不时地进行户外狩猎，以此来使身体习惯艰苦的生活；同时，他应当熟悉各个地点的特性，了解山脉如何起伏、峡谷如何凹陷、平原如何展开，掌握河流、沼泽的特性，并且对这一切予以最大的关注。[Ⅶ]这种知识有两种用处：首先，他学

① 参见本书第 19 章。

Ⅰ 很快就会和他们一样。（厄尔巴岛时期）

Ⅱ 如果除了剑和肩章之外别无他物，那么是难以自保的。（皇帝时期）

Ⅲ 你们看不到这些吗？（厄尔巴岛时期）

Ⅳ 他们还以为真是这样！（厄尔巴岛时期）

Ⅴ 我是不会让自己与他们混在一起的。（厄尔巴岛时期）

Ⅵ 马基雅维利！你揭露了多大的秘密啊！但是他们并不读你的书，他们从来都没有读过。（厄尔巴岛时期）

Ⅶ 我从你的建议中获益匪浅。（皇帝时期）

会如何了解自己的国土，能够更好地懂得如何防卫它；其次，通过对这些地点的知识与经验，一旦他有必要探查任何新的地点，他就能够驾轻就熟。因为，举个例子来说，托斯卡纳的丘陵、山谷、平原、河流和沼泽会与其他地区的有某种相似之处，所以，一个人对某个地区某个地点的知识使他很容易了解其他地区其他地点。[1][Ⅰ]君主如果缺乏这种技能，也就缺乏一个将领首先必须具备的条件；因为这种技能会教他如何发现敌人、选择营地[2]、排兵布阵、指挥战斗，以及利用你的优势围攻城镇。[Ⅱ]

4. 作家们赞扬亚该亚人的君主菲洛皮门[3]，其中有一点就是：即使在和平时期，他也没有思考过战争方式之外的任何事情；[Ⅲ]

---

① 参见本书献辞和《李维史论》，第 3 卷，第 39 章。

② 原文为“pigliare li alloggiamenti”，曼斯菲尔德英译本释读为“seize lodgings”（夺取营地），但其他所有的英译本都释读为“选择营地”。

③ 菲洛皮门（公元前 253—183 年），出生于伯罗奔尼撒的墨伽罗波利斯，曾多次出任亚该亚同盟的统帅（而非君主），战胜斯巴达的纳比斯；称赞他的作家包括李维（Livy, XXXV. 28）和普鲁塔克（*Life of Philopoemen*, 4；普鲁塔克称他为“最后一个希腊人”）。

Ⅰ 还要加上详尽的地形图。（将军时期）

Ⅱ 我不正是因为忠实地遵从了你的建议才取得了这样的成就吗？（将军时期）

Ⅲ 我甚至连睡觉的时候都在思考战争，如果有时我还能睡上一会儿的话。（将军时期）

当他和朋友们在乡村野外[①]的时候，他常常停下来同他们探讨：如果敌人在那个山丘上，而我们和我们的军队在这里，谁占有优势呢？如何才能迎面应战而维持秩序〔队列严整〕呢？如果我们想从这里撤退，我们应该怎么做呢？如果敌人撤退了，我们应该怎么追击呢？[Ⅰ]当他和他们一起散步的时候，他会向他们提出一支军队可能遇到的各种风险，他倾听他们的意见，并说出自己的意见，提出各种理由加以论证。由于这些持续的深谋远虑，他在率领军队时就绝不可能发生任何他没有补救办法的意外事件。[Ⅱ]

5．但是，为了训练心智，一位君主应该阅读历史，[Ⅲ]思考历史上卓越人物的行动，看看他们在战争中是怎么做的，考查他们胜利与失败的原因，以便能够避免后者而仿效前者。最重要的是，他应当像过去某个卓越人物那样，选择一个已经获得赞扬和荣耀的前人作为榜样，并且始终踵武他们的举措和行动；[Ⅳ]据说，亚历山大大帝仿效阿基琉斯，恺撒仿

① “乡村野外”原文为“campagna”，几乎所有的英译本都释读为“country/countryside”（潘汉典中译本译为“乡村”），唯有曼斯菲尔德英译本释读为“campaign”（战事、征战）。

Ⅰ 从年轻的时候开始，我已不知多少次像他一样谋划。（皇帝时期）

Ⅱ 我们永远都无法预见到全部情况；但无论付出多大的代价，我们都要随时有补救办法。（将军时期）

Ⅲ 不读书的政治家必将遭到挫败！（厄尔巴岛时期）

Ⅳ 既然想要成为最杰出的伟人，为什么只仿效一个人物呢？我仰慕查理大帝；但是恺撒、阿提拉、帖木儿这些人都不容小觑。（将军时期）

效亚历山大，西庇阿仿效居鲁士；谁读一读色诺芬[①] 所写的居鲁士的生平，马上就会从西庇阿的生平中看到仿效居鲁士给他带来了多么大的荣耀，在纯洁自持、和蔼可亲、宽厚仁慈、慷慨大方方面，西庇阿同色诺芬所描写的居鲁士多么相似。[②] [I]

6. 一位明智的君主应当遵循这些方式，在和平时期绝不能无所事事，相反，应该费尽心机利用它们，以便在身处逆境时能够从中受益；这样，在机运逆转的时候，人们会发现他已经做好了抗击它们〔逆境〕的准备。[③]

① 色诺芬（公元前 434？—前 351 年），古希腊历史学家，著有《居鲁士的教育》（*Cyropadia*）、《希腊史》、《远征记》、《回忆苏格拉底》、《希耶罗：论僭政》等。

② 西庇阿（公元前 236？—前 184 年），“非洲征服者”大西庇阿，古罗马著名统帅，第二次布匿战争期间大败汉尼拔于扎马之役（公元前 202 年），并最终战胜迦太基。关于西庇阿“纯洁自持”的最著名的故事是他在西班牙将一名被俘的美丽女子交还给她的未婚夫（仿效色诺芬讲述的居鲁士与苏萨王后潘蒂娅的故事），参见《李维史论》，第 3 卷，第 20、34 章；《战争的技艺》，第 6 卷，第 229 句。

③ 参见本书第 25 章。

I　幼稚的观察。（将军时期）

第15章
论那些使世人尤其是君主受到赞扬或谴责的事物*

1. 现在仍然需要看一看的是，一位君主对待臣民和盟友应该采取的方式和措施。① 关于这一点，我知道许多人都写过，因此，我再来写的话，未免有些自以为是，尤其是，我关于这个话题的论辩，与其他人的见解有很大的不同。[Ⅰ]但是，既然我的意图是写出一些对于任何理解它的人来说都是有益的东西，那么，我理当追随② 事物有效的真理（verità effettuale della cosa）[Ⅱ]而不是其想象的方面（immaginazione di essa）。[Ⅲ]许多人曾

---

* De his rebus quibus homines et praesertim principes laudantur aut vituperantur.

① 关于君主如何对待臣民，参见本书第16—17章；关于君主如何对待盟友，参见本书第18章。

② 这里采用康奈尔英译本和“耶鲁大学版”对原文（andare drieto）的释读（go after），大多数英译本译为“直接论述”（go straight/directly to）。

I　要深入理解马基雅维利，首先要注意的一点。（执政官时期）

II　总之，要实事求是地看待事物。（执政官时期）

III　从实践的角度看，柏拉图的著作就不如让－雅克［卢梭］的著作。（执政官时期）

经想象过人们在现实中从未看见过或者知道存在过的共和国与君主国；[Ⅰ]然而，人们实际上怎样生活与人们应当怎样生活，两者差距如此之大，以致一个人要是为了应当做什么而置实际上做什么于不顾，那么他非但不能自保，反而会招致毁灭。因为一个人如果想要在所有事情上都发誓许愿以良善自持，那么，他厕身于如此之多不良善的人当中[Ⅱ]必将走向毁灭。因此，一位君主如果想要维护自己的地位，就必须学会做不良好的事情，并且依据必然性使用这一手或不使用这一手。[Ⅲ]

2. 因此，让我们把关于一位君主的想象方面放到一边，而讨论其真实的方面。我要说，所有被人们谈论的人——尤其是君主，因为他们的地位更高——都以某些给他们带来非难或赞扬的品性而闻名。所以，有人被认为慷慨大方，有人被认为吝啬小气（misero，这是托斯卡纳用语，因为在我们的语言中，“avaro”〔贪婪的〕更多指想要靠掠夺取得财物的人，而我们把过于节用自己财物的人称作“misero”〔吝啬的〕）；有人被认为乐善好施，有人被认为贪得无厌；有人被认为残酷无情，有人被认为仁爱慈善；有人被认为背信弃义，有人被认为笃守信义；有人被认为懦弱胆怯，有人被认为勇猛强悍；

Ⅰ 道德与哲学的空想家并不能根据这些来评判政治家。（将军时期）

Ⅱ 即便并非所有的人都是坏人，是坏人的那些人也有手腕和能力让所有的人变得仿佛都是坏人。最邪恶的人往往就是在你身边装作最良善的那些人。（皇帝时期）

Ⅲ 要说我的愿望，本质上就是维持稳固，保证国家秩序井然。（执政官时期）

有人被认为宽厚大度，有人被认为傲慢自大；有人被认为淫荡好色，有人被认为纯洁自持；有人被认为诚实可靠，有人被认为奸滑狡诈；有人被认为严厉苛刻，有人被认为平易近人；有人被认为稳健持重，有人被认为轻率任性；有人被认为虔敬信神，有人被认为毫无信仰，诸如此类。[Ⅰ]我知道每个人都承认，一位君主如果拥有前面提到的所有被认为良善的品性，是非常值得赞扬的。[Ⅱ]但是，由于人类的条件不允许这样，所以他既不可能具有这些品性，也不可能完全遵守它们；他必须足够审慎，知道如何避免那些会使自己失去国家之恶行的骂名，并且如果可能的话，还要提防那些不会使自己失去国家的恶行，[Ⅲ]但是如果不能的话，他可以毫不迟疑地听之任之。[Ⅳ]此外，如果没有那些恶行，就难以挽救自己的国家的话，那么他不应当顾虑那些恶行招致的名声[①]；因为如果我们好好考虑一下每件事情就会发现，一些事情看起来是善行（virtù），可是如果照办了就会自取灭亡，而另一些事情看起来是恶行(vizio)，可是如果照办了却会给他带来安全与福祉。

① 此处“名声”依据“国家版”（fama）和曼斯菲尔德英译本（fame）译出，其他绝大多数版本都作“恶名”（infamia/ infamy，潘汉典中译本译为“责备”）。

Ⅰ 如有可能，你要做出选择。（执政官时期）

Ⅱ 不错，就像路易十六；但是，他仍然以丢掉国家和他的脑袋而告终。（皇帝时期）

Ⅲ 道德家的建议。（皇帝时期）

Ⅳ 关于这些，我嘲笑那些喜欢说“你怎么看”的人。（皇帝时期）

第16章

论慷慨与节俭*

1. 现在从前面提到的第一种品性开始谈起。我要说，被人们认为是慷慨的〔有慷慨的名声〕当然是好的；然而，如果慷慨行事只是为了被人们认为是慷慨的〔博取慷慨的名声〕，却会损害你：因为如果你合乎德能〔德性〕地并且以其应有的方式慷慨行事，它可能并不被人认可，[I]那样你也就难逃与之相反的恶名。所以，如果一个人想要在人们当中维持一种慷慨的名声，那么必然免不了各种挥霍，以致一位君主总是在这类事情上耗尽他的财力。最后，如果他想要维持一种慷慨的名声，他必然就会格外地加重人民的负担，横征暴敛，

---

* De liberalitate et parsimonia. 以往的中译本都译为“论慷慨与吝啬（悭吝）”。

I 这还是太假道学了。如果不是为了利益或虚荣，慷慨有什么用呢？（执政官时期）

为了获得金钱无所不用其极。[①] 这就开始使他为其臣民所憎恨，[I] 并且当他变得贫穷困顿时，任何人都不再敬重他；因为他的这种慷慨侵害了许多人，受惠的只是少数人，一丁点儿的艰难、[II] 一丁点儿的危险都会让他犯难涉险。[III] 等他意识到这一点想要收手的时候，他马上就会招致吝啬的恶名。[IV]

2. 因此，既然一位君主除非损害自己，否则就不能利用慷慨的德能〔德性〕并使之为人所认可〔拥有慷慨的名声〕；那么，只要他是审慎的，他就不应该顾虑吝啬的名声。人们看到，由于节俭的缘故，他的收入足以让他能够保护自己以抵御任何对他发动战争的人，能够发动战事[②] 而不加重人民的负担；[V]随着时光流转，他将总是会被认为愈来愈慷慨。由此，对于所有他没有剥夺的人来说，他是慷慨的，而这些人

---

① 参见西塞罗的评论："慷慨赠予之后随之而来的是劫掠。要知道，当人们由于馈赠而开始感到缺乏钱财的时候，他们便会让自己的手伸向他人的财富。就这样，尽管他们希望成为行善者而赢得人们的善意，但结果他们从受惠者那里得到的亲善却并不及他们从被掠夺者那里招来的憎恶"（Cicero, *De Officiis*, II 15. 54）。

② 此处和本段末尾处的"战事"原文为"imprese"，采用曼斯菲尔德英译本以及其他大多数英译本的释读（campaign），阿尔瓦热兹英译本、"耶鲁大学版"和潘汉典中译本释读为"enterprise"（功业 / 伟业）。

Ⅰ 我有点这个趋势；不过，我尚能凭赫赫战功挽回声誉。（皇帝时期）

Ⅱ 我会去国外寻求财源。（皇帝时期）

Ⅲ 糟糕的预言：在这个问题上你一定在说谎。（皇帝时期）

Ⅳ 我不用太担心这些。（皇帝时期）

Ⅴ 狭隘的观点！（皇帝时期）

人数众多；对于所有他没有施予的人来说，他是吝啬的，但这些人为数甚少。[Ⅰ]在我们这个时代里，我们看到只有那些曾经被认为是吝啬的人才做成了大事，至于其他的人全都被消灭了。尽管教皇尤利乌斯二世是借助慷慨之名登上教皇之位的，[Ⅱ]但是后来，为了能够进行战争，他就再不考虑维持慷慨的名声了。当今的法国国王〔路易十二〕发动了许多战争，却没有向他的臣民征收特别的赋税，就是因为他额外的支出来自于他长期的节俭。[Ⅲ]当今的西班牙国王〔斐迪南二世〕假如享有慷慨的名声，他就不可能发动并赢得如此之多的战事。[Ⅳ]

3. 所以，为了不去掠夺他的臣民，为了能够保护自己，为了不至于变得贫穷困顿、被人蔑视，为了不至于不得不变得贪得无厌，一位君主不应该介意吝啬的名声，因为虽然这是一种恶行，却能够使他维持统治。[Ⅴ]如果有人说：恺撒由于慷慨而获得统治权，[Ⅵ]并且其他许多人都曾经由于慷慨和被认为慷慨而获得高官显位；我的回答是：要么你已经是一位君主，要么你正在获取君主的地位；如果是第一种情况，这种慷慨就是有害的；[Ⅶ]如果是第二种情况，被认为慷慨确实是必要的。恺撒是那些想要取得罗马君权的人之一；但是，在他取得那种地位之后，要是他仍然活着而不去节约他的开

I 这就是好人！（皇帝时期）

II “慷慨”一词取其形而上学的含义，也可以很好地为我所用。“自由思想”（d'idées libérales）、“自由情感”（de sentiments libéraux）这些表达至少没有害处，而且还会迷住所有的空论家（idéologues），但这些都是我的发明！我发明的这个护身符只服务于我的事业，永远为我的统治辩护，即使它落到了推翻我的那些人手中。（厄尔巴岛时期）

III 平庸的想法。（皇帝时期）

IV 愚蠢。（皇帝时期）

V 我不会把最多的筹码放在这方面。（执政官时期）

VI 我的将军们知道我以前给过他们什么，也知道将来我会再赐给他们公爵头衔和元帅权杖。（皇帝时期）

VII 我的慷慨既表现在行动方面也表现在言辞方面。只需装作慷慨的样子，用闪闪发光的假钻石就能骗过那些蠢人！（执政官时期）

支的话，他就会摧毁那个帝国。如果有人反驳说：有许多人已经成为君主，并且依靠他们的军队做成了大事，但他们仍然被认为是非常慷慨的。[Ⅰ]对此，我要回答你说：君主所花费的，要么来自于他自己及其臣民，要么是属于其他人的；在前一种情况下，他必须节约俭省；在后一种情况下，他应该不放过任何表现慷慨的机会。[Ⅱ]君主带兵出征，给养取自掳获、劫掠、勒索赎金，并且征用其他人的〔财物〕，这种慷慨是必要的；否则的话，他的士兵就不会再追随他了。[Ⅲ]对于既不是你自己的也不是你臣民的〔财物〕，你尽可以作为一个阔绰的施予者，就像居鲁士、恺撒和亚历山大那样；[Ⅳ]因为你慷他人之慨非但无损于你的名声，反而会使你名声鹊起；[Ⅴ]只有挥霍你自己的〔财物〕才会危害你。世上再没有什么像慷慨那样自我消耗了：在你实施慷慨的时候，你会失去实施它的能力；你要么变得贫穷困顿、被人蔑视，[Ⅵ]要么为了避免贫困而变得贪得无厌、惹人憎恨。[Ⅶ]在所有的事情当中，一位君主首先应该提防被人蔑视和惹人憎恨，而慷慨却会给你带来这两者。因此，更智慧的做法是，宁愿维持吝啬之名，它虽然引发恶名却不会带来仇恨；而追求慷慨之名，则必然招致贪婪之名，而贪婪却会引发恶名与仇恨两者俱来。[Ⅷ]

Ⅰ 你应该来评判一下我。(执政官时期)

Ⅱ 谁能比我做得更好?(皇帝时期)

Ⅲ 这就是我处理掠夺来的财物和战利品的秘密。我把它们分给所有有资格获得的人:于是他们就会出生入死地追随我。(厄尔巴岛时期)

Ⅳ 还有我。(皇帝时期)

Ⅴ 这(慷慨)就是用来提高声誉的。(皇帝时期)

Ⅵ 假如不知道寻找另外的途径来补充给养的话。(皇帝时期)

Ⅶ 我不太担心这个问题。(皇帝时期)

Ⅷ 我根本不关心这些。我始终会享有尊重,士兵……以及我的议员、长官等人的爱戴。(皇帝时期)

第17章
论残酷与仁慈，以及受人爱戴是否比被人畏惧来得好些*

1. 接下来谈谈前面列举的其他品性。我要说，每一位君主都会希望被人认为是仁慈的[①]而不是残酷的，但他应当注意不要恶劣地使用仁慈[②]。[I]切萨雷·博尔贾被人认为是残酷的，然而，他的残酷却重建了罗马涅，把它统一起来，使它恢复了和平与信仰。[II]如果我们好好地考虑一下这一点，就会看到博尔贾要比佛罗伦萨人民仁慈得多，因为后者为了避免残

---

* De crudelitate et pietate; et an sit melius amari quam timeri, vel e contra.

① 在《君主论》全书中，“pietà/ pietoso”，既可作“仁慈”（pity 或 mercy/ merciful）理解，也可作“虔诚”（piety/ pious）理解。

② 关于“恶劣地使用仁慈”（usare male questa pietà），参见本书第8章所区分的“恶劣地还是妥善地使用残酷”（crudeltà male usate o bene usate）。

Ⅰ 这种事情总是发生在极力追求仁慈之名望的时候。（厄尔巴岛时期）

Ⅱ 不要停止向他们宣传这位博尔贾是个人人都避之唯恐不及的恶魔，不要停止：这样他们就不会从切萨雷身上学到任何东西，也就不会妨碍我的计划了。（厄尔巴岛时期）

酷之名而让皮斯托亚被摧毁。[①] 所以，一位君主为了使他的臣民团结一致、忠诚可靠，就不应该顾虑残酷的恶名；[Ⅰ]因为借助极少数〔残酷的〕例子，他比起那些由于过分仁慈而坐视动乱发生、凶杀或抢劫随之而起的人来说，要仁慈得多：后者往往损害整个共同体，而君主执行刑罚不过损害个别人罢了。[Ⅱ]在所有的君主当中，新君主由于新的国家充满着危险而要避免残酷之名是不可能的。[Ⅲ]维吉尔借狄多之口说道：[Ⅳ]

> 严峻的形势、崭新的王国，
>
> 迫使我整军经武，守卫着广袤的边疆。[②]

① 皮斯托亚是佛罗伦萨的属地，在1500—1502年间发生了潘恰蒂奇和坎切列里两派之争，造成动荡，佛罗伦萨对此最初采取容忍和利用的态度，但成效甚微。马基雅维利在1501年曾数次被派往皮斯托亚处理此事。参见本书第20章；《李维史论》，第3卷，第27章；马基雅维利：《论皮斯托亚事务》。

② 拉丁文引语，出自维吉尔的《埃涅阿斯纪》："Res dura, et regni novitas me talia cogunt/ Moliri, et late fines custode tueri"(Virgil, *Aeneid,* 1. 563-564)。

Ⅰ 省省吧，不必跟他们说这些；反正他们似乎也不打算理解你。（厄尔巴岛时期）

Ⅱ 我需要所有人都受到损害，只要我自己不受损害就好。（厄尔巴岛时期）

Ⅲ 他们是新君主，国家对于他们来说也是全新的；他们却一心只想着仁慈！（厄尔巴岛时期）

Ⅳ 不过幸好维吉尔不是人们最喜爱的诗人。（厄尔巴岛时期）

2. 然而，他应当慎重地信任他人和采取行动，但也不要庸人自扰，草木皆兵；[Ⅰ]他应当有节制地行事，审慎周详、宽厚仁慈，以免过分自信而让自己流于轻率，或者过分猜疑而使自己不能容人。[Ⅱ]

3. 由此产生一项争论：究竟是受人爱戴比被人畏惧好呢，还是被人畏惧比受人爱戴好？[Ⅲ]回答是：最好两者兼备；但由于两者结合在一起难乎其难，所以，如果一个人必须有所取舍的话，那么，被人畏惧比受人爱戴安全得多。[Ⅳ]因为关于人类，一般可以这样说：他们是忘恩负义、容易变心的，是伪君子和假好人[①]，是逃避危难、贪财好利的。[Ⅴ]在你对他们有好处的时候，他们整个都属于你的，愿意为你奉献他们的鲜血、财产、生命和子女，[Ⅵ]就像我前面所说，[②]只要对他们的需要还很遥远；而一旦需要迫近，他们就会背弃你。因此，君主如果完全信赖他们的言词而缺乏其他准备的话，[Ⅶ]他就要灭亡；因为用金钱而不是精神的伟大与高贵获取的友谊，[Ⅷ]可以购买，

① 此处依据曼斯菲尔德英译本译出，“国家版”、“伯德编校本”等多数版本作“simulatori”，但也有版本作“simulatori e dissimulatori”，曼斯菲尔德英译本即依据后者；参见本书第230页注释②。

② 参见本书第9章。

Ⅰ 说得容易。（执政官时期）

Ⅱ 完美！令人赞赏！（执政官时期）

Ⅲ 对我来说这不是问题。（执政官时期）

Ⅳ 我只需要二者之一。（执政官时期）

Ⅴ 那些说所有的人都是良善的人是想欺骗君主。（执政官时期）

Ⅵ 还得指望他们。（厄尔巴岛时期）

Ⅶ 空头支票而已！（厄尔巴岛时期）

Ⅷ 但要知道，一个处境艰难之国家的君主的友谊能有什么用？（厄尔巴岛时期）

但不能拥有，在需要的时候不能消费。而且，人们得罪一个自己爱戴的人比得罪一个自己畏惧的人更少迟疑，[Ⅰ]因为爱戴是靠恩义这条纽带来维系的；然而，由于人性是恶劣的，在任何时机，只要对自己有好处，他们便会把这条纽带切断；畏惧则由于害怕受到你绝不会放弃的惩罚而维系。[①] [Ⅱ]

4. 然而，君主应当以这样一种方式使人畏惧自己：即使不能获取爱戴，也要避免仇恨；[Ⅲ]因为被人畏惧同时又不为人所憎恨，二者可以很好地结合起来。[②] 只要他不触碰自己公民和臣民的财产、不染指他们的妻女，他就总是能够做到

① 参见《李维史论》，第3卷，第21章："人们受两样主要事物的驱使，即爱戴和畏惧，所以，无论谁使自己受到爱戴谁就可以统治，正如谁使自己为人所畏惧谁就可以统治一样。但是，在更多的情况下，使人畏惧者比受人爱戴者更容易得到追随和服从"。

② 这是对古代僭主一句格言的回应："叫他们憎恨吧，只要他们还知道畏惧"（oderint, dum metuant）。后者语出自古罗马戏剧家阿克齐乌斯的悲剧《阿特柔斯》（Lucius Accius, *Atreus,* Fragment 168），西塞罗在《论义务》（Cicero, *De Officiis*, I 28. 98）、塞涅卡在《论愤怒》（Seneca, *De Ira*, I 20. 4）和《论仁慈》（*De Clementia*, I 12. 4, II 2. 2）以及伊拉斯谟在《论基督教君主的教育》（Erasmus, *Institutio Principis Christiani*, I）和《格言集》（*Adages*, II ix. 62）中都曾引用并批判过这句话。

Ⅰ　他们的想法完全相反。（厄尔巴岛时期）

Ⅱ　必须以惩罚不断地威逼他们。（执政官时期）

Ⅲ　这太让人头疼了。（皇帝时期）

这一点；[①] [Ⅰ]而如果他还需要剥夺某个人的生命，他必须有适当的借口和明显的理由才能这么做。[Ⅱ]但首要的是，他务必不要碰他人的财产，[Ⅲ]因为人们忘记父亲之死比忘记遗产的丧失来得还要快。[Ⅳ]而且，夺取他人财产的理由从来不缺；一个人一旦开始以掠夺为生，他就总是可以找到侵占他人财产的理由；[Ⅴ]相反，夺取他人生命的理由却不容易找到，而且很快就会消失。[②] [Ⅵ]

5. 但是，当君主和他的军队在一起并且指挥人数众多的士兵的时候，他就完全有必要置残酷之名于不顾；因为如果没有这种名声，他就绝不能让其军队保持团结一致、执行任何军事任务。[Ⅶ]在汉尼拔[③] 所有令人钦佩的行动中，如下这

① 参见《李维史论》，第3卷，第23、26章。

② 参见《李维史论》，第3卷，第19章："避免仇恨的方式是，不要触动臣民们的财产，因为只要其背后没有隐藏着掠夺的贪欲，没有哪个君主嗜好流血，除非是迫不得已，而这种必然性很少产生。但只要掠夺的贪欲掺杂其中，就总是会产生这种必然性；而且，流血的理由和欲望从来都不缺少，正如我在另一本著作中就这个话题所宽泛讨论的"。

③ 汉尼拔（公元前247—183/182年），第二次布匿战争期间迦太基的统帅，曾越过比利牛斯山和阿尔卑斯山入侵罗马，后被罗马名将西庇阿击败于扎马。

Ⅰ　这也太过限制君主的特权了。（皇帝时期）

Ⅱ　如果没有实际的理由，就制造理由。为了政变，我需要比加布里埃尔·诺德更有学识的人。（执政官时期）

Ⅲ　这是他的宪章对我耍的唯一阴险花招。（厄尔巴岛时期）

Ⅳ　被我忽略的深刻观察。（厄尔巴岛时期）

Ⅴ　容易找到借口是我权力的便利之一。（执政官时期）

Ⅵ　无知！竟不知道捏造罪名。（执政官时期）

Ⅶ　这正是我的起点，1796 年，我带领军队进入意大利。（将军时期）

一点肯定是在数的：他率领一支由无数民族混合组成的庞大军队，在陌生的领土上作战，[Ⅰ]无论在他机运好的时候还是坏的时候，无论在他们内部还是针对君主[①]，都不曾发生任何纷争。[Ⅱ]这不是由于别的原因，只是由于他非人的残酷，连同他无数的德能，使他在其士兵的心目中既可敬又可怕；如果没有他非人的残酷，光靠他的其他德能是不足以产生这种效果的。[Ⅲ]对此缺乏深思熟虑的作家们，一方面钦佩他的这种行动，另一方面却又谴责他取得这种效果的首要原因。[Ⅳ]

6. 为了印证他〔汉尼拔〕只有其他的德能确实是不够的这一点，我们可以看一看西庇阿的例子。[②] 西庇阿不仅在他那个时代而且在人类整个已知的记忆中都是一位罕有的人物，[Ⅴ]但他的军队却在西班牙反叛他；其原因不是别的，只是由于他太过仁慈，让他的士兵享有了同军纪不容的放纵。[Ⅵ]为此，西庇阿在元老院受到了法比乌斯·马克西穆斯的弹劾，

① 这里指汉尼拔，尽管他只是他们的军事统帅。

② 关于汉尼拔与西庇阿之间的比较，参见《李维史论》，第3卷，第20—21章。

Ⅰ　我率军进入意大利时，军中混乱和反叛的事情也没少发生。（将军时期）

Ⅱ　我的军队也可以这么形容。（将军时期）

Ⅲ　毋庸置疑。（将军时期）

Ⅳ　世人也总是这样评判我。（将军时期）

Ⅴ　幼稚的崇拜。（将军时期）

Ⅵ　除非能够从中得利，否则绝不该放纵军纪。（将军时期）

称他为罗马军队的败坏者。[①] 洛克里人曾经受到西庇阿的一名特使的祸害，但他既没有替他们申冤复仇，也没有纠正特使的欺压凌辱——这完全是他平易近人的天性使然；因此，在元老院里想为之开脱的人就说，许多人更懂得如何不犯错而不是如何纠正错误。[②] [Ⅰ]这种天性早晚会把西庇阿的名望和荣耀葬送掉，要是他继续带着这种天性行使统治权的话；但是，由于他生活在元老院的督政之下，他的这种有害品性不仅被掩藏起来，而且还使他获得荣耀。[③] [Ⅱ]

---

① 参见李维：《自建城以来（罗马史）》（Livy, XXVIII. 24—29）。法比乌斯·马克西穆斯（公元前 275—203 年，“法比乌斯”又译“费边”），古罗马著名统帅，曾五次出任执政官。他在第二次布匿战争中采用迁延战术，避免与汉尼拔正面对决，史称“费边战术”，而他本人则被讥讽为“拖延者”。法比乌斯在晚年作为保守派的代表，反对西庇阿远征非洲的战略。

② 公元前 205 年，西庇阿派昆图斯·普莱米尼乌斯（Quintus Pleminius）从汉尼拔手中夺回了南意大利的洛克里并劫掠了这个城市。洛克里人向元老院申诉，普莱米尼乌斯被逮捕，西庇阿也因此受到法比乌斯等人的攻击。参见李维：《自建城以来（罗马史）》（Livy, XXIX. 19, 21）。

③ 参见《李维史论》，第 3 卷，第 21 章：“为了补救这种弊病，西庇阿不得不部分地采用他曾避免的残酷”。

Ⅰ　后者比前者更重要。（将军时期）

Ⅱ　可笑的荣耀！（将军时期）

7. 因此，回到被人畏惧与受人爱戴这个问题上来，我的结论是：既然人们爱戴君主是出于他们自己的意愿，[Ⅰ]而畏惧君主则是出于君主的意愿；那么，一位明智的君主就应当立足于自己的意愿而不是他人的意愿，他只需设法避免仇恨，[Ⅱ]如前所说。

Ⅰ　这始终是最安全的。（将军时期）

Ⅱ　除非这样会带来过多的痛苦和麻烦。（执政官时期）

第18章
君主应当以何种方式遵守信义*

1. 任何人[Ⅰ]都认为，一位君主笃守信义，以诚实而非机巧立身行事，这是多么值得赞扬！[Ⅱ]然而，从我们这个时代的经验却可以看到：那些做成了大事的君主们[Ⅲ]都很少把信义放在心上，都深谙如何以他们的机巧把人们搞得晕头转向，[Ⅳ]并最终战胜了那些立足于诚信的人们。[Ⅴ]

2. 因此，您必须懂得，存在两种斗争方式：一种是运用法律，另一种是运用武力。第一种方式为人类所特有，第二种方式则为野兽所特有；但是，因为前者往往不足以应事，所以必须求助于后者。[Ⅵ]因此，一位君主必须很好地懂得如何使用野兽和人类〔的方式〕。[①] 古代的作家们已经隐蔽地教授了君主

---

* Quomodo fides a principibus sit servanda.

① 参见西塞罗在《论义务》第1卷中的论述："存在两种解决争端的方法，一是通过协商，二是通过武力，前者符合人的特性，后者符合野兽的特性，只有在不可能采用前者的情况下，才应该采用后者"（Cicero, *De Officiis,* I 11. 34）。

Ⅰ 也就是庸人。（将军时期）

Ⅱ 马基雅维利如此推崇诚实守信、坦诚和正直，已经不像是一位政治家了。（将军时期）

Ⅲ 这些人都是不得不提的伟大范例，我也希望成为这样的范例。（将军时期）

Ⅳ 仍有待完善的艺术。（将军时期）

Ⅴ 愚人们来到世上不过是为博我们一笑。（将军时期）

Ⅵ 这是最好的方式，因为只需要和野兽打交道。（执政官时期）

们这一招数：他们描写阿基琉斯以及其他许多古代的君主被交给马人喀戎抚养，并且在他的训练下管教成人。[①] [Ⅰ]以半人半兽为导师，这不外乎说，一位君主需要懂得如何使用两种特性〔人性和兽性〕；如果只具有一种特性而缺乏另一种特性，那么都不会持久。

3. 因此，既然一位君主迫于必然性而必须很好地懂得如何使用野兽之道，那么他就应当同时选择〔效法〕狐狸与狮子，因为狮子不能保护自己避免落入陷阱，而狐狸不能保护自己抵御豺狼。[②] [Ⅱ]所以，君主既必须是一只狐狸以便识别陷阱，又必须是一头狮子以便使豺狼畏惧。那些单纯依靠狮子之道的人不理解这一点。[Ⅲ]所以，当遵守信义变得对他不利时，并且当使他做出承诺的理由不复存在时，一位审慎的统治者

---

① 阿基琉斯，古希腊神话传说中的英雄，从小由马人喀戎教养，学会狩猎和作战的本领；“其他古代的君主”包括赫拉克勒斯、忒修斯、阿斯克勒庇俄斯和伊阿宋。

② 参见西塞罗的评论：“有两种行不公正的方式，一是使用暴力，二是进行欺骗，欺骗像是小狐狸的伎俩，而暴力则有如狮子的行为：这两种方式对于人最为不合适，而欺骗更应该受到憎恶”（Cicero, *De Officiis*, I 13. 41）。也参见但丁：《地狱篇》，第 27 歌，第 74—75 行；《伊索寓言》中狐狸与狮子的故事（马基雅维利在书信 222 中引述过其中一篇“不曾见过狮子的狐狸”）。

Ⅰ 在马基雅维利之前，从未有人能够对此做出解释。（将军时期）

Ⅱ 应用到政治上，所有这些都是实实在在的道理。（将军时期）

Ⅲ 仍然非常漂亮的典范。（将军时期）

就不能——也不应该——遵守信义。[①] [I]假如人们全都是良善的话，这一教导便谈不上良言善语；[II]但因为人们是恶劣的，对你并不是守信不渝的，所以你也无须对他们遵守信义。[III]一位君主也总是不乏正当的理由来掩饰其背信弃义。[IV]关于这一点，我们可以给出无数现代的例子为证，它们表明：许多和约与承诺由于君主们的背信弃义而废止，成为一纸空文；[V]而最懂得如何使用狐狸之道的人却取得最大的成功。但是，他必须很好地懂得如何掩饰这种特性〔兽性〕，必须做一个伟大的伪君子和假好人[②]；[VI]人们是如此单纯，如此服从于当前的必然性，以致要进行欺骗的人总是可以找到上当受骗的对象。[VII]

4. 我不想对晚近那些例子中的一个保持沉默：亚历山大六世除了欺骗他人之外，既不曾做过任何事情，也从未想过

① 参见马基雅维利在《关于筹款的演讲辞》中的评论："在私人之间，是法律、文书和契约让他们守信，而在君王之间，只有靠武力才能做到"。

② "伟大的伪君子和假好人"（gran simulatore e dissimulatore），参见西塞罗的观点："应该从整个生活中排除伪装和隐瞒"（ex omni uita simulatio dissimulatioque tollenda est，Cicero, *De Officiis*, III 15. 61）；萨卢斯特对喀提林的描述："无论什么他都能够伪装和隐瞒"（cuius rei lubet simulator ac dissimulator，Sallust, Bellum Catilinae, V. 4）。

Ⅰ 没有别的选择。（将军时期）

Ⅱ 道德家的当众认错。（将军时期）

Ⅲ 以牙还牙。（原书未标明此句批注时期。——译者注）

Ⅳ 我有专门处理这种事情的智囊团。（皇帝时期）

Ⅴ 通常来说，通过背信弃义从臣民身上得到的好处比从其他地方得到的更多。（皇帝时期）

Ⅵ 最精明的人都比不上我。教皇会证明这一点的。（执政官时期）

Ⅶ 大胆地欺骗吧；愚人们组成了这个世界：在民众当中，绝大多数人都是轻信的；就算少数人会生疑，他们也不敢讲出来。（执政官时期）

任何事情，但他总是可以找到上当受骗的对象。[Ⅰ]从来没有一个人比他更加有力地坚持某一件事，比他更加信誓旦旦地肯定之，但同时也没有哪个人比他更加食言而肥了；然而，他的欺骗总是如其所愿地获得成功，因为他深刻地认识到世界的这一方面。[Ⅱ]

5. 因此，对于一位君主来说，事实上没有必要拥有前面提到的全部品性①，但是却很有必要显得拥有它们。不，我敢说：拥有它们并且始终遵守它们，它们将是有害的；但是显得拥有它们，它们却是有益的[Ⅲ]——要显得仁爱慈善、笃守信义、讲求人道、诚实可靠、虔敬信神，并且还要这样去做；[Ⅳ]但同时也要做好精神准备，以便如果你需要改弦易辙，你能够并且懂得如何彻底转向反面。必须理解：一位君主，尤其是一位新君主，不可能遵守所有那些被认为是良善之人应该做的事情；因为为了维持他的国家，他常常迫于必然性，不得不背信弃义、毫无仁慈、不讲人道、违反神道。[Ⅴ]因此，他必须做好精神准备，随时顺应机运的风向和支配他的世事的变幻而转变；并且正如我前面所说，②如果可能的话，还是不要背离良善之道；[Ⅵ]但如果为必然性所迫，就要懂得如

① 参见本书第 15 章。

② 参见本书第 15 章。

I　上当受骗的对象从来都不缺少。（执政官时期）

II　了不起的人物！如果他还没有荣获教皇冠，至少也大大扩张了其国家；圣座欠了他巨大的人情，偿还的时候到了。（皇帝时期）

III　有些蠢货认为这条建议适用于所有人，但他们不知道君主与臣民所面对的情况有多么不同。（皇帝时期）

IV　如今，最好表现出诚实的样子，但不要真正这么做。（皇帝时期）

V　假如他真的有信仰的话。（执政官时期）

VI　马基雅维利的要求很严格。（执政官时期）

何走上为非作恶之途。[1]

6. 因此，一位君主应当千万注意，绝不要让任何没有洋溢着前面提到的五种品性的话从自己的嘴里溜出来；并且，对于那些看到他和听到他说话的人，他应当显得仁爱慈善、笃守信义、诚实可靠、讲求人道、虔敬信神。[Ⅰ]没有什么比君主显得具有上述最后一种品性更为必要。[Ⅱ]人们通常进行判断，依靠他们的眼睛甚于依靠他们的双手，因为每个人都能看到，却很少有人能触摸到。[2] 每个人都能看到你的外表如

① 参见《李维史论》，第1卷，第26章：一位新君主应当更新一切，他所采取的“这些方式非常残酷，它们对立于任何一种生活方式，不仅包括基督教的，而且也包括人类的；任何人都应当躲避它们，宁愿做一介平民，也不愿当给人们带来如此毁灭的国王。然而，对于不希望选择第一条良善之路的人来说，如果想要维护自己的地位，就必须走上这条为非作恶之途”。

② 参见马基雅维利十四行诗《致朱利亚诺·德·美第奇》（1513年）中的诗句：“宽宏的大人，摸一摸，碰一碰，用您的手而不是眼睛来判断”；在1500年11月21日致十人委员会的信（《马基雅维利全集·政务与外交著作》“第一次出使法国宫廷”书信26）中，马基雅维利提到鲁昂枢机主教对路易十二的评论：“国王是非常审慎的人，有着很长的耳朵和很短的信念，也就是说他会倾听各种声音，但只信任他亲手触摸过的、认定无疑的事情”。也参见色诺芬：《论僭政》（Xenophon, *Hiero or Tyrannicus*, II. 3）：“群众是仅仅通过眼睛来形成什么人幸福、什么人不幸的意见的”；亚里士多德：《尼各马可伦理学》（*Ethica Nicomachea*, X. 8, 1179a）：“多数人是从外在的东西来判断，因为这就是他们所感觉的全部东西”。

I 还有很多要求。事情没这么简单。我们尽力而为。（执政官时期）

II 在他的时代确实如此。（执政官时期）

何，却很少有人能触摸到你事实上如何；[I]而且，这些少数人是不敢反对多数人的意见的，因为后者受到国家最高权威（la maestà dello stato）的保护；[II]对于不能向法庭申诉的一切人的行动，尤其是君主的行动，人们就注意结果。[①] 所以，只要一位君主赢得并维持他的国家，〔他所采取的〕手段就

① 最后一句话的原文为“si guarda al fine”，早先曾有英译本依据后面的句意将其不太准确地译为“the ends justify the means”（目的证明手段正当），而现代大多数英译本译为“one must think of the final result”或“one judges by the result”；阿尔瓦热兹英译本、曼斯菲尔德英译本和康奈尔英译本译为“one looks to the end”，“end”兼有“结果”与“目的”的意思。马基雅维利关于目的（意图）、手段与结果（效果）的其他重要表述，参见：1503 年 10 月 29 日的外交公函，他转述一位枢机主教的话：“在所有事情上，人们更看重结果而非手段”（che di tutte le cose gli uomini guardavano piu al fine che alli mezi）；“佩鲁贾的奇思妙想”（1506 年 9 月，书信 121）：“根据多数人的视角，这种视角显然只看事情的结果而不是手段”（che si habbi nelle cose ad vedere el fine et non el mezo”；《李维史论》：“尽管就行为而言应该指控他，但是就效果而言应该原谅他”（accusandolo il fatto, lo effetto lo scusi；I. 9 评论罗穆卢斯）；“他的行动与意图必须由结果来评判”（avendosi a giudicare l'opere sue e la intenzione sua dal fine；III. 3 评论索德里尼）；“因为所有人在这一点上都是盲目的，即根据结果判断建议的好坏”（giudicare i buoni e i cattivi consigli dal fine；III. 35）；《佛罗伦萨史》：“根据效果来判断事情是不审慎的”（non era prudenza giudicare le cose dagli effetti；IV. 7）；《曼陀罗》：“什么事情都得看它的结果……因为她们的意图是好的，所以她们就不算犯罪”（el fine si ha a riguardare in tutte Ie cose... perché la loro intenzione fu buona, non peccorono；III. 11）。

Ⅰ　唉！就算他们能摸透……（执政官时期）

Ⅱ　这就是我的筹码。（皇帝时期）

总是被认为光荣的，并将受到每个人的赞扬。因为群氓总是被事物的表象和结果所吸引，[Ⅰ]而这个世界上尽是群氓；当多数人站得住脚的时候，少数人是没有立足之地的。①[Ⅱ]当今的某位君主②——现在不便点名——除了和平与信仰之外，从来不宣扬任何事情，但他对这两者中的任何一者都是非常敌视的。如果他遵守这两者的话，那么，他的声望或者他的国家早就不知道被人夺取多少次了。

① 后半句话原文的各个版本有分歧，此处依据“国家版”（e li pochi non ci hanno luogo, quando li assai hanno dove appoggiarsi）。参见《李维史论》中的评论：“大多数人沉浸于表象的程度不亚于沉浸于实质的程度；事实上，在许多时候打动他们的是看上去如此的事物，而非实际上如此的事物”（I. 25）。

② 大多数学者认为这位君主是指西班牙国王“天主教徒”斐迪南，但也有人（比如，“耶鲁大学版”的英译者Codevilla）认为是指教皇尤利乌斯二世。

Ⅰ 只要成功，不管用什么手段；只要成功就有道理。（皇帝时期）

Ⅱ 灾难啊，莫斯科的溃败完全是一场大灾难！（厄尔巴岛时期）

第19章
论避免受到蔑视与仇恨*

1. 但是，关于前面提到的君主的品性，我已经论述了其中最重要的，现在我想根据下述通则简要地讨论一下其余的：前面已经部分地说到，[①] 君主应当考虑如何避免那些会使自己惹人憎恨和被人蔑视的事情。[Ⅰ]如果他能够避免这些事情，他就尽到了自己的本份，即使有其他恶名也不会有什么危险。[Ⅱ]正如我说过，[②] 贪婪、霸占其臣民的财产和妻女，最使君主被人憎恨。他必须避免这两件事情；[Ⅲ]任何时候，只要大多数人的财产和名誉没有受到侵犯，他们就会满足；这个时候，他只需要同少数人的野心做斗争，而这有许多方式并且很容易就可以控制住。[Ⅳ]一位君主如果被认为反复无常、

---

* De contemptu et odio fugiendo.

① 参见本书第 16、17 章。

② 参见本书第 17 章。

Ⅰ 我不怕为人所蔑视。我已经建立了丰功伟绩：人们无论如何都会仰慕我。至于仇恨，我将有力地对抗之。（执政官时期）

Ⅱ 我正需要这么做。（执政官时期）

Ⅲ 凡事都有限度。（执政官时期）

Ⅳ 没有那么容易。（皇帝时期）

轻率任性、懦弱无能、胆怯怕事、优柔寡断，就会被人蔑视；因此，他应该像提防暗礁一样提防这一切。[①] 他应当努力在行动中表现得伟大崇高、英勇无畏、稳健持重、强劲有力，[Ⅰ]他就其臣民的私人事务做出的决断应该是不可更改的。[Ⅱ]而且，他应该让人们对他维持这样一种看法，即谁都不要指望欺骗他或者瞒哄他。[Ⅲ]

2. 君主让人们对自己抱持这种看法，就会享有很高声望，而阴谋反对享有很高声望的人是困难的；[Ⅳ]只要他被认为是卓越的并且深受自己的臣民敬畏，进攻他就是困难的。因为一位君主应当提防两件事情：一是内部的，来自其臣民；二是外部的，来自外国的主权者。对于后者，依靠优良的军队和亲密的盟友就能够防御，而如果拥有优良的军队，就总是会有亲密的盟友。[Ⅴ]如果对外泰然无事，国内就会保持泰然无事，除非内部确实受到一场阴谋的捣乱；[Ⅵ]就算外部动荡不安，如果他已经按照我所说的建章立制和为人处事，只要他没有自暴自弃，[Ⅶ]他就总是能够抵抗一切攻击，就

① 参见本书第23章对皇帝马克西米利安一世的批评。

Ⅰ 如果不是一开始就表现出这些品质，努力也白搭！（厄尔巴岛时期）

Ⅱ 要打破谋反者得到宽恕的希望，这一点至关重要；如果做不到，早晚要灭亡。（执政官时期）

Ⅲ 我不但有这种想法，还有希望、便利以及对成功的笃定。（厄尔巴岛时期）

Ⅳ 总有一些刺客不相信这个道理。（厄尔巴岛时期）

Ⅴ 我完美地证明了这一点，尤其是我的婚姻。（皇帝时期）

Ⅵ 我已经消灭了动乱的迹象。（皇帝时期）

Ⅶ 我牢固、紧实地控制着缰绳。（执政官时期）

像我所说的斯巴达人纳比斯那样。[①] 但是，对于臣民，在没有外患的时候，他不得不提防的只是他们可能秘密地策划阴谋。因此，只要他避免为人所憎恨和鄙视，让人民对他感到满意，他就足以保护自己的安全；正如前面详细论述的，[②] 君主必须做到这一点。[Ⅰ]一位君主对抗阴谋的最有力的补救办法之一就是不要受到人民普遍的憎恨，因为任何搞阴谋的人总是相信以君主之死来满足人民；[Ⅱ]但是，如果阴谋者相信那样只会得罪人民的话，他就不会有勇气采取这一策略了，因为阴谋者一方的困难是无穷无尽的。[Ⅲ]经验表明，自古以来，阴谋为数甚多，但少有取得好结果的。因为无论谁搞阴谋，都不可能单枪匹马，但除了那些他认为是心怀不满的人之外，他不可能找到同伙；[Ⅳ]然而，只要你向一个心怀不满的人透露你的意图，[Ⅴ]你就给了他得到满足的机会，因为他显然可以指望从中渔利。当他看到一边是确定无疑的收益，[Ⅵ]另一边是不确定的收益且险象环生；[Ⅶ]这个时候如果他还能对你保持忠诚，那么，他肯定要么是稀世罕有的朋友，要

① 参见本书第 9 章；事实上，纳比斯死于一场阴谋，参见《李维史论》，第 3 卷，第 6 章。

② 参见本书第 9、16、17 章。

Ⅰ　啰嗦。（皇帝时期）

Ⅱ　对我来说并非如此。（执政官时期）

Ⅲ　你这话让我安心了。（执政官时期）

Ⅳ　阴谋者先假装像兄弟一样，随后发动政变。（执政官时期）

Ⅴ　尤其是在我事先买到了消息的情况下。（执政官时期）

Ⅵ　他有机会得到可观的回报。（执政官时期）

Ⅶ　一方面如履薄冰，另一方面步步为营。（执政官时期）

么是君主不共戴天的敌人。简要地概括一下，我认为，在阴谋者这方面，除了恐惧、猜疑、担心令人丧胆的惩罚之外，什么都没有；而在君主这方面，有的是君权的威严、法律，以及盟友和保护着他的国家对他的防卫，[Ⅰ]所以，如果所有这些事情再加上民众的好感，那么任何人都不会轻举妄动地搞阴谋。[Ⅱ]因为一个阴谋者在实施罪恶之前通常不得不有所畏惧，在这种情况下（以人民为敌），弑君之后，他肯定也非常害怕，[Ⅲ]并且无法指望获得任何庇护。[①]

3．关于这个话题，可以举出无数的例子，[Ⅳ]但我想举一个在我们的父亲这一辈人当中还记忆犹新的例子就足够了。安尼巴莱·本蒂沃利奥大人——当今的安尼巴莱大人的祖父——是博洛尼亚的君主，他在坎内斯基家族针对他的阴谋中被杀害；当时除了尚在襁褓中的乔瓦尼大人外，本蒂沃利奥家族没有一个人幸存。那桩谋杀之后，人民立即起来把坎内斯基家族全部杀死。这是因为本蒂沃利奥家族在那个时代获得了民众的好感，这个好感是如此之大，以致在安尼巴莱死后，虽然他的家族在博洛尼亚已经没有人能够统治这个国家，

① 关于阴谋，参见《李维史论》，第3卷，第6章。

Ⅰ 我对阴谋者采取了最高效的预防措施。（皇帝时期）

Ⅱ 心怀不轨的人总是大量存在，但必须监视他们！（皇帝时期）

Ⅲ 人民！难道他们不会忘恩负义？他们不总是拥护胜利的一方吗？尤其是让他们神魂颠倒的胜利者。（皇帝时期）

Ⅳ 我们这个世纪萎靡不振的精神已经不可能再产生新的例子了。（执政官时期）

但是当博洛尼亚人听说，在佛罗伦萨有个本蒂沃利奥家族的后裔一直以来被当作一个铁匠的儿子，他们就到佛罗伦萨迎接他，并把他们城市的政府交给他。这个城市一直由他统治，直到乔瓦尼大人长大成人能够亲政为止。[①] [Ⅰ]

4. 因此，我的结论是：如果人民对一位君主保持好感的话，他就不用把那些阴谋放在心上；[Ⅱ]但是如果人民对他抱有敌意、怀着仇恨的话，他就会害怕任何事、任何人。[Ⅲ]秩序良好的国家和明智的君主都想方设法，避免把大人物逼入绝境，铤而走险，[Ⅳ]同时让人民感到满足和称心如意，[Ⅴ]因为这是一位君主应当时刻关注的最重要的事情之一。

5. 法兰西是我们这个时代里秩序良好、统治完善的王国之一；[②] 在这个国家里，国王的自由与安全赖以维系的优良政制不可胜数。其中第一位的是“高等法院”及其权威，[Ⅵ]因为创建这个王国的人[③] 知道有权有势者的野心和他们的傲慢，认

---

① 这场阴谋发生在1445年，乔瓦尼是安尼巴莱·本蒂沃利奥的独子；该事件参见《佛罗伦萨史》，第6卷，第9—10章。

② 马基雅维利对法国的评价，参见《李维史论》，第1卷，第16、17、55章；《法兰西事务概览》。

③ 也许是指路易九世，他在1254年组建了“巴黎高等法院”，将其作为王室法庭。

Ⅰ 如果他们能来维也纳做同样的事就好了！既然他们没有来找我：让我们也去吧（eamus et nos）。（厄尔巴岛时期）

Ⅱ 这里马基雅维利忘记他说过人性本恶了。（皇帝时期）

Ⅲ 我还没到高枕无忧的时候。（皇帝时期）

Ⅳ 然而，一旦我停止为他们牟取利益，那些我不得不扶持的大人物就会怒火冲天。（皇帝时期）

Ⅴ 为了安抚那些贪婪的大人物，我只能让人民不满。（皇帝时期）

Ⅵ 这些确实值得钦佩；然而，要推翻波旁王朝的统治，就必须推翻这些制度，否则我的统治就无法建立。我会尽我所能，争取设立同样的机构。（皇帝时期）

为有必要在他们的嘴上套一个嚼子来制约他们；另一方面，他知道大多数人民基于恐惧而仇恨大人物，便想要保护他们，但他又不想让这成为国王特别关注的事情。于是，为了避免由于施惠于民众而受到大人物的非难，同时为了避免由于施惠于大人物而受到民众的非难，他便设立了第三方裁判机关；它可以弹压大人物，施惠于小人物，同时又不会让国王受到非难。[Ⅰ]世上再没有比这更好、更审慎的秩序〔制度〕了，再没有什么比这更能保障国王和王国的安全了。由此可以推论出另外一件值得注意的事情：君主应当把引发非难的事情委诸他人执行，而把施恩布惠的事情留给自己。[①] [Ⅱ]我还可以得出结论说：一位君主应当敬重大人物，但是不能让自己为人民所憎恨。

6. 许多人在考虑了一些罗马皇帝的生平与死亡后，可能会觉得，有些例子同我的看法背道而驰：因为他们发现〔在罗马皇帝中〕有些人立身行事始终卓尔不凡，并且表现出精

① 参见色诺芬：《论僭政》（Xenophon, *Hiero or Tyrannicus*, IX. 3）："统治者应当命令别人去惩罚那些需要强制者，而自己则应当提供奖赏"；亚里士多德：《政治学》（*Politica*, V. 11, 1315a）：僭主"凡加恩行赏，授予名位，都应亲自施行；但一切罪罚则应由属官或法庭判决"。

Ⅰ　值得钦佩！（皇帝时期）

Ⅱ　实际的情况是，人们把严苛的事情都推给了君主，而大臣们只管施恩布惠的事情：不可思议。（厄尔巴岛时期）

神的伟大德能；然而，这些人却失去了统治权，甚或被自己谋反的臣民杀害。为了回应这些反对意见，我将讨论一下某些皇帝的品性，并且表明他们灭亡的原因与我已经指出的并无二致；同时，我将顺带考虑一下任何阅读那些时代之行动的人都会注意到的一些事情。[①] [Ⅰ]我想，谈谈所有那些继承帝国的皇帝们——从哲学家马尔库斯到马克西米努斯——对我来说就足够了。这些皇帝包括：马尔库斯、他的儿子康茂德、佩蒂纳克斯、尤利亚努斯、塞维鲁、其子安托尼努斯·卡拉卡拉、马克里努斯、埃拉伽巴路斯、亚历山大和马克西米努斯。[②] 并且，首先需要指出的是：在别的君主国里，君主只需要同大人物的野心、人民的桀骜不驯进行斗争就可以了，而罗马的皇帝们却遇到了第三种困难：不得不容忍他

---

① 一般认为，马基雅维利以下关于罗马皇帝的叙述，主要来自古希腊历史学家希罗狄安著《罗马帝国史》（Herodian, *History of the Empire from the Death of Marcus*）的1493年拉丁译本。

② 这些相继继位的罗马皇帝的生卒年如下：马尔库斯·奥勒利乌斯（121—180），康茂德（161—192），佩蒂纳克斯（126—193），尤利亚努斯（137—193），塞维鲁（146—211），安托尼努斯·卡拉卡拉（188—217），马克里努斯（165—218），埃拉伽巴路斯（203—222），亚历山大·塞维鲁（208—235），马克西米努斯（173—238）。

I　人们读小说读得太多了。（执政官时期）

们的士兵的残酷与贪婪。这是一件如此困难的事情，[Ⅰ]以致它成为很多皇帝灭亡的原因；因为要同时满足士兵们和人民是困难的：人民热爱和平安宁，所以喜爱温和谦逊的君主；[Ⅱ]而士兵们却喜爱具有尚武精神的、傲慢的、残酷的、贪婪的君主。他们希望他如此对待人民，从而使自己能够获得加倍的军饷，让自己的贪婪和残酷得逞。[Ⅲ]如此，那些不能拥有伟大声望——要么由于自然〔自然品性或上代遗留〕，要么由于技艺〔自己实践获得〕——足以驾驭士兵与人民的皇帝，[Ⅳ]总是走向灭亡。而且，他们中的大多数人，特别是那些作为新人初登帝位的人，一旦面对这两种对立的脾性[①]做成的难局，就只能转向满足士兵，[Ⅴ]而很少介意损害人民。这种做法是必然的，[Ⅵ]因为君主不可能不受到某些人的憎恨，[Ⅶ]他首先必须避免受到人民普遍的憎恨；[②]如果做不到这一

① 参见本书第 122 页注释①。

② 参见《李维史论》，第 1 卷，第 16 章：“我确实认为，那些由于以大众为敌所以为了保护其国家而不得不采取超常手段的君主很不幸。因为以少数人为敌的人很容易、无需实施多少恶行就可以保护自己的安全，而以普通民众为敌的人绝不能保护自己的安全；并且，所使用的残酷越甚，他的君权就会变得越虚弱。因此，他对此最好的补救办法便是设法让人民对自己友好”。

Ⅰ 我太了解这些了。（皇帝时期）

Ⅱ 我的困境极其严重；人们不应把穷兵黩武归咎于我的野心，而应归咎于我的士兵、我的将军，是他们让我意识到战争的必要性。如果我超过两年没有给他们提供战争的诱饵，他们就会杀了我。（皇帝时期）

Ⅲ 他们也出于同样的动机逼迫我。只要依靠军事力量立足，士兵们都是如此。（皇帝时期）

Ⅳ 我成功地驾驭了两者，但驾驭得还不够。（皇帝时期）

Ⅴ 毋庸讳言：我发现自己也处于各方面都完全相同的情况之下。（皇帝时期）

Ⅵ 这就是我留给后世的理由。（皇帝时期）

Ⅶ 这一点千真万确。（皇帝时期）

点，就必须尽一切努力避免受到那些最强大的群体的仇恨。[Ⅰ]所以，那些新登基的皇帝因为需要特别的支持，所以依靠士兵甚于依靠人民；然而，这种做法对君主有益与否，要看君主是否知道如何在士兵中保持自己的声望。[Ⅱ]由于上述原因，马尔库斯、佩蒂纳克斯和亚历山大，全都过着温和谦逊的生活，都是正义的热爱者、残酷的敌人，既宽厚大度又和蔼可亲，[Ⅲ]却都落得悲惨的结局，除了马尔库斯例外。[Ⅳ]只有马尔库斯的生与死都极为光荣，这是因为他是根据世袭权利继承帝国的，既不必依靠士兵也不必依靠人民来认可；[Ⅴ]后来，他由于具有诸多的德能而受到人们的崇敬。在他活着的时候，他始终能够让士兵和人民各安其位，恪守本分；他既未招人憎恨，也未受人鄙视。[Ⅵ]但是，佩蒂纳克斯被选立为皇帝却是违反士兵们意愿的，他们在康茂德治下过惯了放纵的生活，忍受不了[Ⅶ]佩蒂纳克斯想要他们回归的正派生活，由此，他为自己招致仇恨；[Ⅷ]加之他又垂垂老矣，为人所蔑视；[Ⅸ]于是，甫一执政他就灭亡了。

7. 这里应当注意：善行同恶行一样可以获取〔招致〕仇恨；所以，正如我前面所说，[①] 一位君主为了维持他的国家往往不

① 参见本书第15章。

Ⅰ 只要他掌握的军队的人数同我的一样多，那么军队就是最强大的。（皇帝时期）

Ⅱ 一切都是为了这个：我是被迫的。（皇帝时期）

Ⅲ 这些德行需要随机应变。如果不知道根据情况的变化而改变政治德行，这样的君主值得同情。（皇帝时期）

Ⅳ 势必如此；我本该预见到的。（皇帝时期）

Ⅴ 只有我的儿子才能享有这种幸福。（皇帝时期）

Ⅵ 如果我能转世接替我儿子统治，我会受到人们的崇敬。（皇帝时期）

Ⅶ 他们已经不能自拔。（厄尔巴岛时期）

Ⅷ 这是不可避免的。（厄尔巴岛时期）

Ⅸ 我不需要考虑这一点。（厄尔巴岛时期）

得不去做不好的事情。[Ⅰ]当那个你认为为了维护你自己的地位需要倚赖的群体——不管是人民、士兵，还是大人物——腐化堕落的时候，你为了满足他们，将不得不迎合他们的脾胃；[Ⅱ]从而善行将成为你的敌人。[Ⅲ]但是，让我们看一看亚历山大吧。这是一个如此善良的人，在他受到赞扬的善行当中，有这么一件事情：在他保有帝国的十四年中，不曾有一个人未经审判而被他处死。然而，由于他被认为是一个懦弱无能的人、[Ⅳ]一个听任自己母亲支配的人；[Ⅴ]由此，他逐渐为人所鄙视，军队阴谋反对他并把他杀害。

8．现在来审视一下同他们相反的康茂德、塞维鲁、安托尼努斯·卡拉卡拉、马克西米努斯等人的品性。您会发现，他们非常残酷，非常贪婪。为了满足士兵，他们不惜给人民施加各种损害；所有这些人都落得悲惨的下场，除了塞维鲁例外。塞维鲁是如此富有德能，以致虽然人民深受他盘剥压榨，但他却能够凭借士兵对他保持友好而始终称心如意地统治；[Ⅵ]因为他的德能使他在士兵和人民的心目中如此令人钦佩，以致人民以某种方式保持着无比震惊与惶惑不安，[Ⅶ]而士兵们对他敬畏有加、心满意足。[Ⅷ]

9．因为这个人作为一位新君主的行动是伟大而卓著的，

Ⅰ 而他们又不知道适可而止。（厄尔巴岛时期）

Ⅱ 这正是他们想要的；但他们转向了“左派”，忽视了自己党派的力量。（厄尔巴岛时期）

Ⅲ 这必将发生在他们身上。（厄尔巴岛时期）

Ⅳ 如果只做善事，就无法避免懦弱无能的名声。（厄尔巴岛时期）

Ⅴ 如果是被愚蠢而名誉扫地的大臣们支配，那就更糟糕了。（厄尔巴岛时期）

Ⅵ 令人赞赏的典范，我始终在关注！（皇帝时期）

Ⅶ 我利用他们完成了伟大的事业，他们却因此而钦佩我，真是不错。（皇帝时期）

Ⅷ 出于敬重和钦佩，他们就好像能够自我约束一样。（皇帝时期）

所以，我想简要地说明他是如何善于运用狐狸人格与狮子人格的，正如我前面所说，[①] 这两者的天性都是一位君主必须仿效的。[Ⅰ]因为塞维鲁知道尤利亚努斯皇帝惰怠无能，便说服自己担任将领〔统帅〕的驻扎在斯拉沃尼亚[②] 的军队，要他们相信进军罗马替那个被禁卫军杀害的佩蒂纳克斯报仇是正当的。[Ⅱ]打着这个幌子，他没有显露自己对帝位的觊觎，就向罗马进军；在人们还没有觉察他出发的时候，他已经到达意大利。[Ⅲ]塞维鲁一到罗马，元老院就出于恐惧而选立他为皇帝，[Ⅳ]并把尤利亚努斯处死。[Ⅴ]开了这个头之后，塞维鲁要想成为整个国家的统治者，还有两个困难：一个在亚洲，亚洲军队的首领尼格尔[③] 已在那里称帝；一个在西方，那里的阿尔比努斯[④] 也在觊觎帝位。[Ⅵ]塞维鲁认为，自己公开同时与两者为敌是危险的，于是他决定进攻尼格尔，而欺骗阿尔比努斯。[Ⅶ]他写信给阿尔比努斯说，他已被元老院选立为皇帝，但愿意与阿尔比努斯共享这一尊荣；他赐予后者恺撒的称号，并让元老

---

① 参见本书第18章。

② 古罗马时代的潘诺尼亚行省。

③ 194年称帝，195年被杀。

④ 193年称帝，197年被杀。

Ⅰ 我向来信服这一点。（皇帝时期）

Ⅱ 在（1797年）果月，当我告诉在意大利的士兵们，法国的立法机构侵害了共和国的自由时，我本来也想效仿这种做法的；但是，我无法领导他们，也不能亲自前往。那一次时机未到，后来也就不了了之。（皇帝时期）

Ⅲ 这与我自埃及返回如出一辙。（皇帝时期）

Ⅳ 我被任命为巴黎及周边地区所有军队的统帅，以及当时两个议会的仲裁人。（皇帝时期）

Ⅴ 我的尤利亚努斯就是督政府；要消灭它，只需解散它就够了。（皇帝时期）

Ⅵ 巴拉斯就是我的尼格尔，西哀士就是我的阿尔比努斯。他们并非坚不可摧，每个人都只顾自己的利益；而且，我看出他们两人的目标也不尽相同：前者想恢复君主制，后者想扶持布伦瑞克的选帝侯。但是，这些都不是我想要的。如果塞维鲁在我的位置，他不会做得比我更好。（皇帝时期）

Ⅶ 我只需要疏远我的尼格尔，而欺骗我的阿尔比努斯易如反掌。（皇帝时期）

院做出决定，接受他为同僚。[Ⅰ]对于这些事情，阿尔比努斯竟信以为真。但是，在塞维鲁打败并处死尼格尔、平定了东方事务之后，他回到罗马，向元老院抱怨说，阿尔比努斯不知感恩，忘记了从他那里获得的恩惠，背信弃义地试图杀害他；因此，他必须惩罚阿尔比努斯的忘恩负义。然后，他来到法国与阿尔比努斯会战，并且夺取了他的国家与性命。[Ⅱ]

10. 因此，无论谁只要仔细地考查一下这个人的行动，就会发现，他既是一头非常凶猛的狮子[Ⅲ]又是一只非常狡猾的狐狸，并且会看到，他受到每个人的畏惧与敬畏，同时也没有为军队所憎恨。作为一个新人，他却能够保有如此大的统治权，这并不让人感到惊奇；因为他享有极高的声望，[Ⅳ]这总是能够保护他抵消人民由于他的掠夺所产生的仇恨。但是，他的儿子安托尼努斯〔卡拉卡拉〕也是一个非常卓越的人物，他在人民的眼中是令人惊奇的，在士兵那里是受人欢迎的。因为他是一个尚武之人，最能忍受一切艰难困苦，鄙视一切珍馐美味和其他享乐，这使他赢得全体军队的爱戴。[Ⅴ]然而，他的残暴与残酷却是如此前所未闻——在针对个人的无数凶杀之后，他又处死了罗马的大部分居民和亚历山大城的全部居民——以致全世界都开始痛恨他。[Ⅵ]甚至他

Ⅰ　我正是这样将西哀士提名进入执政委员会，成为我的同僚；同时，我还接纳了罗歇－迪科，但他只是一种任我摆布的平衡力量。（皇帝时期）

Ⅱ　我并不需要为除掉西哀士而大费周章。我比他更像狐狸，在霜月二十二日的委员会上，我轻而易举地解决了他。我亲自修订了宪法，将自己任命为第一执政，并把这两个同僚扔到了元老院底层。（皇帝时期）

Ⅲ　在这种形势下，不能怪我装作世上最不凶猛的人。（皇帝时期）

Ⅳ　在这种情况下，我的声望会更大；并且，我会将它维持下去。（皇帝时期）

Ⅴ　我没有忘记适时地赢得他们的爱戴。（皇帝时期）

Ⅵ　愚不可及。（皇帝时期）

周围的人也开始害怕他，结果他被自己军队中的一个百人队队长杀死。这里要注意：诸如此类由一个秉性顽固的人蓄意造成的死亡，对于君主来说是无可避免的，因为任何人只要连死都不怕就能够加害于他；但是，君主用不着太害怕这种死亡，因为它们是极为罕见的。[Ⅰ]他只需要提防不要严重伤害那些他任用的人[Ⅱ]和他周围为其君权效劳的人，不要像安托尼努斯那样——他把那个百人队队长的兄弟凌辱致死，并且每天都对他加以威胁，却仍然让他担任自己的侍卫。正如事实所证明的，这是一种极有可能招致灭亡的冒失做法。[1][Ⅲ]

11. 但是，让我们来谈谈康茂德吧。[Ⅳ]他保有帝国是非常轻松的，因为他是以马尔库斯的太子的身份依据继承权而登基的；他只要踏着他父亲的足迹就可以高枕无忧，让士兵和人民都满意。但是，由于他秉性残酷和野蛮，所以，为了能够掠夺人民，他转而纵容军队，让他们肆意放纵。另一方面，他没有保持自己的尊严，经常跑到竞技场与角斗士搏斗，还做出其他一些非常卑贱的、同皇帝的威严极不相称的事情，因此，他受到士兵的蔑视。他一方面为人〔人民〕所憎恨，

---

① 参见《李维史论》，第3卷，第6章；那里，这个故事的讲法有些不同。

Ⅰ 如果君主表现出不可动摇的勇气，这种事情就绝不会发生。（皇帝时期）

Ⅱ 一旦伤害了他们，一定要疏远他们，替换他们的位置，把他们流放，无论这么做是否光明磊落。（皇帝时期）

Ⅲ 这就是所谓的傻瓜、笨蛋、蠢货。（皇帝时期）

Ⅳ 可鄙的家伙。他都不值得我瞥一眼。（皇帝时期）

另一方面为人〔士兵〕所鄙视，于是人们起来合谋反对他，并把他杀死。[Ⅰ]

12. 现在，还剩下马克西米努斯的品性要说说。他是一个非常好战的人。我前面讨论过，军队对亚历山大的软弱感到不耐烦，于是把他杀死而选立马克西米努斯登上帝位。马克西米努斯占据帝位时间不长，是因为有两件事情使他被人憎恨和蔑视：[Ⅱ]一件事是他出身非常卑贱，[Ⅲ]先前曾在色雷斯放过羊（这是众所周知的事情，并且让每个人都对他鄙夷不屑）；另一件事是，在他获得君权之初，他并没有立即赶赴罗马占据皇帝的宝座，而是指派他的行政官在罗马和帝国的其他地方犯下许多暴行，从而使自己落得一个残酷暴虐的名声。[Ⅳ]这样一来，全世界都因为他血脉身世的卑贱而产生蔑视，因为害怕他的残暴而产生仇恨；首先是非洲起来反叛，然后是元老院和罗马所有人民，最后是整个意大利，都合谋反对他。他自己的军队后来也加入谋反，因为他的军队在围攻阿奎莱亚时发现很难攻占它，[Ⅴ]便恼恨他的残酷，并且看到他树敌如此之多，也就不那么害怕他，最后把他杀死。

13. 至于埃拉伽巴路斯、马克里努斯、尤利亚努斯这些人，我就不想探讨了，因为他们全都是十足可鄙的，并且很

Ⅰ　活该。他比任何人都不配统治。（皇帝时期）

Ⅱ　受人蔑视是所有坏事中最糟糕的。（皇帝时期）

Ⅲ　出身的卑贱总是有办法隐藏的。（皇帝时期）

Ⅳ　他后来竟没有罢免和惩罚他们！（皇帝时期）

Ⅴ　让事情发展到如此地步，这是自作自受。（皇帝时期）

快就被消灭了。但是，我想就上面的讨论总结一下。我认为，我们这个时代的君主在他们的统治中不再容易遇到要满足士兵们的过分要求这种难题；[Ⅰ]尽管他们不得不给士兵以某些关照，但是这个问题很快就可以解决，因为这些君主没有谁拥有那种全然扎根于地方行省之统治与管理的军队，[Ⅱ]就像罗马帝国的军队那样。所以，如果说在那个时代里，满足士兵比满足人民更有必要，因为士兵比人民更有力量；那么，现在，对于所有的君主——除了土耳其皇帝和苏丹[①]之外——来说，满足人民比满足士兵更有必要，因为人民比士兵更有力量。[Ⅲ]我之所以把土耳其皇帝排除在外，是因为他周围总是保持一万二千名步兵和一万五千名骑兵，他的王国的安全和力量都依赖于他们；[Ⅳ]因此，统治者有必要与他们保持友好，优先于其他一切考虑。[Ⅴ]同样，苏丹的王国掌握在士兵的

① “土耳其皇帝”指奥斯曼土耳其帝国的苏丹塞利姆一世(Selim I)，“苏丹”指埃及马穆鲁克王朝的最后一位苏丹突曼贝（Tuman Bey），他在1517年被塞利姆一世推翻。马基雅维利在《李维史论》（I. 1；II. 17；III. 35）中称塞利姆一世为“土耳其大帝”（Gran Turco/ the Grand Turk）。

Ⅰ 这个问题确实难不倒我。（皇帝时期）

Ⅱ 时常更换驻军。（皇帝时期）

Ⅲ 我的利益要求我在两者之间寻求一种平衡，这样我就可以时而倾向一方，时而倾向另一方。（执政官时期）

Ⅳ 我的皇家卫队在必要时可以充当土耳其近卫军。（皇帝时期）

Ⅴ 我也得这么做。（皇帝时期）

手中，[①] 所以，不管人民如何，他都必须与军队保持友好。[Ⅰ]您要注意的是：苏丹的国家不同于其他一切君主国，它类似于基督教的教皇职位，既不能称作世袭君主国，也不能称作新君主国。[Ⅱ]因为它不是由以前君主的儿子作为继承人成为统治者，而是由享有特权的人选举产生。[Ⅲ]这是一种古老的秩序〔制度〕，因为这个君主国并没有新君主国所面临的一些困难，所以不能称它为新君主国；虽然君主确实是新的，但这个国家的秩序却是旧的，而且它安排迎接当选的君主，就好像他是他们世袭的统治者。[Ⅳ]

14. 但还是让我们回到我们的话题吧。我要说，任何人只要考虑一下上面写下的讨论就会看到：前面提到的皇帝们灭亡的原因要么是仇恨，要么是蔑视；并且还会认识到：尽管他们中的一些人以这种方式行为处事，而另一些人以相反的方式行为处事，但在各自的方式中，都只有一个人获得幸福的结局，而其余的人则以不幸告终。因为对于佩蒂纳克斯和亚历山大来说，既然他们是新君主，那么他们希望仿效依据继承权世袭帝位的马尔库斯，就会徒劳无益，身受其害；[Ⅴ]类似地，对于

① 埃及的马穆鲁克王朝完全处在著名的骑兵队“马穆鲁克”(Mamelukes，1250—1517 年统治埃及的穆斯林军事阶层）的控制之下。

Ⅰ 无论如何都必须拥有一支强大、可靠的卫队，一旦其他与人民关系密切的军队反叛，它也能保持忠诚。（皇帝时期）

Ⅱ 新奇大胆的比较，但对于一切政治观察家来说千真万确。（皇帝时期）

Ⅲ 枢机主教们选出罗马教廷的世俗统治者，就像埃及的大贵族们选举苏丹一样。（皇帝时期）

Ⅳ 当选为君主是命运之轮上最光辉的定数。（皇帝时期）

Ⅴ 这些例子中的每个人都有可取之处，必须懂得择其善而从之。只有傻子才只树立一个榜样，亦步亦趋地模仿他。（皇帝时期）

卡拉卡拉、康茂德和马克西米努斯来说，仿效塞维鲁是极其危险的，因为他们没有足够的德能来追随塞维鲁的足迹。因此，一个新君主国的新君主既不能仿效马尔库斯的行动，也不必照搬塞维鲁的行动；[Ⅰ]但他应当从塞维鲁的行动中吸取那些奠定其国家的基础所必需的成分，并从马尔库斯的行动中吸取那些适合于维护一个已经建立且非常稳固的国家并使之获得荣耀的成分。[①] [Ⅱ]

① 在《李维史论》中，马基雅维利还得出这样的结论："通过阅读这段历史，他还会发现，如何能够创建一个好的王国：因为除提图斯之外，所有通过世袭继承方式接替帝位的皇帝都是坏皇帝；那些通过收养继承方式继任的皇帝都是好皇帝，如从涅尔瓦到马尔库斯的 5 个皇帝就是如此；并且当帝国被传给世袭继承人时，就重新毁灭"（I. 10）。

Ⅰ　谁有能力效仿我的行动呢？（皇帝时期）

Ⅱ　完美的总结；但我仍然不愿偏离塞维鲁的方式。（皇帝时期）

第20章

堡垒以及君主们日常做的其他许多事情是有益的还是无益的*

1. 一些君主为了稳固地保有其国家，解除其臣民的武装；另一些君主将臣属于他们的城镇分而治之；[①] 一些君主树立反对他们自己的敌人；另一些君主转而笼络那些在其掌握国家之初他们认为是可疑的人；一些君主建造堡垒，而另一些君主推倒并摧毁堡垒。[②] [Ⅰ]虽然对所有这些事情要做出一个确定的判断，除非掌握了这些决定所实施的那些国家的具体情况，否则是不可能的，但我将在这个话题本身所允许的范围内泛泛地谈一谈。[Ⅱ]

---

* An arces et multa alia quae cotidie a principibus fiunt utilia an inutilia sint.

① 关于利用派系党争与分而治之，参见《李维史论》，第2卷，第25章；第3卷，第27章。

② 关于利用堡垒，参见《李维史论》，第2卷，第24章。

I　随着时机和环境的变化，同一位君主在其统治过程中可能不得不做所有这些事。（皇帝时期）

II　尽管说吧，我只关心实际的后果。（皇帝时期）

2. 从来没有一位新君主解除其臣民的武装；相反，只要他发现他们没有武装，他总是将其武装起来。[Ⅰ]因为，一旦把他们武装起来，那些军队就变成了你的军队；你过去怀疑的那些人现在变得忠诚，而那些原本忠诚的人现在仍然会保持忠诚；他们就由臣民变成了你的拥戴者。并且，由于你不可能把所有的臣民都武装起来，所以当你把一部分人武装起来，从而使他们感到蒙恩受惠的时候，你就能更安全地对付其他人了。[Ⅱ]他们认识到这种区别对待有利于自己，这使他们对你负有恩义；而其他人则会谅解你，因为他们认为，那些冒着更大危险、负有更大责任的人，获得更大的优待是必要的。但是，当你解除他们武装的时候，你就开始侵害他们了；你会表明，你不信赖他们要么是因为胆小怯懦，要么是因为缺乏信义，[Ⅲ]这两条意见都会引发对你的仇恨。并且，因为你不能永远没有武装，你不得不转而依赖雇佣军，他们的品性前面已经描述过了；[①] [Ⅳ]即使雇佣军是好的，也不足以保护你反抗强大的敌人和可疑的臣民。[Ⅴ]所以，就像我说过的，一个新君主国的新君主总是在那里整军经武。[Ⅵ]历史上充满

① 参见本书第 12 章。

Ⅰ　那些精明的革命分子就是这么做的。通过将三级会议转变为“国民”议会，他们把法国的王公贵族收为己用，并迅速地将人民全部武装起来，组成为他们所用的“国民”军队。为什么城市和市镇的警卫军还各自保留着这个如今不再合适的名称？难道它们各自为战就能保卫整个国家吗？必须逐步放弃这个名称，它们只是也应该只是城市的或资产阶级的警卫军，这样才能维护稳定的秩序，才是合乎道理的。（皇帝时期）

Ⅱ　激进的革命分子其实只想武装人民。他们容许少数贵族加入国民警卫军，但这些贵族完全不构成威胁。他们知道很快就会把这些贵族排除出去。人民以为唯有自己蒙恩受惠，于是全都站到他们那边。（皇帝时期）

Ⅲ　由于国民警卫军中有许多人并不支持他们，他们如何才能毫无困难地摆脱这个困境呢？（厄尔巴岛时期）

Ⅳ　这种军队已经不多了。（厄尔巴岛时期）

Ⅴ　我怀疑在法国的盟军能否解决这个问题；况且他们很快就要撤离。（厄尔巴岛时期）

Ⅵ　此时他们根本做不到；这件事情十万火急，但他们手下就是我的军队，对于这些军队来说，我就是一切。（厄尔巴岛时期）

着这样的范例。

3. 但是，当一位君主获取一个新的国家，如同〔新的〕肢体嫁接到他旧的肢体上那样，那么，就必须解除这个国家的武装，除开那些在获取这个国家时拥戴你的人；[Ⅰ]即使对于后者，也必须抓紧时间、抓住机会，让他们变得柔顺和懦弱；[Ⅱ]并且做出这样的安排，即让你的国家的所有武器都只掌握在你自己的士兵手中，他们生活在你的旧国家里拱卫在你近旁。[Ⅲ]

4. 我们的先人和那些被认为聪明的人常说，保有皮斯托亚必须利用派系，保有比萨必须利用堡垒；[①] 基于这个想法，他们在臣属于他们的某些城镇制造内部分歧，以便更容易保有它们。在意大利以某种方式保持均衡的时代，[②] 这当然做得对；但我不相信有谁会在今天把它奉为一条箴规。因为，我

---

① 关于皮斯托亚，参见本书第 212 页注释①；《李维史论》（III. 27）再次引用了这个说法。一位威尼斯大使记述说，“宽宏者”洛伦佐·德·美第奇过去常说：“保有皮斯托亚必须利用其派系，保有比萨必须利用贫困，保有沃尔泰拉必须利用强力，保有阿雷佐必须利用其乡村，保有科尔托纳必须利用恩惠”（参见 *Relazioni degli ambasciatori veneti*, ed. Eugenio Alberi, ser. 2, vol. 1, Florence: Società editrice fiorentina, 1839, 73）。

② 主要指 1454 年的《洛迪和约》到 1494 年查理八世入侵意大利这段相对和平与稳定的时期。

Ⅰ 在意大利我注意到了这一点。（执政官时期）

Ⅱ 我很高兴看到他们厌恶服役；而且我清楚地知道，第一个二月过后，他们就会任人摆布了。（执政官时期）

Ⅲ 征服的国家只能以军队来守护，只有依靠军队才能保证稳固的统治。（执政官时期）

不相信这种分裂会有任何好处；[Ⅰ]相反，一旦敌人迫近，分裂的城市必然就会立即丧失，因为较弱小的派系总是投靠外国势力，而另一派系就无法统治了。

5. 威尼斯人如我所相信的，基于前面提到的理由，在臣属于他们的城市中扶植圭尔夫派和吉伯林派。[①] 虽然威尼斯人从未让他们发生流血冲突，但是却在他们当中制造纷争，以致那些公民陷于内部分歧不可自拔，不会团结一致反对威尼斯人。[Ⅱ]正如可以看到的，这样做的结果后来却使他们的计划落空了，因为当威尼斯人在维拉战败后，他们中的一派立即鼓起勇气，从威尼斯人手中整个地夺取了他们的国家。[②] 所以，这样的方式表明了君主的虚弱，[Ⅲ]因为在一个强有力的君主国中，这样的分裂是绝不允许的。只有在和平时期，它们才是有利可图的，可以借此更加容易地驾驭臣民；[Ⅳ]但是当战争到来的时候，这样一种方法只能显示其谬误。

① 圭尔夫派和吉伯林派是中世纪时存在于德意志和意大利的教皇派和皇帝派。意大利各城邦分别以佛罗伦萨（圭尔夫派）和比萨（吉伯林派）为首。然而，双方在每座城市内部也有派系斗争。到了14世纪末，两派均沦为地方性小集团，反映城市争斗。

② 维拉战役后短暂地反叛威尼斯的城市包括：布雷西亚、维罗纳、维琴察和帕多瓦。关于维拉战役，参见本书第166页注释②。

Ⅰ 不应该生搬硬套地运用这段论述，因为在马基雅维利的时代，如果城市遭到攻击，公民就是战士。今天要防御一座被攻击的城市不能再靠公民了，而只能靠驻扎在那里的军队。所以，我认可佛罗伦萨的古老策略，要想夺取某些躁动不安的城市和地区，保持其派系之争是不错的选择；他们当中当然没有人会起来反对我。（执政官时期）

Ⅱ 我经常以这一策略取胜。当我想让他们把视线转向国内事务，或者谋划某个重大的秘密政治行动时，我就会丢给他们一条导火索制造局部纷争。（皇帝时期）

Ⅲ 但有时也可能是审慎和机巧。（皇帝时期）

Ⅳ 在战争时期，要以另一种方式转移他们的注意力以维持统治。（皇帝时期）

6. 毫无疑问，当君主克服了他们面临的困难和对他们的反抗时，他们就变得伟大。[Ⅰ]特别是，当机运想要使一位新君主变得伟大时——因为他比一位世袭君主更有必要获取声望——她就给他树立敌人，并且让他们从事反对他的事业，这样他就有理由战胜他们，并且凭借他的敌人给他的梯子升得更高。[Ⅱ]因此，许多人认为，一位明智的君主只要有机会，就应该机巧地孕育某种敌意；这样，当他压服它时，他的伟大就会更加彰显。[Ⅲ]

7. 君主们，特别是那些新君主们，已经发现，在他们掌握国家之初认为可疑的那些人，比他们一开始信任的那些人更加忠诚、更加有好处。[Ⅳ]锡耶纳的君主潘多尔福·彼得鲁奇[①] 统治他的国家，任用曾在他看来是可疑的人比任用别的人来得多。但这种事情我们不能泛泛而言，因为它会视具体情况而异。[Ⅴ]我要说的只是，对于那些在一个君主国肇始的时候曾经是敌人的人，那些需要从某处获得依靠以维护自己地位的人，君主把他们笼络过来总是轻而易举的。[Ⅵ]由于

① 潘多尔福·彼得鲁奇（1452—1512），锡耶纳的统治者，他在取得政权的过程中曾谋杀其岳父，1503年被博尔贾驱逐，后来由于法国的支持再度掌权。

Ⅰ 他们克服的困难比我更多吗?(皇帝时期)

Ⅱ 他们给了我怎样的梯子啊!我是否已经好好利用这些机会了呢?(皇帝时期)

Ⅲ 假如马基雅维利看到我从这条建议中获益匪浅的话,他一定会很高兴。(皇帝时期)

Ⅳ 对于其他人来说确实如此,对于我却不尽其然。(皇帝时期)

Ⅴ 确实如此。(皇帝时期)

Ⅵ 正如我已经成功地笼络了一些贵族,他们或者野心勃勃或者时运不济,需要某些官位;我向流亡者重新打开了法国的大门,并归还了他们的财产……(皇帝时期)

他们知道自己更有必要用行动来消除君主原先对他们形成的不好看法，所以，他们不得不格外忠诚地侍奉他。[Ⅰ]因此，君主从他们那里得到的好处，总是比从其他人那里得到的多，因为后者侍奉他时带着过分的安全感，[Ⅱ]从而对他的事务掉以轻心。①

8. 出于这个话题的需要，我不想略而不谈这样一条提醒：那些依靠内部的支持而新近取得一个国家的君主们，应该很好地考虑一下，是什么原因促使那些支持他们的人这样做。如果这不是基于对君主的自然的情感，而只是因为他们对那个国家不满意，那么他要让他们继续成为自己的朋友，将麻烦不断、困难重重，因为他要让他们满意是不可能的。[Ⅲ]如果借鉴来自古代事务和现代事务的例子，审视一下这件事的原因，他就可以看到：赢得那些对先前的国家感到满意从而成为自己敌人的人的友谊，[Ⅳ]比赢得那些由于对先前的国家不满意[Ⅴ]从而成为自己朋友并支持自己去夺取它的人的友谊，要容易得多！[Ⅵ]

---

① 作为受到美第奇家族怀疑的前政权行政官员，马基雅维利的这番论述自有其个人体验，参见1513年12月10日致韦托里的信（书信224）末尾。

Ⅰ 他们不正是这样侍奉我的吗？（皇帝时期）

Ⅱ 一旦怀疑他们有所懈怠，就要懂得打破这种安全感；甚至在没有理由怀疑的时候，几句不恰当的玩笑话都总能取得不错的效果。（皇帝时期）

Ⅲ 他们一心只想让我为他们牟利；由于欲壑难填，他们甚至想要用另一位君主取代我，好继续为他们牟利。他们的灵魂如达那伊得斯姐妹的木桶般欲求不满，而他们的野心又如啄食普罗米修斯的秃鹫般永无止境。（皇帝时期）

Ⅳ 例如温和的王党分子。（皇帝时期）

Ⅴ 出于野心勃勃的怨恨。（皇帝时期）

Ⅵ 非常深刻而准确的观察。（皇帝时期）

9. 为了能够更加稳固地保有他们的国家，君主们习惯建造堡垒，作为对付那些企图反对自己的人的笼头和嚼子，[Ⅰ]并作为应对突然袭击的安全避难所。[Ⅱ]我称赞这种方式，因为这是古已有之的做法。然而，在我们的时代里，我们看到尼科洛·维泰利大人为了保有那个国家摧毁了卡斯泰洛城的两座堡垒。[①] 乌尔比诺公爵圭多·乌巴尔多回到他被切萨雷·博尔贾逐出的领地后，把那个地区所有的堡垒夷为平地；[②] 他认为没有这些堡垒，他再度失去他的国家就更加困难了。[Ⅲ]本蒂沃利奥家族回到博洛尼亚的时候，他们也采取了类似的措施。[③] 因此，堡垒是否有益取决于时势，在一种情况下它们对你有利，在另一种情况下却对你有害。因此，我们可以这样来讨论这个问题：如果君主害怕人民甚于害怕外国人，那么他就应当兴建堡垒；[Ⅳ]但如果他害怕外国人甚于害怕人民，那么他就应当放弃堡垒。弗朗切斯科·斯福尔扎在米兰

---

① 尼科洛·维泰利（1414—1486），保罗和维泰洛佐的父亲，雇佣军首领，由于教皇西克斯图斯四世的死亡，他在1482年收复了卡斯泰洛城。

② 圭多·乌巴尔多（即 Guidobaldo da Montefeltro，1472—1508），乌尔比诺公爵，在1502年收复了乌尔比诺。

③ 本蒂沃利奥家族是博洛尼亚的统治者，他们在1506年被尤利乌斯二世驱逐，在1511年恢复了统治权。

Ⅰ 因此，“贤人”查理修建了巴士底狱以保证巴黎的稳定，查理七世修建了波尔多号角城堡以稳固波尔多地区。我们不能忘记修建这些建筑的初衷。（皇帝时期）

Ⅱ 一旦有机会我就要在蒙马特高地修建一座堡垒，以此维持巴黎人民对我的敬畏。当他们卑躬屈膝地把自己交给联军时，我还剩下什么！加龙河畔的叛徒们将被关押在号角城堡里。（厄尔巴岛时期）

Ⅲ 要摧毁意大利的所有堡垒，亚历山德里亚的曼通城堡除外，我会尽可能地加固它。（将军时期）

Ⅳ 如果对两者心存同样的畏惧，就一定要建造堡垒，凡是有危险的地方都要建造。（厄尔巴岛时期）

建造的城堡,[①] 已经给并且将来还要给斯福尔扎家族带来战争,更甚于那个国家的其他任何动乱。所以,最好不过的堡垒就是不要被人民憎恨;[Ⅰ]因为就算你拥有堡垒,但如果你结仇于人民,任何堡垒都挽救不了你,[Ⅱ]因为一旦人民拿起了武器,外国人少不了就会帮助他们。[Ⅲ]在我们的时代里,我们已经看到堡垒不曾给任何君主带来好处,只有弗利伯爵夫人在她的丈夫吉罗拉莫伯爵死后的情况例外;因为凭借一处堡垒,她得以躲过一场民众的暴动,等待来自米兰的援助,恢复她的国家。[Ⅳ]当时的情势是,外国人不可能帮助她的人民。[Ⅴ]但是,后来当切萨雷·博尔贾向她发起进攻、对她怀有敌意的人民同外国人联合起来的时候,堡垒对她来说就没有多大价值了。[②] [Ⅵ]因此,当时和此前的情况都是,对她来说,

---

① 1450 年斯福尔扎在掌权后立即动工修建斯福尔扎城堡。

② 弗利伯爵夫人(卡泰丽娜·斯福尔扎,参见本书第 36 页注释①),自从她的丈夫弗利伯爵在 1488 年被暗杀后,她一直掌权,直到 1500 年弗利被切萨雷·博尔贾占领;这里提到的“米兰的援助”指伯爵夫人的叔父米兰公爵洛多维科·斯福尔扎。更详细生动的记述,参见《李维史论》,第 3 卷,第 6 章;《佛罗伦萨史》,第 8 卷,第 34 章;关于弗利城堡失陷于博尔贾的详细论述,参见《战争的技艺》,第 7 卷,第 27—33 句。显然,马基雅维利对这位他曾在一次出使弗利的外交使命中遇到的杰出女性留有深刻印象。

Ⅰ 然而，十个敌人引起的祸端通常比一百个朋友带来的好处还要多。（厄尔巴岛时期）

Ⅱ 我不相信。（厄尔巴岛时期）

Ⅲ 或许吧，我们走着瞧。（厄尔巴岛时期）

Ⅳ 这个例子足以为堡垒辩护。（厄尔巴岛时期）

Ⅴ 她没有一支如我麾下那样的军队。（厄尔巴岛时期）

Ⅵ 如果她仅靠堡垒就能自保，那么我倒很相信这样的结果。（厄尔巴岛时期）

不被人民憎恨比拥有堡垒更加安全。[Ⅰ]所以，考虑到所有这些事情，我称赞修建堡垒的人，也称赞不修建堡垒的人；我非难的是那些信赖堡垒而认为被人民憎恨不足为虑的人。[Ⅱ]

I 不要被人民憎恨？他总是回到这个幼稚的话题。堡垒绝对比得上人民的爱戴。（厄尔巴岛时期）

II 你可以提前赞扬我了。（厄尔巴岛时期）

第21章

一位君主为了受人尊敬应当做什么*

1. 没有什么比从事伟大的事业和做出罕见的范例更能使一位君主受人尊敬了。[I]在我们的时代里，我们有阿拉贡国王斐迪南——当今的西班牙国王——为证。① 这个人几乎

* Quod principem deceat ut egregius habeatur.

① 斐迪南（1452—1516，或称“阿拉贡的斐迪南二世”、“天主教徒斐迪南”），他是阿拉贡国王（1479—1516年在位）、卡斯蒂利亚国王（1474—1504年在位，称斐迪南五世），也是西西里国王（1468年起，称斐迪南二世）和那波利国王（1504年起，称斐迪南三世）。斐迪南是西班牙事实上的第一位国王，原为阿拉贡的国王，后与卡斯蒂利亚的伊莎贝拉结婚，成为卡斯蒂利亚的统治者。经过十年战争，他于1492年征服格拉纳达，统一西班牙。在意大利，他曾出兵援助那波利驱逐法王查理八世入侵，后于1500年与法王路易十二瓜分那波利；1508年与法国、神圣罗马帝国及教皇组织“康布雷联盟”反对威尼斯，其后为了争夺意大利，加入“神圣同盟”与法国作战（1511—1513年）。他还远征非洲，占领北非多个沿海城市。马基雅维利对斐迪南的评价，也参见1513年4月29日致韦托里的信（书信212）。

I　我正是靠这些崛起的，但不能只靠这些维持统治。如果不建立超过之前的功勋，我就会走向衰亡。（皇帝时期）

可以称作一位新君主，[Ⅰ]因为他从一个弱小的国王凭借名望和荣耀成为基督教世界首屈一指的国王。[Ⅱ]如果您注意观察他的行动，您会发现它们全都是非常伟大的，有些还超乎寻常。[Ⅲ]在他当政之初，他就进攻格拉纳达，[Ⅳ]这项事业奠定了其国家的基础。一开始，他从容不迫地行事，丝毫不怕受到干扰；他让卡斯蒂利亚的诸侯们将心思全都用在这件事情上；由于想着这场战争，他们就不会想到革新了。与此同时，他获取声望和支配诸侯们的统治权，而他们却没有察觉。[Ⅴ]他能够用来自教会和人民的金钱维护军队，并且在这场长期的战争中，为他自己的军队奠定了基础，这支军队后来给他带来了荣誉。[Ⅵ]除此之外，为了实施更伟大的事业，他总是打着宗教的幌子，他诉诸一种虔诚的残酷（pietosa crudeltà），把马拉诺人从他的王国驱逐并把他们掠夺一空，[Ⅶ]再也找不到比这更悲惨、更罕见的范例了。① 他打着同样的旗号进攻非洲，在意大利发动战事，后来又进攻法国；这样，

① 马拉诺人是一个带有侮辱性的称号，指 15 世纪基督教重新征服西班牙后被迫改信基督教的犹太人和穆斯林。西班牙最后一个穆斯林堡垒格拉纳达被征服后，他们遭到迫害和掠夺，在 1501—1502 年被驱逐出西班牙。

Ⅰ 我也会做到。（厄尔巴岛时期）

Ⅱ 新君主不止一种。（厄尔巴岛时期）

Ⅲ 不比我的功绩更多。（皇帝时期）

Ⅳ 同样，我进攻了西班牙。（执政官时期）

Ⅴ 在夺取西班牙的过程中，我的情况与之大不相同，但我一样赢得了胜利。此外，我并不需要那些有利形势。（皇帝时期）

Ⅵ 斐迪南比我幸运多了，要不就是他拥有更有利的机会。叫我的兄弟办事（唉！算什么兄弟！）还不是相当于我亲自动手吗？（皇帝时期）

Ⅶ 《政教协定》只允许我驱逐那些一贯并且仍将表现出固执于承诺和誓言的教士。我只能使用灵活而伪善的手段。时不时地我会因为算计他们的“信仰之父”而感到恼火。费什保护他们，他们要让他成为教皇。（执政官时期）

他总是做着一件大事又安排着另一件大事，这些大事让其臣民的心神始终忐忑不安同时又钦佩不已，并且心思全都为这些大事的结果所占据。[Ⅰ]他的行动就这样一个接一个地出现，[Ⅱ]以致没有任何间隔让人们能够从容地从事反对他的活动。[Ⅲ]

2. 一位君主在内政方面做出罕见的范例也会大有助益，[Ⅳ]就像关于米兰的贝尔纳博大人① 的那些传说；任何人只要在民政中做出超乎寻常的事情——不管是好事还是坏事——他都应当抓住机会，选择一种人们肯定会津津乐道的奖[Ⅴ]惩[Ⅵ]方式。最重要的是，[Ⅶ]一位君主应当设法在他的每一个

① 贝尔纳博·维斯孔蒂（1323—1385），米兰历史上一位暴虐、乖戾的统治者。潘汉典中译本的注释引用过他的一个传说（转引自吉尔伯特英译本）：贝尔纳博曾遇见乡人掘墓；问之，据告，因旅行者已死，无遗产，教士及教堂掘墓人（教堂司事）以不获报酬拒不处理遗体。他即传讯，二人声称："本人应取得所值。"他即说："谁人能付汝所值？死者无钱何能付汝所值？"二人答道："不论何人付给，吾人应得所值。"于是他说："我付给你们，你们所值即死亡。该死者在何处，即取来，埋于墓中；捕教士投诸墓内。掘墓人何在？投诸墓中，掩埋之。"于是，贝尔纳博使教士及掘墓人与死者同葬后，扬长而去。

Ⅰ 让我的人民始终处于惊奇之中，不断地告诉他们我的成就，或者告诉他们我在雄心抱负的激励下不断拓宽的眼界：这对我有百利而无一弊。（执政官时期）

Ⅱ 这正是我的手段。尤其是在和平条约中，我总会加入某些条款，以便为下一次战争的借口埋下伏笔。（皇帝时期）

Ⅲ 这也是我一连串雷霆行动的目标之一。（皇帝时期）

Ⅳ 这些事情需要盛大的、让人目眩神迷的场面，而且完全不能缺少公益的表象。（皇帝时期）

Ⅴ 我的十年嘉奖制度。（皇帝时期）

Ⅵ 这部分已经尽善尽美了。（皇帝时期）

Ⅶ 我明白，我将遵从你的建议。（皇帝时期）

行动中都为自己赢得伟大人物与卓越才智[①] 的名望。[②]

3. 当一位君主是真正的盟友或者真正的敌人时，也就是说，他毫不迟疑地表明自己支持某个人而反对另一个人，他也会受到尊敬。[Ⅰ]这种策略总是比保持中立更有益；[Ⅱ]因为如果邻近你的两个强国打起来的话，结果无非就是：如果一方获胜，你肯定要么害怕胜利者，要么不怕。[Ⅲ]无论在哪种情况下，你表明立场并勇敢参战都是有好处的。[Ⅳ]因为，在第一种情况下，如果你不表明立场，你将总是成为获胜者的战利品，[Ⅴ]而战败者会感到高兴和满意；[Ⅵ]而且，你没有任何理由和事情来为你辩护，或者寻求庇护：因为无论谁获胜都不需要在逆境中没有援助自己的可疑盟友；无论谁失败了也不会庇

---

① “卓越才智”（ingegno escellente），有的版本作“卓越人物”（uomo eccellente）。

② 参见《李维史论》，第3卷，第34章：“什么样的名望或传闻或意见使人民开始支持某个公民”，那里谈的主要是共和国的公民如何“通过某些超乎寻常的行为扬名立威”，但他也指出，这种行事方式“对于那些想要保持自己在其君主国里的声望的君主来说也是必要的。因为，没有什么事情可以使之如此受人尊敬，只要他们以某种罕见的、符合共同利益的行为或言语来让自己做出罕见的范例，而这种言行可以显示统治者的宽宏、慷慨或公正，并且到了在其臣民中有口皆碑的程度”。

Ⅰ 除非日后又倒向另一边。（执政官时期）

Ⅱ 武力和勇气最大软肋的表征。（执政官时期）

Ⅲ 略过：我不怕任何力量；我会把他们一一分化，直到我能够把他们聚拢在我的旗下。（执政官时期）

Ⅳ 我一向如此。（皇帝时期）

Ⅴ 之前那些中立的联盟正是这样成了我的战利品。（皇帝时期）

Ⅵ 牺牲中立国的条款总是让我获益。（皇帝时期）

护你，因为你不愿意拿起武器来分担他的机运。[Ⅰ]

4. 安条克应埃托利亚人的召唤，为了驱逐罗马人而进入希腊。[①] 安条克派遣使者到罗马人的盟友亚该亚人那里，鼓励他们保持中立；另一方面，罗马人试图说服亚该亚人拿起武器站到自己一边。这件事情拿到亚该亚人的会议上决策时，安条克的特使在那里劝说他们保持中立；对此，罗马的特使回答说：“而且，他们说你们不要介入战争，[Ⅱ]再没有什么比这更违背你们的利益了；如果没有感激，没有尊严，你们将成为胜利者的战利品”。[②]

5. 事情总是这样：一个人对你并不友好的人会寻求你的中立，而一个对你友好的人则会要求你拿起武器表明自己的立场。优柔寡断的君主，为了逃避当前的危险，往往采取中

① 参见本书第28页注释②。

② 拉丁文引语，出自李维《自建城以来〈罗马史〉》：“Quod autem isti dicunt non interponendi vòs bello, nihil magis alienuin rebus vestris est; sine gratia, sine digmtate, premium victoris eritis”(Livy, XXXV. 49)，略有出入。马基雅维利早年的一位朋友和同僚在写给他的信中曾引用过这句话（书信191）；他在写给韦托里的论中立的著名信件（书信243）中也引用了这句话。关于中立，参见马基雅维利致韦托里的两封信（书信241、243）；《李维史论》，第2卷，第22章。

Ⅰ　这条建议更适合别人，尤其是那些毫无理由保持中立的人。（皇帝时期）

Ⅱ　等到我出兵俄国的时候，我就要这么跟德意志的君主们说。其他的君主不用我说就会为我出兵。（皇帝时期）

立的道路，因而往往走向灭亡。[Ⅰ]但是，当君主果断地表明支持一方时，如果你追随的一方获胜的话，尽管胜利者是强大的，你要受他支配，但他对你仍然负有一种恩义，同你有一种友爱协议；而且，人们也绝不会如此下作，作为这样明显的忘恩负义的例子压迫你。[①] [Ⅱ]再说，胜利也从来不会如此彻底，以致胜利者不必有某种考虑，特别是对正义。[Ⅲ]就算你追随的一方失败了，你也仍然会受到他的庇护，在他有能力的时候，他会帮助你，而你将成为一种有可能逆转的机运的伴侣。[Ⅳ]在第二种情况下，当你对于正在交战的双方无论哪一方获胜都不用害怕的时候，你与其中一方结盟就再审慎不过了；因为你在一方的帮助下促成另外一方的毁灭，而前者如果明智的话，本应保全后者的；[Ⅴ]如果他获胜了，他仍然得受你支配；而在你的帮助下，他是不可能不获胜的。[Ⅵ]

---

① 对照本书第 17 章：“关于人类，一般可以这样说：他们是忘恩负义、容易变心的，是伪君子和假好人，是逃避危难、贪财好利的”；第 18 章：“当遵守信义变得对自己不利的时候，并且当使他做出承诺的理由不复存在时，一位审慎的统治者就不能——也不应该——遵守信义。假如人们全都是良善的话，这一教导便谈不上良言善语；但因为人们是恶劣的，对你并不是守信不渝的，所以你也无须对他们遵守信义”。

Ⅰ 他们表现得软弱可欺，仅凭这一点，他们已经算是失败了。（皇帝时期）

Ⅱ 那时候的人是不是比现在的人更良善？如今这些顾虑不管用了，甚至根本就不会产生。我们的启蒙时代令人不可思议地扩展了政治科学的领域。（皇帝时期）

Ⅲ 每个人都有他自己的考虑方式。（皇帝时期）

Ⅳ 对于君主国来说很有用。（皇帝时期）

Ⅴ 俄国没有注意到这一点，奥地利被我军攻击时他们置之不理；这更有利于我进攻俄国。奥地利和普鲁士只求自保，这样我就可以逼迫它们与俄国作战。（皇帝时期）

Ⅵ 这些国家都将与我结盟。（皇帝时期）

6. 这里需要指出：一位君主必须注意，绝不要为了攻击他人而同某个比自己强大的人结盟，除非如上所说，迫于必然性。[Ⅰ]因为即使你获胜了，你仍然会成为俘虏；[Ⅱ]君主们应当尽可能地避免受他人支配。[Ⅲ]〔1499 年〕威尼斯人同法国人结盟反对米兰公爵——他们本来可以避免结成这种联盟的——结果使他们自己毁灭了。①[Ⅳ]但是，当君主不能避免的时候（就像〔1512 年〕佛罗伦萨人在教皇和西班牙出兵进攻伦巴第时所发生的那样），那么基于上述理由，他应当加入。任何一个国家都不应该相信，自己总是能够采取万全之策；[Ⅴ]相反，它应当想到自己不得不采取的选择都是不确定的。因为事情通常是：人们试图避免一种麻烦时，难免遭到另一种麻烦；[Ⅵ]但是，审慎就在于知道如何识别各种麻烦的特性，进而选择坏处最少的作为最好的。②

7. 一位君主还应当表明自己是一个爱惜德能〔才能〕的人，优待有德能〔才能〕的人，对于在一门技艺上卓越的人赐予

① 参见本书第 3 章：威尼斯人“为了获取伦巴第的两块土地，他们让国王成为意大利三分之二〔领土〕的统治者”。

② 类似的观点，参见马基雅维利：《论骑兵》；《李维史论》，第 1 卷，第 6 章、第 38 章；《曼陀罗》，第 3 幕，第 1 场。

Ⅰ 我会增加这种必然性。(皇帝时期)

Ⅱ 它们会成为我的俘虏。(皇帝时期)

Ⅲ 不能让它们有机会避免。(皇帝时期)

Ⅳ 不值一提的例子!(皇帝时期)

Ⅴ 这全靠机运。(执政官时期)

Ⅵ 一种总比另一种更多或者更严重。(执政官时期)

荣誉。[1] [Ⅰ]其次，他应当鼓励其公民安心地从事自己的业务，在贸易、农业以及其他一切人类职业中；这样，这个人不致因为害怕他的财物被夺走而不愿有所增益，那个人不致因为害怕赋税而不愿开展一项贸易。[Ⅱ]相反，对于任何愿意做这些事情的人，以及想出各种办法来发展他的城市和国家的人，都应该提供奖励。[Ⅲ]除此之外，他应当在每年适当的时日，让人民欢度节庆和赛会。[Ⅳ]同时，由于每个城市都分为各种行会或者城区，[2] [Ⅴ]因此，他应当重视那些群体，[Ⅵ]不时接见他们，使自己成为一个宽厚仁慈、宽宏大量的范例；不过，应当始终坚定保持他尊贵的威严，[Ⅶ]因为在这一点上他不能有任何闪失。[3] [Ⅷ]

① 以下内容可以对照色诺芬在《论僭政》中的论述（Xenophon, *Hiero or Tyrannicus*, XI）。

② “城区”(tribù)，字面意思是部落、宗族；按照“牛津经典版”和康奈尔英译本的注释，应该指以主教堂为中心的城区或街区(neighbourhoods or quartieri)。

③ 马基雅维利在写下这个段落时，心中想到的应该是“宽宏者”洛伦佐·德·美第奇在这方面的缺失，参见《佛罗伦萨史》，第8卷，第36章。

I 增加发明专利证书。（执政官时期）

II 赋税从来不会吓退那些唯利是图的贪婪者。（执政官时期）

III 别人何曾像我一样如此大规模地增加这些奖励？（皇帝时期）

IV 教会的节日和赛会不能为我所用。以公民节日的盛大仪式取而代之对我来说更加有利。（皇帝时期）

V 这样过于深入底层了。（执政官时期）

VI 出席剧院的集会已经足够了。（执政官时期）

VII 必须节制。（执政官时期）

VIII 千真万确，必须注意这一点。（皇帝时期）

第22章
论君主任用的大臣*

1. 选择大臣[①]对于一位君主来说非同小可；他们良善与否，取决于君主的审慎。[Ⅰ]人们对一位统治者的头脑形成的第一印象，[Ⅱ]就是看伴随他左右的人：如果他们是能力超群、忠心耿耿的，[Ⅲ]他就享有明智的名声，因为他知道如何识别他们能力超群、如何让他们维持忠心；[Ⅳ]但如果他们不是这样的，人们就总是对他做出不利的判断，因为他在这项选择上犯下了他的第一个错误。[Ⅴ]

---

* De his quos a secretis principes habent.

① 这里的"大臣"（secretis/ ministri），指拥有正式职位的行政官员（包括马基雅维利曾担任的国务秘书），不同于下一章中的"顾问"（consigli），比如说，受宠的廷臣或代理商人。

Ⅰ 但这种审慎也必须随机应变。有时候最声名狼藉的人反而是最值得倚重的人。（执政官时期）

Ⅱ 假如我让波旁王朝的公然支持者充任大臣和顾问，他们佩戴着圣路易勋章，向那个被我取而代之的人大唱赞歌，还随时企图推翻我，如此一来人们会如何看待我？（皇帝时期）

Ⅲ 一个声名狼藉的人具备的这些品质远多于一个令名远播的人。（执政官时期）

Ⅳ 这就是难点：他们总是在这一点上失败。（厄尔巴岛时期）

Ⅴ 如果不能识人，在做出选择时为旁人所左右，那么就很难避免这个错误。（厄尔巴岛时期）

2. 凡是知道安东尼奥·达·韦纳弗罗大人[1]是锡耶纳君主潘多尔福·彼得鲁奇[2]之大臣的人，无不认为潘多尔福是一位非常杰出的人，因为他把安东尼奥作为自己的大臣。[Ⅰ]因为人的头脑有三种类型：[3]第一种类型靠自己就能够理解，[Ⅱ]另一种类型能够辨别其他人理解的事情，[Ⅲ]第三种类型既不能自己理解，也不能通过其他人来理解。[Ⅳ]第一种类型是最卓越的，第二种类型是较卓越的，第三种类型则是无益的。[Ⅴ]因此，必然可以这样说：如果潘多尔福不属于第一种品类，就属于第二种品类。因为尽管一个人自己缺乏创见，但如果他对于别人言行的是非善恶每次都具有辨别力，[Ⅵ]那么他就能够知道其大臣之作为的善恶，并褒扬善行，纠正恶行；大臣就别指望欺骗他，从而保持良善。

3. 但是，关于一位君主如何识别其大臣，这里有一种从不会出错的方式：如果你看到一位大臣想着他自己甚于想着

---

① 安东尼奥·达·韦纳弗罗（1459—1530），原为锡耶纳学院的法学教授，马基雅维利在其外交公函中多次提到过他。

② 这是马基雅维利第二次称彼得鲁奇为“锡耶纳的君主”（第一次是在本书第20章），《李维史论》称他为“锡耶纳的僭主”（III. 6）。

③ 这一说法的来源包括：赫西俄德（Hesiod, *Works and Days*, 293—297）、李维（Livy, XXII. 29）、西塞罗（Cicero, *Pro Cluentio*, 84. 31）等。

Ⅰ　观察并评判候选人。（厄尔巴岛时期）

Ⅱ　我手下这种人最多。（执政官时期）

Ⅲ　我不缺这种人；但这种人总是一副在才智上高人一等的样子。（厄尔巴岛时期）

Ⅳ　这是笨蛋和傻瓜。马基雅维利遗忘了思想僵化、拘泥于教条的人。（执政官时期）

Ⅴ　漏掉了第四种人，他们高傲地相信自己的做法是最好的。（厄尔巴岛时期）

Ⅵ　约瑟夫至少有这样的头脑。（皇帝时期）

你，并且在一切行动中只追求对他自己有好处的，那么，这个人就绝不是一个好的大臣；[Ⅰ]你绝不能信赖他，因为国家掌握在他的手里，他就绝不应该想着他自己，而应该始终想着君主，[Ⅱ]并且他绝不应该想起任何同君主无关的事情。[Ⅲ]另一方面，为了使他保持良善，君主应该想着大臣——给他荣誉〔名位〕，使他富贵，让他对自己感恩戴德，与他共享荣誉、分担重任；[Ⅳ]这样他就会看到，如果没有君主，他就站不住脚；如此多的荣誉使他别无所求，如此多的财富使他更无所欲，如此多的重任使他害怕变革。[Ⅴ]因此，当大臣们〔对其君主①〕以及君主们对其大臣如此相待时，他们就能够彼此信任；[Ⅵ]如果反之，结果对任何一方就总是有损害的。[Ⅶ]

① 按照"国家版"的注解和"人人文库版"英译本补充。

Ⅰ 要尽量让他无法顾及自己的利益，只能考虑你的利益。（执政官时期）

Ⅱ 不可能：这太严格了；但是，如果他为自己着想多于为我考虑，我会尽早看出来，然后采取措施。（执政官时期）

Ⅲ 就像他们在我的统治下掩饰自己的利益一样！（皇帝时期）

Ⅳ 毕竟他们不像我的大臣那样还有羞耻感。正直无私仍然存在于我的意大利王国。（皇帝时期）

Ⅴ 狡猾的家伙！今天他们学会了在各种政体的统治下充任要职，哪怕是最不相称的、最对立的政体。（厄尔巴岛时期）

Ⅵ 这条规则只在过去或法国以外的其他地方有用。（皇帝时期）

Ⅶ 谁会想到这种事竟然发生在我身上？我会弥补回来的。（厄尔巴岛时期）

第23章

以何种方式避开阿谀奉承者*

1. 我不想略而不谈一件重要的事情以及一种君主们很难防范自己不去犯下的错误，除非他们非常审慎或者做出很好的选择。① 这就是阿谀奉承者充斥宫廷；[Ⅰ]因为人们对自己的事务如此喜闻乐见，并且如此自欺欺人，以致他们很难防范这种瘟疫；并且，在试图防范的过程中，又会冒着被人蔑视的风险。[Ⅱ]因为一个人没有别的办法来提防阿谀奉承，除非人们知道他们对你讲真话不会得罪你；[Ⅲ]但是，当每个人都能对你讲真话的时候，[Ⅳ]他们就会缺乏对你的敬畏。因此，

---

* Quomodo adulatores sint fugiendi.

① 这是文艺复兴时期非常流行的一个论题（例如：More, *A Dyalogue of Comforte Agaynste Tribulacyon*, III. 10；Erasmus, *Institutio principis christiani,* II; Castiglione, *Il Cortegiano*, II. 18; Elyot, *The Gouernor,* II.14; Montaigne, *Essais,* III. 7; Bacon, *Essays,* XX, XXIII, XXVII）。

I　这是必然的；君主必定需要他们的奉承；但不能任自己沉溺其中，这才是难点。（皇帝时期）

II　如果他们没有如此夸张地赞扬我，人民就会以为我尚不如一介草民。（皇帝时期）

III　我愿意听取真话：但他们愿意讲吗？（执政官时期）

IV　有两三个人讲真话都已经太多了。（执政官时期）

一位审慎的君主必须采取第三种方式：在他的国家里选择一些明智的人，应该只赋予这些人对他讲真话的自由，并只就那些他询问的事情，而非其他任何事情。[Ⅰ]但是，他应当询问他们一切事情，[Ⅱ]并且听取他们的意见；然后，他应当独自按照自己的方式做出决定。[Ⅲ]对于这些顾问委员会及其每一个成员，他的行为方式要让每个人都认识到，谁愈是自由地畅所欲言，谁就愈受欢迎。除了这些人之外，他不应该再听任何人的意见；他应该推行已经决定的事情，并且对于自己的决定坚定不移。[Ⅳ]任何人如果不是如此，就要么被那些阿谀奉承者所毁，要么由于观点易变而频频变卦，[Ⅴ]从而导致不受人敬重。

2. 在这个方面，我想援引一个现代的例子。卢卡神父[①]，当今皇帝马克西米利安[②]的一位宠臣，在谈及皇帝陛下时说，他不征求任何人的意见，却又从未按照他自己的方式行事。[Ⅵ]这是由于他采取了与上述相反的策略，因为皇帝是一个

① 卢卡·里纳尔迪，马克西米利安皇帝的主教和大使，马基雅维利在1508年出使皇帝时认识他。

② 马克西米利安一世（1459—1519），1486年当选为神圣罗马帝国皇帝，但从未加冕。

Ⅰ 如果他们没有被询问就开口，那就要有所防备了。（执政官时期）

Ⅱ 太多了。（执政官时期）

Ⅲ 我不缺乏这种能力，我认为自己的方式很合适。（皇帝时期）

Ⅳ 我正是如此。（皇帝时期）

Ⅴ 加上当今的紧迫局势，这两种危险更加难以避免了；你们也看到了，这正是阿谀奉承者想要的结果。（厄尔巴岛时期）

Ⅵ 他有好的想法，尤其是他愿意与教皇建立平等共事的关系，甚至在处理宗教事务时也是如此，他还采用了最高祭司这个头衔；但是他没有我的力量和毅力。“如果上帝有两个儿子，那么第一个是教会，第二个是法国国王”，他止步于此，而我甚至不承认“如果”这个词。我要把欧洲所有的力量都给我的儿子，让他独自一人统治罗马教廷和整个帝国。（皇帝时期）

好守秘密的人，他既不与任何人沟通自己的计划，也不寻求关于它们的意见；但是，当这些计划付诸实施的时候，它们便开始为人所知晓和识别，并且开始受到他周围人的反对，[Ⅰ]而他又是一个拿不定主意的人，轻易就会放弃它们。[Ⅱ]由此导致，他头一天做的事情，第二天就被他自己推翻；谁也不理解他想要做什么或者计划做什么，并且没有人相信他的决定。①[Ⅲ]

3. 因此，一位君主应当始终征求意见，但应该是在他自己愿意的时候，[Ⅳ]而非在他人愿意的时候；相反，他应当让任何人都没有勇气向他就任何事情提出建议，除非是他〔主动〕就此咨询他们。[Ⅴ]但是，他应当是一位广泛的咨询者，并且对于他咨询的事情，他应当是一位耐心的真话聆听者；

① 马基雅维利对马克西米利安皇帝的类似描述，参见《德意志事务报告》、《论德意志事务及其皇帝》。在《德意志事务报告》中，他引用卢卡神父的话说："皇帝不征求任何人的意见，可整个世界都在向他提建议；他想亲手做每一件事，可没有一件事是以他自己的方式做成的。他在构思自己的秘密计划时，从不主动与人商议，可这些计划一旦开始执行而公开时，他就会被身边的人说服，撤销这些计划。许多人称赞他慷慨大度和平易近人的性格，可毁掉他的恰恰就是这两点"。

Ⅰ 敢于反对的人也很不幸！（皇帝时期）

Ⅱ 有好的想法，却没有坚定的意志。（皇帝时期）

Ⅲ 只有辅佐我的人清楚我的决定不可更改时，他们才能真正地辅佐我。（皇帝时期）

Ⅳ 已经安排好了：他们要事先考虑我的情绪，揣测我的意见，然后才给出建议。（皇帝时期）

Ⅴ 我知道如何彻底消除他们提建议的想法。（皇帝时期）

事实上，一旦他得知任何人出于任何原因，没有对他讲真话，他应该感到愠怒。[Ⅰ]很多人都认为，任何享有审慎名声的君主，其所以如此，不是由于他的天性，而是由于他周围有好的顾问；毫无疑问，他们误解了。[Ⅱ]因为这里有一条从不会出错的一般性规则[①]：一位君主如果不是本人明智的话，他就不可能很好地获得建议；除非碰运气（sorte），他把自己交托给单独一个人，由后者支配一切，而此人是一个非常审慎的人。[Ⅲ]在这种情况下，他可以坐享其成，但日子长不了，因为那个支配者很快就会篡夺他的国家。但是，当被征求意见的人不止一个时，[Ⅳ]一位君主如果不明智的话就肯定无法获得一致的建议，他自己也不知道如何把它们统一起来；他的顾问每个人都想着自己的利益，而他却不知道如何纠正或者识破他们。[Ⅴ]情况不可能是两样的，因为人们总是对你变得恶劣，除非某种必然性迫使他们变得良善。[Ⅵ]因此，

① “一条从不会出错的一般性规则”（una regola generale che non falla mai）这个短语也出现在第3章的末尾：“一条从不会出错或者极少出错的一般性规则”（una regola generale, la quale mai o di rado falla），参见第22章的短语：“从不会出错的方式”（modo che non falla mai）。

Ⅰ 马基雅维利太严格了，我比他更清楚自己周围的形势。（皇帝时期）

Ⅱ 这个看法总是有道理。我可以像路易十一那样说："我真正的议会在自己的脑子里"（Mon vrai conseil est dans ma tête）。（皇帝时期）

Ⅲ 如果我成为今天的路易十三；你们很快就会看到阿尔芒[黎塞留]正是另一个丕平。（皇帝时期）

Ⅳ 不应随便改变倾向。（皇帝时期）

Ⅴ 这一点已经得到证实。（厄尔巴岛时期）

Ⅵ 毋庸置疑的真理，仅凭这一点，大臣们和廷臣们就要极力让君主远离马基雅维利的书了。（厄尔巴岛时期）

可以得出这样的结论：良好的建议，无论来自哪里，肯定都产生于君主的审慎，而不是君主的审慎产生于良好的建议。[①] [Ⅰ]

① 本章探讨的是君主如何获得建议，关于君主的臣民以及共和国的公民应当如何给君主或城邦提供建议，参见《李维史论》，第3卷，第35章。

I　能够胜任统治的头脑在哪里？在地中海的一个小岛上。

（厄尔巴岛时期）

第 24 章
为什么意大利的君主们失去其王国*［Ⅰ］

1. 当前面提到的各项事情被审慎地遵守时，它们就能让一位新君主看起来如同古老的君主，并且马上让他在他的国家里更加安全、稳固，甚于他在那里成长为古老的君主。［Ⅱ］因为一位新君主的行动比一位世袭君主的行动更加受人关注；当这些行动被认为是有德能的时候，它们就会比古老的血脉身世更能赢得人心，［Ⅲ］更能让人们感恩戴德。因为人们更容易被当前的事情而不是过去的事情所吸引，［Ⅳ］只要他们觉得当前很好，他们就会满足于享受它而别无所求；事实上，只要一位新君主在关于自己的其他事情上没有过失，［Ⅴ］他们就会竭尽全力保卫他。［Ⅵ］这样，由于他创建了一个新的君主国，并且

* Cur Italiae principes regnum amiserunt. 曼斯菲尔德英译本和潘汉典中译本译为："意大利的君主们为什么丧失了他们的国家"。

I　最有意思的一章。（厄尔巴岛时期）

II　我已证明了这一点。（皇帝时期）

III　大部分的旧贵族对我表示出忠诚，这就说明旧的王朝几乎已经被遗忘。（皇帝时期）

IV　尤其是当我将财产归还给流亡者的时候，或者我为贫穷的小贵族带来财富的时候，还有我让富人有机会增加财富的时候。（皇帝时期）

V　他们指责我的错误，以便为他们对我的背叛寻找正当理由。（厄尔巴岛时期）

VI　我幸运地体验到了这些。（皇帝时期）

以良好的法律、军队[①]和范例使之增色和巩固，他就会获得加倍的荣耀；[I]反之，一个凭出身成为君主的人，如果由于缺乏审慎而失去他的国家，他就会蒙受加倍的耻辱。[II]

2. 如果考虑一下那些在我们这个时代里失去了他们国家的意大利的统治者，像那波利国王、米兰公爵[②]以及其他人，那么，我们在他们身上会发现，首先，由于前面详细讨论过的原因，他们的军队有一个共同的缺陷；其次，我们会看到，他们当中有些人要么为人民所敌视，[III]要么尽管人民对他们友好，但他们却不知道如何保护自己的安全免于大人物为患。[IV]如果没有这些缺陷，只要有足够的力量（nervo）让一支军队决战于疆场，他们就不会失去国家。[V]马其顿的腓力——不是亚历山大的父亲，而是被提图斯·昆克提乌斯打败的那个人——同攻击他的罗马人和希腊人的强大相比，不曾拥有一个强大的国家；然而，他是一个尚武之人，知道如何结好于人民、保护自己的安全免于大人物为患；[VI]因此，他对他

① 曼斯菲尔德英译本和潘汉典中译本此处还有“盟友”，依据“国家版”略去。

② 那波利国王是指阿拉贡的费代里戈（参见本书第40页注释①），米兰公爵是指洛多维科·斯福尔扎（参见本书第16页注释①）。

Ⅰ 这些荣耀我一应俱全。(皇帝时期)

Ⅱ 我不用考虑这个问题。(厄尔巴岛时期)

Ⅲ 只要被一部分人敌视就够了。(厄尔巴岛时期)

Ⅳ 有大人物在身边，要想免于其患是不可能的。(厄尔巴岛时期)

Ⅴ 没错；但如果我能部署……(厄尔巴岛时期)

Ⅵ 如果盟国再次集结，我会以最好的方式将他们一一歼灭。(厄尔巴岛时期)

们的那场战争维持了许多年，尽管最后他失去了对一些城市的统治，但他仍然保有了他的王国。① [Ⅰ]

3. 因此，我们的这些君主们，曾经享有其君主国许多年而后来失去了它们，他们不应该责难机运而应该责难自己的惰怠无能。② [Ⅱ] 在天气好的时候从不考虑可能出现的变化（在风和日丽的时候想不到暴风雨，这是人类共同的缺陷），[Ⅲ]

---

① 马其顿的腓力，指腓力五世（参见本书第 28 页注释②），马基雅维利对他的评论，参见《李维史论》，第 2 卷，第 4 章，第 3 卷，第 10、37 章；提图斯·昆克提乌斯（弗拉米尼努斯），公元前 198 年罗马执政官，他在公元前 197 年击败腓力五世，迫使他放弃希腊的领土，但仍保有马其顿王国。

② 参见《战争的技艺》第 7 卷结尾部分对意大利君主们的尖锐批评："在他们尝到阿尔卑斯山外人战争的打击之前，我们意大利的君主们习惯于相信，对一位君主来说懂得下面这些事情就足够了：如何在自己的书房里构思一份犀利的答复，如何撰写一封优美的书信，如何在自己的言行中显得机智、敏捷，如何编造一场骗局，如何饰以宝石和黄金，如何在起居饮食方面堂皇过人，如何在身边保有众多淫色，如何贪得无厌、傲慢自大地统治臣民，如何在闲适懒散中腐化堕落，如何在军队中以宠幸授予军职，如何鄙视任何可能向其展示值得赞赏之道的人士，如何想着使自己的演说成为神谕应答。这些可怜虫从未意识到自己正在成为任何向他们发起进攻者的砧上肉。正是从这里产生了 1494 年的巨大恐怖、突然逃亡和奇迹般的损失；由此，意大利三个非常强大的国家惨遭洗劫和毁坏"（第 236—237 句）。

Ⅰ 就算我同意放弃已经征服的国家，就算我遵守近来规定的种种限制，我永远都还是法国人的皇帝。（厄尔巴岛时期）

Ⅱ 他们不应抱怨没有得到机运的垂青。（厄尔巴岛时期）

Ⅲ 等着见证预言成真吧。现在他们身边的人都沉溺在欢歌笑语之中，心头产生一丝隐患都觉得自己是在杯弓蛇影。我甚至可以打赌，即便再见到我，他们仍然不愿意相信我回归的可能。他们本能的心境已经准备好见证我诱敌策略的奇迹了。（厄尔巴岛时期）

一旦恶劣的天气来临，他们就只想到逃跑而不是保护自己。[Ⅰ]他们指望他们的人民憎恨胜利者的欺压凌辱，从而召唤他们回来。[Ⅱ]如果没有其他的办法，这个策略是不错；但是由此而忽略其他补救办法，就大错特错了。因为，一个人绝不应该相信有人会搭救你而自甘倒台。无论这种事是否会发生，它都不会给你带来安全；因为这种防卫是下策，并且不是依靠你自己。[Ⅲ]只有那些依靠你自己和你的德能的防卫之道，才是有效的、可靠的、持久的。[Ⅳ]

Ⅰ 他们没有更多的时间防卫了。（厄尔巴岛时期）

Ⅱ 我会表现得像一个稳重、睿智、仁慈的君主。（厄尔巴岛时期）

Ⅲ 他们还有其他的盟国吗？我可以宽大处理，以彰显我的风度；另外，我会防范他们的行动。（厄尔巴岛时期）

Ⅳ 我一直都只依靠这些，以后也是一样。（厄尔巴岛时期）

第25章
机运在人类事务中有多大力量，可以以何种方式对抗她*

1. 我并非不知道，有许多人过去一直持有并且现在仍然持有这样一种意见，即世界上的事情是由机运（fortuna）和上帝支配的，人类不可能以他们的审慎加以纠正——事实上，根本没有补救办法；[Ⅰ]据此，他们可能会认为，人们不必在世事上费力劳神，而是任由运气（sorte）支配。这种意见在我们这个时代里尤为可信，因为我们已经看到并且现在每天都会看到，世事的巨大变迁远远出乎人类的预料。[Ⅱ]考虑到这种情况，我自己有时在一定程度上也倾向于他们的意见。然而，我们的自由意志不应被泯灭；我认为，如下的看法也许是真确的：机运是我们一半行动的主宰，但尽管如此她还

* Quantum fortuna in rebus humanis possit, et quomodo illi sit occurrendum.

Ⅰ 只适用于懒人或弱者。只要有才华和手段，最糟糕的机运也能被掌控。（厄尔巴岛时期）

Ⅱ 他可曾见过我促成的更多、更伟大的变迁？而我还能继续做到。（厄尔巴岛时期）

是留下了其余一半或者近乎一半由我们支配。[Ⅰ]并且，我把机运比作那些暴虐的河流之一，当它们狂怒时，[Ⅱ]淹没平原，毁坏树木和建筑，让土地从一处移到另一处；在它们面前人人奔逃，屈从于它们的肆虐，丝毫没有能力抗拒它们。尽管世事如此，但这并不意味着：风平浪静的时候，人们不能修筑堤坝与沟渠来做好防备，[Ⅲ]以便将来洪水高涨的时候，要么顺河道宣泄，要么就算其肆虐也不至于如此泛滥成灾。[Ⅳ]关于机运，情况同样如此：[Ⅴ]当德能没有准备好抵抗她时，机运就展现她的威力；[Ⅵ]她知道哪里还没有筑好沟渠和堤坝来控制她，她就在哪里肆行暴虐。如果您考虑一下意大利——它是这些变乱的发生地，也是这些变乱的根源[①]——您就会看到，它就像一个既没有沟渠也没有堤坝的旷野。如果它像德意志、西班牙和法兰西那样，过去有适当的德能加以防护，[Ⅶ]那么这种洪水要么不会像现今这样带来如此巨大的变乱，[Ⅷ]要么它根本就不会出现。[Ⅸ]

2. 关于一般性地谈论对抗机运的问题，我想谈这么多就

① 这里指意大利的四分五裂、相互倾轧引来法国和西班牙的入侵。

Ⅰ 圣奥古斯丁未能更好地阐述自由意志。我的意志已经征服了欧洲和大自然。（皇帝时期）

Ⅱ 这就是我的机运：这就是我自己。（皇帝时期）

Ⅲ 我不会给他们留出时间和便利。（皇帝时期）

Ⅳ 我的机运不会沦落至此。（皇帝时期）

Ⅴ 正如我敌人的机运。（皇帝时期）

Ⅵ 我始终准备好用自己的力量压服机运。（皇帝时期）

Ⅶ 以后会变成这样。（将军时期）

Ⅷ 但是会有其他的变乱。（将军时期）

Ⅸ 但愿你能看到今天的形势，知道我的计划！（将军时期）

足够了。[①][Ⅰ]但是，我想更具体地谈谈其特殊方面。[②]我要指出，我们可能看到某个君主今天兴旺昌盛，明天却走向毁灭，但根本没有看到他在天性或品性（natura o qualità）上有什么变化。[Ⅱ]我相信，之所以如此，首先是因为我在前面已经详细讨论过的那些原因；也就是说，一位君主如果完全依赖机运的话，当机运发生变化时他就会走向毁灭。[Ⅲ]此外，我还相信，一位君主如果他的行为处事方式（modo del procedere）适应时势特性（qualità de' tempi）的话，他就会成功；同样，如果他的行为与时势相悖的话，他就会失败。[Ⅳ]因为，我们看到，每个人在实现他们所追求之目的（fine）——亦即荣耀与财富——的事情上，采用的方式各不相同：有的小心谨慎，有的大胆果敢；有的依靠暴力，有的依靠技艺；有的依靠耐心，有的与此相反；每个人采用不同的方式达到各自的目的。[Ⅴ]我们还会看到，两个小心谨慎的人，一个实现了他的目的，另一个却没有；类似地，两个不同方式的人，一个小心谨慎，另

① 关于德能对抗机运，参见《李维史论》，第1卷，第1章，第2卷，第1、30章，第3卷，第31章；《战争的技艺》，第2卷，第313句。

② 本章以下部分，参见："佩鲁贾的奇思妙想"（书信121）；《李维史论》，第3卷，第9章。

Ⅰ 尽管你十分谨慎，但我还是猜到了你的意思，我会善加利用的。（将军时期）

Ⅱ 墨守成规的人实在可悲！（执政官时期）

Ⅲ 要懂得根据机运的变化而随之变通，但永远不要完全依赖她，就好像一切事情都能得到她的眷顾。（执政官时期）

Ⅳ 与人和善永远不会与时势相悖。（厄尔巴岛时期）

Ⅴ 只要还没有遭受挫折，就同时顺从自己的天性。（执政官时期）

一个大胆果敢，却同样都成功了。其原因不外乎是他们的行为处事是否顺应时势特性。[Ⅰ]由于我已经说过的原因，两个行动不同的人取得了同样的效果；两个行动相同的人，一个达到了目的，另一个却没有。盛衰变化亦取决于这一点：因为如果一个人以小心谨慎和耐心自制，并且时势与事态的发展表明他的自制是合适的，那么他就会取得成功；但是如果时势与事态变化了，他却没有改变他的行为处事方式，那么他就会毁灭。我们不可能发现一个人如此审慎，以致懂得如何使自己与此相适应，这既是因为他无法偏离天性驱使他走的道路，[Ⅱ]也是因为他在这条道路上始终亨通发达，无法被说服离开它。[Ⅲ]因此，一个小心谨慎的人到了需要采取大胆果敢行动的时候，却不知所措，[Ⅳ]那么他就会走向毁灭；而如果他能够随着时势和事态的发展改变自己的天性，[Ⅴ]那么机运是不会改变的。

3. 教皇尤利乌斯二世无论做什么事情都很大胆果敢，[Ⅵ]并且他发现时势与事态同他的行为处事方式是如此相符，以致他总是心想事成。请考虑一下在乔瓦尼·本蒂沃利奥大人还在世的时候，教皇对博洛尼亚发起的第一次〔进军〕事业。[①] 当时，

① 尤利乌斯二世对博洛尼亚的第一次进军是在1506年，属于他收复教皇领地的一系列军事行动之一，当时马基雅维利见证了这次胜利；尤利乌斯在1512年重新攻克博洛尼亚。

Ⅰ 行动必须以局势的需要为依据，最难的是在行动中不耗费自己的精力，这需要强大的人格。耗费极少的精力而成就大事，这就是我的伟大与灵活之处。（厄尔巴岛时期）

Ⅱ 这很难，但我会做到的。（厄尔巴岛时期）

Ⅲ 在赢得统治的过程中一帆风顺，就以为统治起来也会如此：这种想法足以让所有的政体毁灭。（厄尔巴岛时期）

Ⅳ 对此我有最坚定的信心：这是必不可少的。（厄尔巴岛时期）

Ⅴ 不可能，无论如何都不可能。（厄尔巴岛时期）

Ⅵ 我比教皇幸运得多，因为教皇曾经为了独占圣保罗的剑，把圣彼得的钥匙扔进了台伯河。（将军时期）

威尼斯人不愿意，西班牙国王也不愿意，而他同法国还在商谈这项事业。然而，由于他的勇猛和大胆果敢，他亲自发动远征。[Ⅰ]这一行动使得西班牙和威尼斯人举棋不定，[Ⅱ]后者是出于恐惧，而前者则是由于重新取得整个那波利王国的欲望。另一方面，他把法国国王拉到了自己这边来。因为法国国王看到尤利乌斯已经开始行动，而他希望教皇成为自己的盟友，以便降服威尼斯人，[Ⅲ]也就认为：除非公开得罪教皇，否则就不可能不给他提供军队。于是，尤利乌斯以他大胆果敢的行动完成了其他任何一位教皇以人类最充分的审慎都不能完成的事情。[Ⅳ]如果他像其他教皇那样，非要等到大局已定、一切就绪才离开罗马，[Ⅴ]那么他绝不会成功；因为法国国王会有一千条托辞，而其他的人[①] 会让他产生一千条忧惧。[Ⅵ]关于他的其他行动我就从略了，因为它们全都属于同一类型，并且全都很成功。他的生命短促[②] 使他没有相反的经历，[Ⅶ]因为如果时势流转到了他需要小心谨慎行事的时候，他的毁灭就会接踵而至：他绝不会放弃他的天性使他偏爱的那些方式。[Ⅷ]

---

① 指威尼斯人。

② 参见本书第 146 页注释②。

Ⅰ 我也采取过这种战术，但不是像他那样撞了大运，而是有目的地精打细算。（皇帝时期）

Ⅱ 如果我回去以后盟军再次集结，就需要在他们中间制造这种效果。（厄尔巴岛时期）

Ⅲ 想象一下，根据盟军的政治行动，他们身上也发生了相似的事情。（厄尔巴岛时期）

Ⅳ 大胆的行动经常是必要的，但行动必须通过周密计划。（厄尔巴岛时期）

Ⅴ 什么样的世俗国王才会带着这种迟钝而愚蠢的谨慎行动！（厄尔巴岛时期）

Ⅵ 如果我没有预防这些，人们就有理由说我不配统治。（厄尔巴岛时期）

Ⅶ 然而十年来，效仿他的方法给我带来了巨大的成功。马基雅维利应该说，尤利乌斯懂得如何以和约哄骗那些他想要进攻的势力。（执政官时期）

Ⅷ 如果总能以同一种方式取胜，而这种方式又与自己的性格相适应，我认为就有充分的理由将其继续下去，不过要掺杂一些外交上虚伪的克制。（厄尔巴岛时期）

4. 因此，我的结论是：当机运发生变化，而人们仍然顽固地坚持自己的方式时，如果它们协调一致，他们就会成功；如果它们不协调，他们就会失败。事实上，我这样认为：大胆果敢胜于小心谨慎，[Ⅰ]因为机运之神是一个女人，想要制服她，就必须打击她、压倒她。我们可以看到，她宁愿让大胆果敢的人而不是冷漠行事的人赢得。因此，同女人一样，机运始终是年轻人的朋友，[Ⅱ]因为他们不那么小心谨慎，却更加勇猛，能够更加大胆地支配她。

Ⅰ　说得好：我不断重复的经验告诉我，在这种事情上不能有一点踌躇。（厄尔巴岛时期）

Ⅱ　她已多次向我证明了这一点！但是，如果我年长些，我就不再依赖她的帮助了。赶快吧：在竞争中，她只会选择我。（厄尔巴岛时期）

第26章

劝谏夺取意大利，并将她从蛮族手中解放出来* [Ⅰ]

1. 因此，考虑了前面讨论过的所有事情，我不禁自问：当前，在意大利，时势是不是已经准备好给一位新君主授予荣誉，是不是有质料给某个审慎的、有德能的人提供了机会，让他引入某种形式，① 从而给他带来荣誉，并给这个地方的全体人民带来福祉；[Ⅱ]在我看来，如此之多的事情都有利于一位新君主，以致我不知道还有什么时候〔比现在〕更加顺天应人。[Ⅲ]而且，正如我所说，② 如果为了表现摩西的德能，必须使以色列人民在埃及遭受奴役，为了认识居鲁士精神的伟大，必须使波斯人受米底人压迫，为了认识忒修斯的卓越，必须使雅典人分散流离；那么，现在，为了展示一位意大利

---

* Exhortatio ad capessendam Italiam in libertatemque a barbaris vindicandam.

① 关于“质料”与“形式”，参见本书第68页注释②。

② 参见本书第6章。

Ⅰ 这是马基雅维利对罗马人说的，他心目中的蛮族主要是指法国人。相反，我要从意大利驱逐的蛮族是指奥地利和西班牙的王室，还有教皇，等等。（将军时期）

Ⅱ 非常了不起的计划，等着我去实现。如果意大利人像今天一样软弱，我也毫无办法；但是，我作为意大利人，又指挥着法国军队，意大利人将会在我的命令下向法国人学习，然后在军事行动中把他们取而代之。（将军时期）

Ⅲ 现在时机更加有利了，因为法国大革命的余波在意大利已经引起了政治动荡和思想骚乱。（将军时期）

豪杰(spirito)的德能，就必须使意大利沉沦到她当前所处的境地：比希伯来人更受奴役，比波斯人更受屈辱，比雅典人更加分散流离；既没有领袖，也没有秩序，受到打击，遭到掠夺，被分裂，被蹂躏，并且忍受了种种毁灭。[Ⅰ]

2. 虽然不久之前在某个人身上出现了一缕微光，我们也许可以认为，他是上帝派来赎救她〔意大利〕的；[Ⅱ]但是，后来我们看到，在他的行动登峰造极的时候，他被机运抛弃了。① 于是，她依旧了无生气，她在等待一个人能够让她的创伤愈合，结束对伦巴第的劫掠，以及对〔那波利〕王国和托斯卡纳的勒索，并且治愈她长期以来郁结的那些伤痛。[Ⅲ]我们可以看到，她如何祈求上帝派人来把她从那些蛮族的残酷与凌辱中拯救出来。[Ⅳ]我们还可以看到，她已经准备好并乐意追随这面旗帜，只要有人举起它。现在，我们看不到，除了在你显赫的家族之中，她还能找到什么人可以寄予希望；[Ⅴ]这个家族由于其机运和德能，得到上帝和教会的支持，如今是教会的君主，② 因此，可以担当救世的领袖。[Ⅵ]如果您想

① 当指切萨雷·博尔贾，参见本书第7章。

② 小洛伦佐的叔父乔瓦尼·德·美第奇在1513年成为教皇（利奥十世）。

Ⅰ 将其置于同样的境地，一个唯一的君权就会崛起。（将军时期）

Ⅱ 与我一样？不。（将军时期）

Ⅲ 那就是我：但是要拯救她，必须首先以我的利益为准，在她的伤口上燃起战火。（将军时期）

Ⅳ 我正是在利用这些蛮族来实现你的愿望。（将军时期）

Ⅴ 如果我也算这个家族的一员，那么确实如此。（将军时期）

Ⅵ 倒是可以担当，却无力完成使命。他的能力仅限于此。（将军时期）

起前面提到的那些人[①]的行动与生平，这件事就不是那么困难。[Ⅰ]而且，虽然那些人是稀世罕见的、令人惊奇的，[Ⅱ]但他们都是人，[Ⅲ]他们每个人拥有的机会都不如当前；因为他们的事业并不比这项事业更加正义、更加容易，上帝对他们并不比对你更加友好。这里有伟大的正义："对于那些迫不得已进行战争的人来说，战争是正义的；当除了拿起武器之外就毫无希望的时候，武器是神圣的"。[②]这里有非常伟大的意愿，而一旦有了伟大的意愿，只要你的家族把我推荐的那些人的方法[③]作为目标，这里就不存在巨大的困难。[Ⅳ]除此之外，这里还可以看到上帝创造的绝无先例的超常奇迹：大海分开了，云柱为你引路，磐石涌出泉水，吗哪自天而降；[④][Ⅴ]一切事物为你的伟大而同时出现，余下的事情必须由你自己去做。[Ⅵ]上帝不想

① 指摩西、居鲁士、忒修斯。

② 拉丁文引语，出自李维《自建城以来（罗马史）》："iustum enim est bellum quibus necessarium et pia arma ubi nulla nisi in armis spes est"（Livy, IX. 1）。这段引语同样见于《李维史论》（III. 12）和《佛罗伦萨史》（V. 8），不过，那里强调的是必然性而非正义性。

③ 参见本书第 13 章。

④ 以上神迹分别参见《旧约·出埃及记》14：21，13：21，17：6，16：4；"吗哪"指上帝赐的食物。

Ⅰ 但是，首先要有他们的力量，然后才能仿效他们的行动。（将军时期）

Ⅱ 洛伦佐并非如此。（将军时期）

Ⅲ 没有道理的逻辑；人和人也是不一样的。（将军时期）

Ⅳ 所有这些都有道理；但我看到最明显的是马基雅维利对于这项行动的极端热忱。（将军时期）

Ⅴ 所有这些神迹都为我重现，比为洛伦佐·德·美第奇出现的神迹更加真实。（执政官时期）

Ⅵ 他会做的。（执政官时期）

包办一切，这样就不至于剥夺我们的自由意志和属于我们的那部分荣耀。[Ⅰ]

3. 如果说前面提到的那些意大利人[①]从来没有哪个能够做到希望你显赫的家族要做的事情，如果说在意大利如此之多的革命和如此之多的战争实践中，她的军事德能似乎总是绝迹，那并不是一件令人惊奇的事情。这是由于她旧的秩序不好，而还没有人知道如何发现新的秩序；[Ⅱ]能给一个新近崛起之人带来如此之大荣誉的，莫过于他所发现的新的法律和新的秩序。[Ⅲ]只要这些事物已经奠定了良好的基础，并且自身有其伟大之处，它们就能够使他赢得敬畏和钦佩。[Ⅳ]在意大利，不缺乏需要引入各种形式的质料；[Ⅴ]在这里，只要头脑不缺乏德能，四肢就会有巨大的德能。要看到，在决斗中和少数人的搏斗中，意大利人在力量、灵活性和机智性方面是多么优异！[Ⅵ]但是，一到了军队他们就乏善可陈。这一切都是头脑的虚弱所致；因为人们拒不服从那些高明的人，而每个人都自认为高明，因为迄今为止没有一个人在德能和机运方面如此出类拔萃，以致其他的人都折服于

① 当指弗朗切斯科·斯福尔扎、切萨雷·博尔贾（参见本书第7章），可能也包括教皇尤利乌斯二世（参见本书第11章）。

Ⅰ 可以看出，马基雅维利想要参与其中：我实现了他的愿望，因为他为我提供了建议。（皇帝时期）

Ⅱ 我的制度已经在法国取得了光辉的成就，它们的成功是不可磨灭的。（执政官时期）

Ⅲ 我的战术就是我的发明；欧洲所有的统治者都为之折腰。（皇帝时期）

Ⅳ 我的发明已经在全欧洲赢得了加倍的致敬。（皇帝时期）

Ⅴ 鼓舞人心，千真万确。（将军时期）

Ⅵ 我也是，我是意大利人！我的对手只有法国人。（将军时期）

他。[Ⅰ]由此，在如此长的时间内，在过去二十年进行的如此多的战争中，只要一支军队全是意大利人，[Ⅱ]它就总是一败涂地。关于这一点，首先的证据是塔罗，其次是亚历山德里亚、卡普阿、热那亚、维拉、博洛尼亚和梅斯特雷〔诸战役〕。①

4. 因此，如果你显赫的家族想要追随那些拯救其地区的卓越人物的话，第一要务就是必须创建自己的军队，作为任何一项事业的真正基础；因为没有比他们更忠诚、更可靠、更出色的士兵了。而且，尽管他们每个人都是出色的，但当他们看到自己受到自己君主的统帅并由他授予荣誉〔名位〕

---

① 这七次战役发生的时间是：塔罗之役在1495年7月（塔罗河畔福尔诺沃，查理八世率领的8000法军对阵曼托瓦侯爵詹弗朗切斯科二世·贡扎加率领的3.4万意大利部队），亚历山德里亚之役在1499年8月（特里武尔齐奥率领的法军洗劫了位于米兰西南部塔纳罗河畔的亚历山德里亚），卡普阿之役在1501年7月（第二次入侵那波利王国期间，奥比尼率领的法军洗劫了卡普阿），热那亚之役在1507年4月（路易十二亲自指挥法国军队，镇压了起义，重新恢复了对热那亚的统治），维拉之役在1509年5月（参见本书第166页注释②），博洛尼亚之役在1511年（博洛尼亚人反叛教皇统治，迎进特里武尔齐奥率领的法军，教皇特使和教皇军逃走），梅斯特雷之役在1513年10月（反法“神圣同盟”军队在维琴察击败了投靠法国的威尼斯军队，此前他们还焚毁了梅斯特雷）。

Ⅰ 直到 18 世纪，这个百年难遇的人物才终于出现。（将军时期）

Ⅱ 除非事先与法国军队混合，否则意大利军队在我的麾下也不得力。（将军时期）

和提供给养时，他们会整个地更加出色。[Ⅰ]因此，为了能够运用意大利的德能（virtù italica）来保卫自己抵御外敌，必须为自己筹建这样的军队。[①] [Ⅱ]虽然瑞士人和西班牙步兵被认为是可怕的，但它们两者都有缺陷，因此，第三种类型〔的步兵〕[②] 不但能够对抗他们，而且有把握战胜他们。[Ⅲ]因为西班牙人不能抵抗骑兵，而瑞士人一旦在战斗中遇到同自己一样顽强的步兵，他们就不免感到害怕。因此，经验已经表明，并且将来还要表明，西班牙人不能抵抗法国骑兵，而瑞士人则被西班牙步兵所消灭。[Ⅳ]虽然后一种情形目前还没有看到整个经历，但是在拉韦纳战役[③] 中已经看出一个端倪：当时西班牙步兵正面对抗采取与瑞士人同样战术的德意志军团；西班牙人依凭身体的敏捷，借助小圆盾，突入德军之中，穿梭于长矛之下，安然地攻击德军，而后者全无补救办法；如果当

---

① 组建佛罗伦萨国民军是马基雅维利终生不渝的事业，不但这构成了他在出任佛罗伦萨共和国第二国务秘书期间的主要工作，而且此后他也从未放弃将其付诸实施的念头，利用一切著述机会表达他的主张并向当权者建言。

② 关于“第三种类型”（uno ordine terzo）的步兵，详见《战争的技艺》，第 2 卷。

③ 拉韦纳战役发生在 1512 年 4 月 11 日，参见本书第 18 页注释①。

Ⅰ 当我同时拥有意大利的军队与法国的军队，身兼法国的君主与意大利的君主时，还有什么我不会做的呢？（将军时期）

Ⅱ 他只提到了抵御外侮；但我还要征服他们，把他们变成我的子民。（将军时期）

Ⅲ 如今大炮的硝火已经让这一战略灰飞烟灭。这些所谓的战争艺术大师不过是稚童而已。（将军时期）

Ⅳ 今天应该仍是如此；只要有时机，我就会付诸实践。（将军时期）

时西班牙人没有受到骑兵的袭击，他们肯定会把德意志人全部消灭。因此，洞悉这两种类型的步兵的缺陷，我们就能够创建一种新型的军队，它既可以抵抗骑兵，又不用害怕步兵；要做到这一点，就得重建军队和改变秩序。[Ⅰ]这都属于那些重组之后便会给一位新君主带来声望和伟大的事物之列。[Ⅱ]

5. 因此，这个机会不应当错过，因为意大利在经过如此长时间之后，终于看到她的救星出现。[Ⅲ]我无法表达：在所有那些饱受外国蹂躏的地区，人们将怀着怎样的爱戴，带着报仇雪耻的渴望，执著多么顽强的信仰，抱着虔诚，含着热泪来欢迎他！什么门会对他关闭？哪些人民会拒绝服从他？怎样的嫉妒会反对他？哪个意大利人会拒绝效忠于他？蛮族的统治对于每个人来说都已臭不可闻。[Ⅳ]因此，请你显赫的家族担当起这个重任，带着从事正义的事业所具有的精神和希望，从而在他的旗帜下使我们的祖国日月重光，[Ⅴ]在他的庇佑下实现彼特拉克的格言：

德性向暴虐宣战，一旦拿起武器，
战斗就不会很长！

Ⅰ 这些都已经实现了。（将军时期）

Ⅱ 他们尚未掌握我战术中的诀窍，而我凭此取得的成就将远远超过洛伦佐。（将军时期）

Ⅲ 我将再次拯救她。（皇帝时期）

Ⅳ 在我的帮助下，所有这些预言都已实现。包括罗马在内，所有人都以归于我的帝国而自豪。（皇帝时期）

Ⅴ 只要对我无害，她就可以延续她的光辉。（皇帝时期）

因为古人的勇气，

在意大利人的心中至今没有消亡。[①] [I]

① 出自彼特拉克的名篇《我的意大利》，原文如下：

Virtù contro a furore

Prenderà l'arme, e fia el combatter corto;

Ché l'antico valore

Nell'italici cor non è ancor morto. (Petrarca, *Canzoniere* CXXVIII, *Italia mia*, 93-96)

I　多亏了我，她几乎整个地复活了；但我们要意识到，必须保持它们统一为一个国家，除非我打算摧毁法国、德意志和整个欧洲。（皇帝时期）

重要术语说明 *

国家（stato/ state）

按照著名学者赫克斯特的统计，“stato”（复数形式 stati）一词在《君主论》中出现了 115 次，分布于献辞和全书 26 章的 21 章当中。[①]

虽然在马基雅维利那里，“stato”还不能完全等同于“state”，但考虑到汉语中“国家”一词的语义足够丰富，也不像英语

---

* 拉塞尔 • 普赖斯（Russeil Price）在其“剑桥大学版”《君主论》英译本的附录 B 中对《君主论》的重要概念和术语做了详尽分析与说明，可资参考。

① 参见 J. H. Hexter, “*Il principe* and *lo stato*”, *Studies in the Renaissance*, Vol. 4, 1957, pp. 113-138；该文略有修订后收入作者的文集 *The Vision of Politics on the Eve of the Reformation*, London: Basic Books, 1973, pp. 150-178。论文中的统计数字是 114 次，收入文集后改为 115 次；他使用的版本是马佐尼和卡塞拉编辑本（*Tutte le opera ... di Niccolò Machiavelli*, Florence, 1929）。

中“state”那样有其复杂的概念流变史；所以，本书一律译为“国家”，即使在很多地方，翻译成“政权”、“领土”、“政府”等可能更晓畅可读。

需要注意的是，正如赫克斯特所说，《君主论》中的“国家”超过七成是与获取、保有、维持、夺走、失去（acquistare、tenere、mantenere、togliere、perdere）这五个动词以及类似的攫取性（exploitative）动词连用的，而且都用于被动语态或宾语。也就是说，《君主论》中的“国家”主要或者仅仅是君主用来操纵和攫取人民的一件工具、一种对人们发号施令的权力，而不是一种超越于组成它的个人之上的政治体。用曼斯菲尔德的话说，马基雅维利的“国家”还不是抽象的、中立的、非人格性的现代国家（modern state）。[①] 另外，还要注意马基雅维利笔下“国家”与“祖国”（patria/ fatherland，《君主论》全书共出现 8 次）的区分。

同时，考虑到在马基雅维利的时代，“政治”与“国家”这

① 参见 Harvey C. Mansfield, “On the Impersonality of the Modern State: A Comment on Machiavelli’s Use of *Stato*”, *American Political Science Review*, Vol. 77, 1983, pp. 849-857。

两个概念存在着较为严格的区分，[①] 所以，在一些旧译本中多译为“政治”的地方，本书坚持译为“国家”（比如，第3章中马基雅维利对鲁昂枢机主教安布瓦兹的回应“法国人不懂国家”；书信208中的自述“我只能谈论国家”）。事实上，作为名词的“政治”从未在马基雅维利的任何著作中出现过，而作为形容词或副词出现的“政治”（politico/ politicamente）总共只有10次，其中8次出现在《李维史论》中（还有2次分别出现在《外交文件集》和《论小洛伦佐去世后佛罗伦萨的政务》中）。[②]

德能（virtù/virtue）

《君主论》中“virtù”（“国家版”和“剑桥大学版”拼写为“virtú”）的译法，国内学术界存在很大分歧，除了“德”、“德性”、“美德”、“德行”这几个常见的译法外，尚有“能力”（潘汉典先生的译法，在个别与古典含义一致的地方，他

---

① 参见 Maurizio Viroli, *From Politics to Reason of State: The Acquisition and Transformation of the Language of Politics, 1250-1600*, Cambridge University Press, 1992（中译本见维罗里：《从善的政治到国家理由》，郑红译，吉林人民出版社，2011年）。

② 参见 J. H. Whitfield, “The Politics of Machiavelli”, *The Modern Language Review*, Vol. 50, 1955, pp. 433-443。

又译为“美德”、“德性”）、“才气”（周春生教授提出的译法，参见他的《马基雅维里思想研究》，上海三联书店，2008年）、“德行才干”（申彤先生在施特劳斯著《关于马基雅维里的思考》中译本中的译法，译林出版社，2003年）等译法。

本书凡是用于人的“virtù”一律译为“德能”（全书近70处，含3处“virtuoso”和1处“virtuosissimamente”），与申彤先生的译法相近；极少数与古典含义一致的地方，同时附注〔德性〕，一处表示技艺才能的地方（第21章），同时附注〔才能〕；另有一处（第15章结尾）译为“善行”（与全书唯一一处出现的“恶行”〔vizio〕相对）；全书结尾处彼特拉克的诗句中，“virtù”直接译为“德性”。极少数用于事物的“virtù”（比如，第6章开头、第14章开头），依据语境译出，并附注原文。[①]

① 关于马基雅维利笔下“virtù”的含义和用法，参见：Neal Wood, “Machiavelli’s Concept of Virtù Reconsidered”, *Political Studies*, Vol. 15, 1967, pp. 159-172; I. Hannaford, “Machiavelli’s Concept of Virtù in *The Prince* and *The Discourses* Reconsidered”, *Political Studies*, Vol. 20, 1972, pp. 185-189; John Plamenatz, “In Search of Machiavelli’s Virtù”, in Anthony Parel ed., *The Political Calculus: Essays on Machiavelli’s Philosophy*, University of Toronto Press, 1972, pp. 157-178; Russell Price, “The Senses of Virtú in Machiavelli”, *European Studies Review,* Vol. 3, 1973, pp. 315-345; Harvey C. Mansfield, *Machiavelli’s Virtue*, University of Chicago Press, 1996。

机运（fortuna/ fortune）

马基雅维利笔下的“fortuna”过去通常译为“命运”，本书接受徐卫翔教授的建议，一律译为“机运”(拟人化时译为“机运女神”，全书出现50余次，其中约17次与“德能”连用；但全书5处“privata fortuna”译为“平民运道”，1处“astuzia fortunate”译为“幸运的机巧”)，以突出其偶然性、流转性的面相。

《君主论》中偶尔出现的“sorte”（全书3处，英译本多译作“chance”)，其用法更加灵活，本书译为“运气”，并标注原文。此外，马基雅维利在其他著作中，也非常罕见地使用过“fatum/ fato”和“destino”。大致说来，他表达必然性的命运，用“fatum/ fato”、“destino”，有时也用“sorte”，其必然性的强度依次递减；表达盲目偶然的外在力量，用“fortuna”，极少数地方也用“sorte”。

在习称为“佩鲁贾的奇思妙想”的这封著名信件（书信121）中，马基雅维利密集地使用了“fortuna”（机运，也有组合词“好运”、“恶运”的译法）、“sorte”（运气）、“fati”（命运）以及“tempi”（时势）、“cielo”（上天）、“stele”（星宿）这几个指称控制或者影响我们生活的外在力量的概念，可以参照阅读。[①]

① 对于这些概念的辨析以及一般性的结论，参见 Thomas Flanagan, “The Concept of Fortuna in Machiavelli”, in Anthony Parel ed., *The Political Calculus: Essays on Machiavelli's Philosophy*, University of Toronto Press, 1972, pp. 127-156。

专名索引*

（按照汉语拼音排序，罗马数字为章节号，阿拉伯数字为段落号）

* 主要依据曼斯菲尔德英译本的索引编制而成，相关历史人物的简介参见本书对应的注释。

① 曼斯菲尔德英译本误作“哈米尔卡·巴卡”（Hamilcar Barca，卒年为公元前229年，汉尼拔的父亲），此处的哈米尔卡卒年为公元前309年。

参考文献

一、《君主论》的意大利文版

1. *Il Principe*, Edizione del centenario MDCCCCXXVII anno VI, a cura di Guido Mazzoni, Roma, 1927（潘汉典中译本的主要底本之一）

2. *De Principatibus*, a cura di Mario Casella, Roma, 1930（潘汉典中译本的主要底本之一和曼斯菲尔德英译本的主要底本，这个版本的本文也收入 *The Prince: A Bilingual Edition*, translated and edited by Mark Musa, New York: St. Martin's Press, 1964；简称：卡塞拉版）

3. Niccolò Machiavelli, *Opera*, a cura di Mario Bonfantini, Milano/ Napoli, 1954（潘汉典中译本的主要底本之一）

4. *Il Principe*, edited by L. Arthur Burd, Oxford: Clarendon

Press, 1891; 1968（简称“伯德编校本”）

5. *De principatibus*, a cura di Giorgio Inglese, Roma: Nella sede dell'Istituto, 1994（简称“因格莱塞版”）

6. *Il Principe*, a cura di Mario Martelli, corredo filologico a cura di Nicoletta Marcelli, Roma: Salerno, 2006（简称“国家版”）

二、《君主论》的英译本

1. *The Prince*, translated with Notes by George Bull, London: Penguin, 1961（简称“企鹅经典版”）

2. Machiavelli, *The Chief Works and Others*, translated by Allan Gilbert, Vol. 1, Durham: Duke University Press, 1965, 1989（简称“吉尔伯特英译本”）

3. *The Prince*, translated with Introduction and Notes by James B. Atkinson, Indianapolis: Bobbs—Merrill, 1976; Hackett Pub Co, 2008（简称“阿特金森注释本”）

4. *The Prince: A Norton Critical Edition*, edited and translated by Robert M. Adams, New York: Norton, 1977（简称“诺顿评论版”）

5. *The Prince*, translated with Introduction and Notes by Leo Paul S. de Alvarez, Prospect Heights: Waveland Press, 1980（简称“阿尔瓦热兹英译本”）

6. *The Prince*, translated and with an introduction by Harvey C. Mansfield, Chicago: University of Chicago Press, 1985; 2nd ed. , 1998（简称“曼斯菲尔德英译本”）

7. *The Prince,* edited by Quentin Skinner and Russell Price, translated by Russell Price, Cambridge: Cambridge University Press, 1988（简称“剑桥大学版”）

8. *The Prince*, edited and translated by David Wootton, Indianapolis: Hackett, 1995（简称“伍顿英译本”）

9. *The Prince and Other Political Writings*, edited and translated by Stephen J. Milner, Everyman's Library, 1995（简称“人人文库版”）

10. *The Prince*, edited and translated by Angelo M. Codevilla, New Haven: Yale University Press, 1997（简称“耶鲁大学版”）

11. *The Prince and Other Writings*, edited and translated by Wayne A. Rebhorn, New York: Barnes & Noble, 2003（简称“瑞布恩英译本”）

12. *The Prince*, edited and translated by Peter Bondanella, Oxford: Oxford University Press, 2005（简称“牛津经典版”）

13. *The Prince, With Related Documents*, edited and translated by William J. Connell, Bedford/St. Martin’s, 2005（简称“康奈尔英译本”）

14. *The Essential Writings of Machiavelli*, edited and translated by Peter Constantine, New York: Modern Library, 2007（简称“现代文库版”）

三、《君主论》的中译本

1. （马加维理）《霸术》，君朔（伍光建）译，商务印书馆 1925 年初版，1927 年再版，1935 年国难后 1 版（依据英译本节译，底本不详）。

2. （麦克维利）《横霸政治论》，曾纪蔚译，上海光华大学政学社，无出版日期（据推测为 1930 年；可能依据 N. H. Thomson 英译本译出）。

3. （马嘉佛利）《君》，张左企、陈汝衡译，中国文化学会印行，1934 年 6 月初版，1936 年 7 月再版（底本不详）。

4.（马加福利）《君王论》，刘成韶译，台北：译者自印，三民书店经销，1966 年（据推测依据 W. K. Marriott 英译本译出）。

5.（马基维利）《君主论》，何欣译，台北：国立编译馆，1966 年；此后多次重印、再版（依据 Luigi Ricci 英译本，参照 Thomas Bergin 英译本和 W. K. Marriott 英译本译出）。

6.（马嘉维里）《帝王术》，双山（王凡西）译，香港九龙：信达出版社，1969 年（依据 Ricci 英译本，参照 Marriott、Christian E. Detmold 和 George Bull 三种英译本译出）；大陆翻印本：《君王论》，译者署名为“惠泉”，湖南人民出版社，1987 年；海南出版社，1994/2001 年。

7.（马基维利）《君王论》，歆夫译，台北：实力出版社，1974、1975 年；台北：信江出版社，1976 年（底本不详）。

8.《君主论》，潘汉典译，商务印书馆，1985 年（单行本）、1986 年（汉译世界学术名著丛书）；收入《马基雅维利全集》，吉林出版集团，2013 年。

9.《君主论》，阎克文译，辽宁教育出版社，1998 年；台北：商务印书馆，1998 年；译林出版社，2012 年（依据 Allan Gilbert 英译本译出）。

10.《君主论》，高煜译，广西师范大学出版社，2002年（依据 Jacques Gohory 法译本译出）。

11.《君主论》，张志伟、梁辰、李秋零译，陕西人民出版社，2003、2006年（依据 Harvey C. Mansfield 英译本译出）。

12.《君主论》，沈路译，江苏文艺出版社，2010年（依据 Peter Bondanella 英译本译出）。

13.《君主论》，吕健忠译，新北市：暖暖书屋，2012年；中华书局，2014年（主要根据 J. G. Nichols，并参照 Marriott 和 Bondanella and Musa 英译本译出）。

14.《君主论》，郭俊义译，收入《马基雅维里政治著作选》，北京大学出版社，2013年（依据 David Wootton 英译本译出）。

四、关于马基雅维利的中文译著

1. 毛姆：《彼时此时：马基雅维利在伊莫拉》，孔祥立译，刘训练校，译林出版社，2013/2016年；《过去和现在》，童朝晖译，上海译文出版社，2016年。

2. 迈内克（梅尼克）：《马基雅维里主义——“国家理由”观念及其在现代史上的地位》，时殷弘译，商务印书馆，2008年。

3. 施特劳斯：《关于马基雅维里的思考》，申彤译，译林出版社，2003/2009 年。

4. 波考克：《马基雅维里时刻》，冯克利、傅乾译，译林出版社，2013 年。

5. 斯金纳：《近代政治思想的基础》，奚瑞森、亚方译，商务印书馆，2002 年 / 译林出版社，2011 年。

6. 斯金纳：《马基雅维里》，王锐生、张阳译，工人出版社，1985 年 / 中国社会科学出版社，1992 年；李永毅译，译林出版社，2014 年。

7. 曼斯菲尔德：《新的方式与制度——马基雅维利的〈论李维〉研究》，贺志刚译，华夏出版社，2009 年。

8. 盐野七生：《我的朋友马基维利——佛罗伦斯的兴亡》，沈宝庆译，台北：三民书局，1998 年；《我的朋友马基雅维利：佛罗伦萨的兴亡》，田建华、田建国译，中信出版社，2016 年。

9. 维罗利：《尼科洛的微笑：马基雅维里传》，段保良译，上海人民出版社，2008 年。

10. 阿尔瓦热兹：《马基雅维利的事业——〈君主论〉疏证》，贺志刚译，华东师范大学出版社，2009/2015 年。

11. 罗杰·玛斯特司（马斯特）：《佛罗伦斯水悠悠》，

李曾译，台北：新新闻文化事业公司，2001 年。

12. 迈克尔·怀特：《马基雅维里：一个被误解的人》，周春生译，东北师范大学出版社，2008 年。

13. 罗斯·金：《马基雅维利传》，刘学浩、霍伟桦译，刘训练校，译林出版社，2014 年。

14. 奥本海默：《马基雅维利传》，梁雪译，时代文艺出版社，2016 年。

15. 赖因哈特：《权力的艺术：马基雅维利评传》，刁承俊译，广西师范大学出版社，2016 年。

马基雅维利其他著作的摘录 *

§1

一个习惯于生活在君主统治下的民族，即便由于某种偶然获得自由，它维持这种自由也很困难（《李维史论》，第1卷第16章）

从各种古代历史的记载中可以读到无数的例子来证明：对于一个习惯于生活在君主统治下的民族来说，即便由于某种偶然获得自由，就像罗马在驱逐塔克文家族之后获得自由一样，它在此后保持这种自由也会遇到很大的困难……这个民族习惯于生活在他人的统治之下，不懂得如何来探讨公共的防御或进攻，既不

* 这些著作摘录的法文版与现代各种意大利文版和英译本在编排上和内容上略有出入，为了便于读者查对，在段落编排方面原则上以法文版为准，在文本内容方面原则上以现代意大利文版为准，但拿破仑的批注严格对应于相关内容。——中文版编者注

了解君主，也不被君主所了解；所以，它很快又回到了奴役之中……

任何人开始统治一群人，无论是通过自由的方式还是君主制的方式，如果不能保护自己对付那些敌视该新秩序的人，那么他所建立的国家就会很短命。[①]

因为在所有的共和国中——无论以何种方式组建之——得到最高统治职位的公民从不会超过四十人或五十人；因为这是一个小数目，所以保护自己免于其害是一件很容易的事情，要么除掉他们，[②] 要么让他们分享如此多的荣誉〔名位〕，以致根据他们的地位，他们多半会感到心满意足。[③] 对于其他人来说，只要活得安全就足够了，所以，通过设定既能确保普遍的安全又能确保他〔君主〕自身权力的秩序〔制度〕和法律，很容易就可以满足他们。如果一位君主做到了这一点，并且人民看到他没有因为任何意外事件而违反这些法律，那么，人民很快就会开始生活得安全和满足。有一个例子是法兰西王国，这个王国过着安全的生活，其原因无他，只是因为国王们受到无数法律的约束，而这些法律确保

① 我将认真遵循你的建议，好让我的国家长命不衰。（将军时期）

② 这可以是终身流放和流亡，或者至少是监视下的疏远。（将军时期）

③ 我可以在各方面给予他们慷慨大方的赏赐，我会任他们去偷拿抢夺，只要他们在这么做的时候稍微灵活应变些就行。（将军时期）

了其所有人民的安全。那个国家的创建者希望，国王们在军事和财务上可以按照自己的方式行事，但在其他所有事情上，他们只能按照法律规定的方式处置。[①]

§11

一个腐败的民族，即便获得自由，维持这种自由也极其困难（《李维史论》，第1卷第17章）

虽然罗马的这个例子优先于其他任何的例子，但我希望就此提出在我们这个时代众所周知的一些人民。为此我要说，任何意外事件，即使是严重的暴力事件，也不可能使米兰或那波利获得自由，因为其人民完全腐败了。这一点可以从菲利波·维斯孔蒂死后看出来，因为虽然米兰希望恢复自由，但是它没有能力也不知道如何维持自由。

****

在〔公民〕已经腐败的地方，制定得再好的法律也没有用处，除非这些法律已经由一个人付诸实施，而他可以使用一种极端

① 这真是碍手碍脚。不过，既然法律是自己规定的，只要装出遵守法律的样子，就可以随心所欲支配一切。（将军时期）

的暴力来确保它们得到遵守，以致质料〔公民〕也将会变好。[①]我不知道这是否曾经发生过，或者有无可能发生。因为，正如我刚刚说过，可以看到，一个由于质料〔公民〕的腐败而走向衰落的城邦，倘若能够东山再起，那也是由于一个那时尚活着的人的德能而不是由于普通民众的德能，还维持着那些好的秩序〔制度和法律〕；这个人一死，它马上就回归到先前的习性，就像在底比斯所发生的那样。底比斯由于埃帕米农达的德能，在他活着的时候，还能够保持共和国的诸种方式及其霸权，但他一死，就回归到它最初的混乱状态。[②]其原因在于，一个人不可能活得如此之久，以致有足够的时间把一个长期以来被教育坏的城邦教育好。如果一个活得很长的人，或者两个相继即位的、有德能的人，没有安排好它，那么，当他们不在的时候——如上面所说——它很快就会毁灭，除非他通过许多危险和许多流血使之重生。

因为这种腐败以及对自由生活的轻蔑态度，源自于那个城邦中存在的一种不平等；[③]要想使之变得平等，就必须使用极

① 这个角色很不错，但是它不能满足我的需求。（将军时期）

② 我得采取能让它更加稳定持久的方法。（将军时期）

③ 在法国，不平等永远不会消除。（将军时期）

为超常的手段，而这些手段只有少数人知道如何使用或者愿意使用。[①]

§III

在一位卓越的君主死后，一位软弱的君主尚可自保；但是，在一位软弱的君主死后再有一位软弱的君主，就不可能维持任何王国

（《李维史论》，第1卷第19章）

考虑到罗穆卢斯、努马和图卢斯这三位罗马最初的王的德能和行为处事方式，可以看出，罗马碰巧非常走运：第一位王极其勇猛好战，第二位王平和虔诚，第三位王和罗穆卢斯一样勇猛，并且热爱战争更甚于和平。因为在罗马必须在其最初的几位王中产生一位公民的生活方式的创建者，但是到后来，其他的王却非常有必要重新具备罗穆卢斯的德能，否则的话，那个城邦就会变得柔弱，并成为其邻邦的猎物。[②]

由此可以注意到，一个继任者就算不是和前任一样富有德能，

---

① 丹东和科洛、F...、科尔得利俱乐部所有成员找到了这些手段。但是，罗伯斯庇尔和他的雅各宾分子们打乱了时局，把一切弄得乱七八糟，他们故意错误地使用这些手段，让计划无法实现，共和之路也因此再不可行。（将军时期）

② 我的国家要永远保持战斗的血勇之气。（将军时期）

也会因为前任的德能而能够维持一个国家，[①]并能够享受其劳动成果；但是，如果他活得很长久，或者在他之后没有出现一个重新具备其前任之德能的继任者，那么该王国必然走向毁灭。[②]因此，反之，如果两个相继即位的人都拥有巨大的德能，那么往往就可以看到，他们成就了极其伟大的事业，并且名声震天。[③]

毫无疑问，大卫是一个在军事、学识和判断方面都非常卓越的人，他的德能如此之大，以致在打败了他所有的邻邦之后，[④]他给自己的儿子所罗门留下了一个和平的王国；对这个王国，所罗门能够通过和平的技艺而不是战争来维护，并且能够称心如意地享受其父亲的德能〔所带来的成果〕。但是，所罗门根本不可能把它留给自己的儿子罗波安，后者由于在德能方面不如其祖父，在机运方面不如其父亲，所以勉为其难地成为那个王国六分之一领土的继承者。

土耳其人的苏丹巴耶塞特热爱和平更甚于战争，但他能够享受他的父亲穆罕默德的劳动成果；后者如大卫一样，打败了他所

---

① 我儿子的命运就有了保障。（皇帝时期）

② 看着吧：我的荣耀将永世流传。（皇帝时期）

③ 不过，我的儿子会和我很像。我们时代的第一位罗马王将像古罗马时期的第一任罗马王一样万古流芳。（皇帝时期）

④ 能和这位《圣经》中记载的伟大君主有相似之处，无疑是我的光荣。（皇帝时期）

有的邻邦，给他的儿子留下了一个稳定的王国，以致他能够通过和平的技艺很容易地维护之。如果他〔巴耶塞特〕的儿子、目前的统治者塞利姆像他的父亲而不是他的祖父，那么那个王国就可能毁灭；但可以看到，他即将超过其祖父的荣耀。[①]

因此，通过这些例子，我要说，在一个卓越的君主死后，一位软弱的君主尚可自保；但是，在一位软弱的君主死后再有一位软弱的君主，就不可能维持任何王国；除非它确实像法兰西王国那样，该王国是靠其古老的秩序来维持的。那些不依靠战争的君主是软弱的。[②]

因此，通过这个讨论，我得出如下结论：罗穆卢斯的德能是如此之大，以致他能够给努马·蓬皮利乌斯以余地，使他可以通过和平的技艺统治罗马多年；但在他之后继位的是图卢斯，后者以其勇猛重新获得罗穆卢斯的声望；在他之后继位的是安库斯，凭借自然赋予的才能，他既能够利用和平又能够经受战争。[③] 一开始他坚持走和平路线，但很快他就发现那些邻邦认为他懦弱，因而轻视他；所以他认为，如果想要维持罗马，就必须转向战争，必须像罗穆卢斯，而不是像努马。

① 我根本不用担心王位合法继承的问题。（皇帝时期）

② 我向我的子孙后代强烈建议：要一直保持战争状态。（皇帝时期）

③ 这是我对儿子最大的期望。（皇帝时期）

所有执掌国家的君主都可以从中找到一个范例：像努马那样的君主能否保有那个国家，取决于他所处之时势或机运的流转；但像罗穆卢斯那样的君主，以及像他那样以审慎和军队武装起来的人，无论如何都能够保有它，除非一种顽强的、非凡的力量将其从他手中夺走。人们当然可以判断说，如果罗马碰巧遇到的第三位王不懂得如何用武力恢复其声望，那么罗马后来就绝不会或者只有克服极大的困难之后才能站稳脚跟，也不会产生它所取得的那些成效。因此，只要它生活在王的统治之下，就得承受这样的风险，即在一个软弱的或者恶劣的王的统治下走向毁灭。

§ IV

一位新君主在他所夺取的城邦或地区应当更新一切（《李维史论》，第1卷第26章）

任何人只要成为一个城邦或国家的君主，既然他是一位新君主，并且他的基础是如此之薄弱，以致无法通过王国或共和国的方式转向公民生活；那么，他保有君权的最好补救办法便是，在那个国家更新一切：也就是，在那些城邦中建立新的政府，赋予其新的名称、新的权力、新的人员；使富人变穷，使穷人变富，就像大卫在成为国王时所做的那样，“叫饥饿的得饱美食，叫富足的空手回去”;[①] 除此之外,建造新的城市,推倒已经建造的城市,将居民从一地对调至另一地;总而言之,不得让那个地区的任何事物保持原封不动,以确保那里一切权力、职位、地位或财富的持有者都得承认它来自于你;[②] 并以亚历山大之父、马其顿的腓力作为你的榜样,因为他通过这些方式,从一个小小的国王成为希腊的君主。记载他的人说,他将人们从一个地区迁移至另一个地区,就像牧人迁移自己的畜群。这些方式非常残酷,它们对立于任何一种生活方式,不仅包括基督教的,而且也包括人类的;任何人都应当躲避它们,宁愿做一介平民,也不愿当给人们带来如此毁灭的国王。[③] 然而,对于不希望选择第一条良善之路的人来说,如果想要维护自己的地位,就必须走上这条为非作恶之途。[④] 但是,由于不知道如何成为至恶或至善,有些人便采取某些非常有害的中间道路。[⑤]

---

① 我已诸事俱备,也满意于自己的所作所为。——他们什么都没做:金钱、权力、地位和底层大众,一切都落到了那些因为我才得到这些利益的人手中。在我回归时,这是最有利的形势!(厄尔巴岛时期)

② 他们全都得感激我。(厄尔巴岛时期)

③ 信教之人的顾忌。(将军时期)

④ 任何一个达到这个目的的人都值得称颂:伟大的人对统治的认识,难道会和一个特拉普苦修士一样狭窄片面?(执政官时期)

⑤ 若没有果敢的性格,就不适合统治国家。(皇帝时期)

§V

平民联合在一起是强大的，分散开来是弱小的（《李维史论》，第 1 卷第 57 章[①]）

当罗马人的祖国由于法兰西人[②]的入侵而发生毁灭时，许多罗马人违背元老院的法令和命令迁居维爱。为了补救他们违反命令的行径，元老院发布公告，命令每个人在特定的时间内并在接受某些惩罚的条件下回到罗马居住。一开始，这些公告受到了作为其发布对象的那些人的嘲笑；然后，当服从的期限临近时，所有人都服从了。[③]提图斯·李维说了这样的话："聚集在一起，他们是凶悍的；一旦落单，每个人都出于害怕而变得驯服"。确实，这段文本再好不过地展现了大众在这方面的本性。因为，大众往往在言语上大胆地反对其君主的决定；然后，一旦他们看到惩罚就在眼前，由于相互不信任，他们便争先恐后地服从。

---

① 法文版误作"第 52 章"，依据原著改正。——中文版编者注

② 马基雅维利如此称呼古老的高卢人。他说的没错，我在今天的法国人身上仍然能看到高卢人的身影。（将军时期）

③ 1792 年，流亡贵族没有回来，因为他们当时还指望着皮尔尼茨会议产生的结果。看看吧，当我后来把交易送到他们手上时，他们不也屈服并马上就回来了？朱安党人和其他叛乱分子根本不懂得采用我根据马基雅维利的这个评论采取的做法。（执政官时期）

因此，可以确定无疑地看到，对于人民所说的他们的性情是好是坏，你不必太当回事：只要在他们性情好的时候，你能够妥善安排使之保持；在他们性情不好的时候，你能够确保他们不会伤害你。这里所说的人民的不好性情是指，它们产生于某种其他原因，而不是由于他们失去了他们的自由或者失去了深受他们爱戴且仍然在世的君主。[①] 因为，产生于这些原因的不好性情比任何事物都要可怕，[②] 并且需要强有力的补救办法加以制约；其他的不好性情是容易对付的，只要他们还没有可以寻求庇护的首领。因为，一方面没有什么比一群不受约束且没有首领的大众更加可怕了，但另一方面也没有什么比之更加虚弱了；[③] 因为，尽管它有武器在手，但是很容易让它缴械投降，只要你有一处要塞可以逃脱第一轮攻击。[④] 因为，当人们的心情稍有平复，并且每个人都看到必须得回自己的家时，他们就开始怀疑自己，并考虑要么逃跑要么达成协议来保证自己的安全。因此，一群如此激动的大众，如果想要躲避这些危险，就必须立即从他们内部选出一个首领来

① 造成我的人民性情不好的最后这个原因是否不可破解？（皇帝时期）

② 世上谁都不知道它们是多么令我殚精竭虑。（皇帝时期）

③ 绝不要在他们面前害怕，你就能让他们感到害怕。（执政官时期）

④ 这是他们疏忽的地方；第一轮攻击结束后他们就茫然不知所措了。（厄尔巴岛时期）

规制他们，[①] 使他们团结起来，并思考自己的防卫。罗马平民就是这样做的，当时他们在维尔吉尼娅死后离开了罗马，并且为了保全自己，便在他们中间选出20名保民官。如果不这样做，他们身上总是会发生上文提图斯·李维所说的那种事：所有的人联合在一起是强大的，而一旦后来每个人开始考虑自己的安危，他就会变得怯懦和软弱。[②]

§VI

一个人的运道从卑微到显赫，使用欺诈甚于使用武力（《李维史论》，第2卷第13章）

我认为，极少有人或者从来没有人可以从低微的运道上升到显赫的职位既不使用武力，也不使用欺诈，这是千真万确的，尽管也有可能是其他人在获得那种职位后馈赠或者通过继承留给他们。我也相信，人们从来不觉得光光依靠武力就够了，但人们完全会觉得单单凭借欺诈就足够了。[③] 只要阅读一下马其顿的腓力、

---

① 要预防他们找到这样一个首领。（执政官时期）

② 在公共事务中，当我们用这样或那样的方法把人们相互孤立起来以后，没有一个人不是如此表现。（皇帝时期）

③ 要靠武力，也要靠欺诈，只是有时两者之间会有所偏重而已。（执政官时期）

西西里人阿伽托克勒斯以及其他许多类似的从低贱或卑微的运道获得一个王国或极大统治权的人的生平，就可以清楚地看到这一点。色诺芬在其关于居鲁士生平的著作中展现了这种欺骗的必要性，[①] 因为居鲁士对亚美尼亚国王的第一次远征充满欺诈，而他夺取亚美尼亚国王的王国也是靠欺骗，而不是靠武力。色诺芬从这种行为中只能得出一个结论，那就是一位君主要想做大事就必须学会欺骗。[②] 除此之外，他还让居鲁士用多种方式欺骗米底人的国王，也就是他的娘舅，居亚克萨勒；他表明，没有这种欺诈，居鲁士就不可能达到他所达到的那种伟大。

我相信，从来不曾有过被置于卑微运道的人获得很大的统治权，单单依靠公开的武力并且诚实无欺，[③] 但完全有可能单单依靠欺诈，就像焦万·加莱亚佐为了从他的叔叔贝尔纳博大人那里夺取伦巴第的国家和统治权所做的那样。[④]

君主们在发迹之初必须做的事情，共和国也必须做，直到它们变得强大，并且单单依靠武力就足够了。因为罗马在各个方面，或者基于命运或者出于选择，采取了一切为了达致伟大所必需的

① 上乘之作！（将军时期）

② 有人说马基雅维利的这条建议适用于所有人，这么说的人既自负又居心不良，难道所有人都能像我这样名震天下？（将军时期）

③ 不可能。（将军时期）

④ 历史，尤其是意大利的历史，给我提供了其他许多例子。（将军时期）

方式，所以它也没少用这种方式。最初的时候，它所使用的最大欺骗莫过于采取（我们在前面讨论过的）结交盟友的方式，因为在结盟的名义下，它使它们陷入被奴役的状态，拉丁人和周边的其他民族就是如此。因为一开始它利用它们的军队征服邻近的民族并为其国家赢得声望；然后，在征服它们之后，它变得如此发达，以致它能够打败任何人。拉丁人直到看到萨姆尼人两次被打败并受制于一项协议之后才发觉自己已完全被奴役。这场胜利使得罗马人在遥远的君主那里的声望大大提高，后者由此获悉的是罗马的而不是其军队的名声；这也引发了那些见过并领教过其军队的人的嫉妒和害怕，这其中就包括拉丁人。这种嫉妒和害怕是如此广泛，以致不仅拉丁人，而且罗马人在拉丁地区的殖民地，连同不久前受到罗马人保护的坎帕尼亚人一起，阴谋反对罗马的名声。拉丁人发动这场战争的方式是前面说过的大部分战争的发动方式：不是通过攻打罗马人，而是通过保护西狄基尼人抗击萨姆尼人，因为当时萨姆尼人经罗马人的允许正对西狄基尼人作战。①

确实，拉丁人发动战争是因为他们认识到了这种欺骗，提图斯·李维借拉丁人的长官安尼乌斯·塞提努斯之口表明了这一点，他在他们的会议上说了这样的话："因为即使现在在一项公平联

① 上面这些诡诈之术对我们来说非常有用；即便所有人都知道其中的内情，也总会有受骗者上钩。（将军时期）

盟的外表下，我们也在忍受奴役，云云。”

因此，可以看出，罗马人在他们发迹之初也少不了使用欺诈，这对于那些希望从低微的开端爬升到崇高职位的人来说总是必需的；并且它越是隐秘，就越是不应该受到谴责，罗马人的欺诈就是如此。

§VII

人们常常自欺欺人，相信凭借谦卑就可以战胜傲慢（《李维史论》，第2卷第14章）

常常可以看到，谦卑不但没有助益，反而带来损害，尤其是用它来对待那些出于嫉妒或者别的什么原因对你心怀仇恨的、傲慢无理的人。[①] 就罗马人与拉丁人之间这场战争的起因，我们的历史学家证明了这一点。因为，当萨姆尼人向罗马人抱怨拉丁人攻打他们的时候，罗马人不想阻挡拉丁人的这次战争，因为他们不愿激怒他们。这不但没有激怒他们，反而使他们变得更加大胆地来反对罗马人，并更快地暴露出他们的敌意。前面提到的那个拉丁人的长官安尼乌斯在同一次会议上所说的话便证明了这一

① 藐视、羞辱任何一个放肆之人，这条法则放诸四海而皆准。（执政官时期）

点，在那次会议上他说："你们通过拒绝派兵考验了他们的耐心，谁会怀疑他们对此不是勃然大怒？但他们忍受了这种伤害。他们得知我们正在部署军队反对他们的盟友萨姆尼人，却在罗马按兵不动。若不是意识到我们与他们实力相当，他们又为何如此克制？"通过这段文本可以很清楚地知道，罗马人的忍耐如何增长了拉丁人的狂妄自大。

因此，一位君主绝不应该降贵纡尊，也绝不应该自愿地放弃某物；要想体面地放弃它，除非是他能够——并且其他人也相信他能够——保有它。[①] 当事情发展到你不能以上述方式放弃它的地步时，让人凭借武力夺走它几乎总是要比由于害怕武力而任人夺走它更好些。[②] 因为，如果你由于害怕而任人夺走它，你这样做是为了避免战争，但绝大多数时候你还是避免不了战争；因为一旦你对那个人做出让步，并暴露你的怯懦，他非但不会停止，反而会想要夺走你的其他东西，并且会变本加厉地与你作对，因为他根本不把你放在眼里。另一方面，你会发现那些站在你一边的保护者更加冷淡，因为在他们看来，你是软弱可欺的或

① 我用全力抵抗了吗？在枫丹白露逊位的时候，我能否更加顽强地抵抗？（厄尔巴岛时期）

② 我根本不害怕别人的武力，而是希望接下来能收复自己的所有武力。（厄尔巴岛时期）

者怯懦胆小的。但是，如果你在对手的意图暴露后立即部署军队，就算这些军队不如你的对手，他也会开始敬重你；周边的其他君主也会更加敬重你：[①] 只要你做好武备，他们就会愿意援助你；但如果你自暴自弃，他们是绝不会援助你的。当你只有一个敌人时，这一点是适用的；但是，当你有多个敌人时，把你所拥有的某些东西给予其中一个，[②] 以便把他争取过来（即便已经宣战），并断绝他与其他结盟反对你的那些人的联系，这终究是一个审慎的策略。[③]

§ VIII

共和国或君主不对集体或个人受到的伤害进行报复会多么危险

（《李维史论》，第 2 卷第 28 章）

愤怒会让人干出什么事情来，这很容易从罗马人派遣法比乌斯三兄弟作为使者到法兰西人那里所发生的事情中得知。[④] 当时，法兰西人已经开始攻打托斯卡纳，具体说就是丘西。因为，在丘

① 平常而又普通的真理。（皇帝时期）

② 弱者的办法。（皇帝时期）

③ 当你有足够的实力将他们全部击溃、变成奴隶时，多一个或少一个敌人又有什么要紧？（皇帝时期）

④ 总是把高卢人说成法兰西人。（将军时期）

西人民向罗马寻求援助抵抗法兰西人后，罗马人派出使者到法兰西人那里，以罗马人民的名义向他们表明他们应当避免对托斯卡纳人作战。但是，由于这些使者身临其境，并且他们更适合于动手而不是动口，所以当法兰西人与托斯卡纳人开战时，他们冲到了前面与法兰西人战斗。由此产生的结果是，由于被法兰西人认了出来，他们便把对托斯卡纳人怀有的全部愤怒转向了罗马人。这种愤怒变得更大了，因为当法兰西人通过他们的使者向罗马元老院抱怨这种伤害，并要求将法比乌斯三兄弟交给他们作为这一损害的补偿时，罗马人不但没有把那三人交给他们或者以其他方式惩罚之；而且，在召开民众会议时，还让他们成为行使执政官权力的军团长官。

因此，当法兰西人看到那些本应受到惩罚的人却获得了荣誉〔名位〕，他们把所有这些都视为对他们的蔑视和羞辱。恼羞成怒之下，他们便向罗马发起进攻并占领了它，只剩下朱庇特神庙未被占领。[①]

罗马人的这次毁灭仅仅是因为不遵守正义。因为当他们的使者犯下“违反万民法”之罪本应受到惩罚的时候，他们却获得了荣誉〔名位〕。因此，必须记住，每个共和国、每个君主都应当

① 高卢人如今向他充分证明，人们不可能谋杀他们的大使而逍遥法外，巴瑟维尔之死可以成为可怕事件的借口。（将军时期）

重视〔避免〕实施类似的伤害，不仅是针对某个集体的伤害，而且也包括针对某个个人的伤害。因为，如果一个人受到公众或私人的重大侵害却没能实施报复得到补偿的话：如果他生活在一个共和国里，他会设法报复，哪怕导致那个共和国的毁灭；[①] 如果他生活在一位君主的统治之下，并且多少有些魄力，那么，在他对那个君主实施报复之前他是决不会善罢甘休的，哪怕他发现自己也会面临灭顶之灾。[②]

为了证明这一点，没有什么例子比亚历山大的父亲、马其顿国王腓力的例子更好、更真实了。在腓力的宫廷里有一个俊美的、出身高贵的青年，名叫波桑尼阿斯，一个与腓力关系密切的叫阿塔卢斯的重要人物喜欢上了他。阿塔卢斯多次试图让他满足自己的要求，却发现他反感这类事情，于是他便决定通过欺诈和暴力得到他觉得用其他办法得不到的东西。他举办了一场盛大的宴会，波桑尼阿斯和其他许多达官贵人应邀出席，在众人酒足饭饱之后，他让人把波桑尼阿斯抓住并捆绑起来，然后不仅凭暴力发泄了自己的色欲，而且更令人羞辱的是，他还让其他许多人以相同的方式侮辱了他。对于这种伤害，波桑尼阿斯多次向腓力抱怨，后者

① 夏绿蒂·科黛的复仇就产生了这个效果。（将军时期）

② 我也应该好好地利用这种片面的仇恨心理。有些人只知道冒犯，却不知道规避危险，甚至还给复仇者提供各种便利途径。（厄尔巴岛时期）

曾一度使他抱有会为他报仇的希望；可是后来，腓力非但没有为他报仇，反而擢升阿塔卢斯担任希腊某个行省的总督。[①] 于是，波桑尼阿斯在看到自己的仇人得到加封而没有受罚后，便将其全部的怒火不是投向曾经对他施加伤害的那个人，而是转向了没有替他报仇的腓力。在腓力为其女儿举行婚礼——他把她许配给了伊庇鲁斯国王亚历山大——的那个喜庆的早晨，当腓力在他的女婿和儿子两个亚历山大的陪同下前往神庙举行婚礼时，波桑尼阿斯杀死了他。

这个例子与罗马人的例子非常相似，值得所有的统治者注意。因为，任何统治者都绝不应当如此地轻视一个人，以致他会相信，当他在伤害之上又加伤害时，受到伤害的那个人不会想到为自己报仇，哪怕这会给他自己带来各种危险和特别的损害。

§ IX

当机运女神不希望人们阻碍她的计划时会蒙蔽人们的心智（《李维史论》，第 2 卷第 29 章）

只要好好地考虑一下人类事务是如何进展的，常常就会发现，一些事情的产生和意外事件的发生，是上天绝对不希望对它们进

① 我们可以看到许多这类的错误。（厄尔巴岛时期）

行预防的。[①]

如果我说在罗马（在这里有如此大的德能、如此虔诚的信仰以及如此良好的秩序）发生了这种事情，那么它们会更频繁地发生在缺乏上述事物的城邦或地区，也就没有什么好惊奇了。因为这一插曲对于说明上天在人类事务中的力量非常有用，所以提图斯·李维以非常有力的字句详尽地阐述了它……当提图斯·李维说了上述所有这些混乱之后，得出结论说："当机运女神不希望其强大的力量受阻时，她会蒙蔽人的心智到这样一种程度"。

没有什么比这个结论更真确了。因此，通常处于大不幸或大幸运境况下的人们不值得过多的赞扬或指责。[②]因为大多数时候会看到，那些人之所以走向毁灭或者变得伟大，是因为上天赐予他们的某种巨大便利给予或者剥夺了他们成功地〔富有德能地〕采取行动的机会。[③]

机运女神非常善于此道，当她希望完成伟大的事业时，她所选择的那个人将具有如此大的勇气和如此大的德能，以便他可以认识到她带给他的那些机会。[④] 因此，以同样的方式，当她希望

① 这个原因可以为我的回归做出解释和辩白。（厄尔巴岛时期）

② 没有经历过逆境的人就没有资格。（执政官时期）

③ 在我拥有了便利之后，上天就要如此残酷地夺走我的机会吗？（厄尔巴岛时期）

④ 我曾光荣地证明了她的选择。（厄尔巴岛时期）

实现重大的毁灭时，她就挑选那些会助成这种毁灭的人。[①] 如果有人可能抗拒这种毁灭，她就要么杀死他，要么剥夺他顺利行动的一切手段。[②]

这是极其真实的：人类能够顺从机运女神，却不能对抗她；能够编织她的纱线，却不能折断它们。但是，他们永远不应该放弃，因为，既然他们不知道机运女神的意图，而她走的道路迂回曲折且不为人所知，那么，他们应该始终抱有希望，既然有希望就不应该放弃，无论他们处于何种运道，无论他们遭遇什么样的艰难困苦。[③]

§ X

不可伤害一个人在先，然后又把重要的职务或指挥权交给他（《李维史论》，第 3 卷第 17 章）

共和国千万要注意，不要把任何重要的职务交给某个曾经被其他人严重伤害过的人。

克劳狄乌斯·尼禄离开他抵抗汉尼拔的大军，率领一部分人

① 这给了我宽慰。（厄尔巴岛时期）

② 我希望他们会落到这个地步。（厄尔巴岛时期）

③ 在让人烦恼的十二月份后，希望并没有把我抛弃，它日渐明晰起来。（厄尔巴岛时期）

马前往马尔凯与另一位执政官会合，以便在哈斯德鲁巴与汉尼拔会合之前与他作战，以前他曾在西班牙与哈斯德鲁巴交过手。当时，尼禄率军把哈斯德鲁巴围困在一个地方，以致后者必须要么在不利的情况下出战，要么就得饿死。哈斯德鲁巴机巧地利用某些达成一项协议的谈判拖住了他，直到成功逃脱，使他失去了击垮自己的机会。这件事在罗马传开以后，他在元老院和人民当中受到很大的指控，并且整个城邦都在咒骂他，让他蒙受奇耻大辱。后来他当选为执政官，并被派去抗击汉尼拔，他便采取了上述策略，这一策略非常危险。所以，罗马上上下下全都忐忑不安、惊魂未定，直到哈斯德鲁巴被打败的消息传来。当后来克劳狄乌斯被问到出于什么原因采取那么危险的策略——在那种情况下，如果不是迫于极端的必然性，他几乎是在拿罗马的自由冒险——时；他回答说，他这样做是因为他知道，如果他成功了，他就可以重新获得他在西班牙失去的荣耀；而如果他没有成功，如果他的这个策略取得了相反的结果，他知道，他就可以报复这个城邦和那些公民，因为他们曾经如此忘恩负义地和轻率地伤害过他。[①]

如果说这类伤害所引发的激情，在罗马尚未腐败的时候就能对一个罗马公民产生如此大的影响，那么就应该想到，它们对于另一个不像那时的罗马那样组建的城邦的公民来说会产生多么大

① 我也会这么做。（执政官时期）

的影响。[①] 因为对共和国里出现的这类弊病不能提出一条确定的补救办法，所以也就不可能创建一个永久的共和国，因为有成千上万意想不到的原因可以导致它的毁灭。[②]

§ XI

为什么从过去到现在法兰西人一直都被认为在战斗开始时勇猛无比，而随后却连女人都不如（《李维史论》，第 3 卷第 36 章）

那个在阿尼奥河畔向罗马人挑衅，要求与之单打独斗的法兰西人[③] 的勇猛，以及后来他与提图斯·曼利乌斯之间的战斗，让我想起提图斯·李维多次说过的话：法兰西人在战斗开始时勇猛无比，比男人还男人；而随着战斗的继续，他们开始变得连女人都不如。在思考这种现象缘何产生时，许多人都认为这是他们的天性使然，我相信这是正确的；但并不能由此就认为，使他们在开始时勇猛无比的天性，不能通过技艺加以训练，使他们保持勇猛直到战斗结束。[④]

为了证明这一点，我说军队有三种类型：一种是激情四射且

---

① 希望和信赖的强大动机。（厄尔巴岛时期）

② 不算上我；他们的督政府共和国只等着我去终结。（将军时期）

③ 高卢人。（将军时期）

④ 我把这套训练运用得出神入化。（将军时期）

纪律严明（因为由纪律产生出激情和德能）的军队，比如罗马人的军队。从他们的全部历史中可以看到，那支军队有良好的纪律，而这种纪律是由一种长期坚持的军事训练引入的。因为在一支秩序良好〔纪律严明〕的军队中，若非根据命令，任何人都不得采取任何行动；因其如此，可以发现，在罗马的军队（既然这支军队征服了世界，那么其他所有的军队都应该以之为榜样）中如果没有执政官的命令，士兵们就不吃、不睡、不找乐子，不进行任何军事的或私人的行动。

那些做不到这一点的军队就不是真正的军队，即使它们有某些良好的表现，那也是因为激情和大胆，而不是因为德能。但是，如果具备训练有素的德能，以适当的方式并且在适当的时机利用它的激情，那么任何困难都打不倒它，也不能使它失去勇气；因为良好的纪律能够振奋他们的勇气和激情，而勇气和激情的动力来自于胜利的希望，只要纪律依然保持严明，这种希望就永远都存在。

相反的情形发生于那些有激情而无纪律的军队，就像法兰西人，他们在战斗中逐渐败退。[①] 因为，由于他们的第一轮攻击未

① 在马基雅维利和罗马人的时代，这说的没错。但是，我们已经向意大利人充分证明，他们的祖先甚至还比不上今天的法兰西人。（将军时期）

能克敌制胜，并且他们所寄望的激情没有得到一种训练有素的德能的维持，而他们除此之外就没有什么可以信赖了，于是随着那种激情的消退，他们最终败退。相反，罗马人由于有良好的纪律而不那么害怕危险，并且他们始终对胜利坚信不疑，因此，他们在战斗的开始和结束时都保持着相同的勇气和相同的德能，坚定而顽强地作战；事实上，在战斗的激励下，他们总是愈战愈勇。[①]

第三种类型的军队既没有天生的激情，也没有后天的纪律，正如我们这个时代的意大利军队：它们全无用处；除非遇到一支由于某种意外而逃跑的军队，否则它们永远都不会取胜。不必举其他的例子，人们每天都会看到它们是如何表现出毫无德能的。

为了使每个人都能够通过提图斯·李维的证据理解一支优秀的军队应当如何造就而一支糟糕的军队是如何形成的，我想引述帕皮里乌斯·库尔索尔在想要惩罚骑兵长官法比乌斯时说的一番话，他是这样说的："人们不再尊敬任何人和诸神，不遵守指挥官的命令和鸟占征兆；士兵们不经批准便在被征服的土地上和敌对的地区四处游荡；他们忘记了誓言，只要他们愿意，他们擅离职守，临阵脱逃；即使下了命令也不按命令集结，不管白天还是夜晚、地形有利还是不利，他们都违抗指挥官的命令出战；不注意指令和队列；这支军队，不是庄严而神圣的，而是盲目的和无

① 这就是今天的法兰西人。（将军时期）

组织的，像一帮土匪”。因此，通过这段文本很容易就可以看出，我们这个时代的军队是盲目的和无组织的，还是神圣而庄严的；它离像那种可以称得上一支军队的军队还有多大的差距，以及离像罗马人那样激情四射且纪律严明的军队或者像法兰西人那样只有激情的军队还多么遥远。①

§ XII②

论法国人的天性③

法国人太过关注眼前的利害得失，以致他们记不得多少过去的伤害与恩惠；也不在意未来是好是坏。

对法国人而言，最初达成的协议总是最好的。

尽管他们可能不能对你做什么有益的事，但这并不妨碍他们许诺可以做到。然而，当他们有能力做到时，却做起来极为勉强，甚或根本不做。

---

① 已是过去。（将军时期）

② 本文的法文版与意大利“国家版”在文本句序的编排上有很大出入，此处按“国家版”编排。——中文版编者注

③ 这就是不好的一面。在精神上，他们现在和将来总是一成不变。童年时期读到这一章时，我就鄙视他们，他们也证明了自己的确可鄙。（厄尔巴岛时期）

法国人运道不好时最为谦卑，运道好时最为傲慢。

与其说他们审慎，不如说他们吝啬。

他们会用武力来修补漏洞百出的计划。

对别人的评论，不管是口头的还是笔头的，他们都置若罔闻。

他们喜爱金钱甚于流血。

他们的慷慨只表现在大庭广众之下。

凯旋的法国人总是蒙国王青睐，而吃了败仗的人则不受待见。

因此，无论是谁，在卷入一场战事之前，必定要先掂量好是否能赢，结果是否能取悦国王。瓦伦蒂诺深谙此道，故麾师挺进佛罗伦萨。

在涉及第三方事务上，某一廷臣或绅士与国王的意见冲突，那么将会有两种结局：若他受到国王恩宠，将免于挨罚，但必须顺从；若不受恩宠，那他必须离开朝廷四个月。这让我们两次失去比萨：第一次发生在昂特拉克据有城堡时；第二次则发生在法国部队进军比萨时。

任何人想在法国宫廷里把事办成，必须腰缠万贯，孜孜不倦，还得有好运。

法国人收到别人求助的邀请时，他们首先会考虑回报如何。

和意大利的绅士不一样，他们通常不太在意荣誉。他们派人到锡耶纳索要蒙特普尔恰诺镇却为人所拒，这虽然是丢脸面的事情，却并不使他们感到非常难为情。

他们反复无常，而且漫不经心。

他们有着胜利者的沾沾自喜。

他们是拉丁语和罗马名望的敌人。

意大利人在法国宫廷中会过得很不愉快，除非他已经没什么可以指望，也没什么可以损失。

§ XIII

法兰西事务概览（片段）

法国人天性勇猛多于矫健、敏捷；只要有效地抵挡住他们暴风骤雨般的第一轮攻击，他们便松懈下来，热情不再，变得像女人一样胆怯。

他们既不耐劳，也无法适应不便，并且很快就变得疏忽职守，因此，让他们陷入混乱，进而打败他们，并不困难……因此，无论谁想要打败法军，都必须小心他们的第一轮攻击，只要能将他们困住一段时间，就可以稳操胜券。恺撒因此形容道：法国人一开始比男人还男人，到最后却比女人更女人。①

① 不管怎样，他们已经完全改头换面了；而且，他们还能得到进步，这得归功于我。（皇帝时期）

法国人天性上垂涎他人的财货；他们挥霍起他人的财货来就像挥霍自己的一样大手大脚。因此，法国人急切地抢劫，抢劫之后就将赃物吃掉或用掉，甚至会与被他抢劫的人一起来享用。这和西班牙人的天性完全不一样，后者把东西抢到手之后，就再也不会让你看到这些东西哪里去了。

法国的人民最为顺从、听话，对自己的国王极为爱戴。[①]

§ XIV

卢卡领主卡斯特鲁乔·卡斯特拉卡尼传（片段）

卡斯特鲁乔看到，战斗仍在继续，而他的部下和敌人都已经精疲力竭，而且双方死伤惨重，于是便派出另一支 5 千人的步兵紧挨着正在战斗的战友后面排开，并命令前面的人分散开，装出一幅要撤退逃跑的样子，一半的人向右，一半的人向左。[②] 这一策略使佛罗伦萨人获得一些向前突进和占领阵地的空间。但是，他们疲惫不堪的士兵与卡斯特鲁乔新补充的部队交上了手，用不了多久他们又被逼回到河中。

---

① 这一点更值得称颂而不是指责。我们只需把他们身上受人诟病的地方引导到对自己有利的方向上去就行了。（执政官时期）

② 我的后备师可用的一条绝佳战术。（将军时期）

他常说：人应当尝试一切事情，无所畏惧；上帝也喜欢强者，因为我们看到，他总是借强者之手来惩罚弱者。①

卡斯特鲁乔处死了一位曾是他得力助手的卢卡公民，有人说他杀死自己的老朋友是错误的，他回应说，他们这是在自欺欺人，因为他杀死的是一个新敌人。②

① 当人自认为是最强的一方时，就觉得上帝也肯定站在自己这边；只要他一直掌握权力，人民就对此深信不疑。（执政官时期）

② 那些曾经帮助我崛起的人，他们不就是这样吗？一位君主应当知道，只有眼下对他有用的、暂时的朋友，在当前和未来的危险到来之前，把一切多愁善感的记忆掩藏起来。（执政官时期）

马基雅维利政治学基本原理概要

摘录自各种著作

（存目）

§ I　论城邦的基础

§ II　论宗教

§ III　论各种不同的政府形式

§ IV　论腐败及其补救办法

§ V　论政府应当如何应对外国政府

§ VI　论普通民众的性格

§ VII　论公共经济学

马基雅维利大事年表

1469 年

5 月 3 日，尼科洛·马基雅维利出生于佛罗伦萨。

12 月，“痛风者”皮耶罗去世，他的儿子洛伦佐·德·美第奇开始在佛罗伦萨掌权。

1478 年

4 月 26 日，“帕齐阴谋”，洛伦佐的弟弟朱利亚诺·德·美第奇遇刺身亡。

教皇西克斯图斯四世与佛罗伦萨交恶，那波利国王对佛罗伦萨宣战。

1479 年

12 月，洛伦佐前往那波利，寻求和平，并于次年 3 月达成和平归来。

1490 年

萨沃纳罗拉来到佛罗伦萨传道，并于次年成为圣马可修道院院长。

1492 年

4 月 8 日，“宽宏者”洛伦佐去世，他的儿子皮耶罗·德·美第奇开始掌权。

8 月 11 日，教皇亚历山大六世就任。

1494 年

9 月，法国国王查理八世入侵意大利。

11 月，美第奇政权被推翻，“不幸者”皮耶罗流亡。

1498 年

4 月 8 日，萨沃纳罗拉被捕，5 月 23 日被处死后焚尸。

6 月 19 日，被“大议会”任命为佛罗伦萨共和国第二秘书厅秘书长（第二国务秘书）。

7 月 14 日，被任命为“战争十人委员会”（“自由与和平十人委员会”）秘书。

12 月和次年 3 月，出使皮翁比诺领主亚科波·阿皮亚诺，此为马基雅维利一系列外交出访之开端。

1499 年

7 月，出使弗利的伯爵夫人卡泰丽娜·斯福尔扎·里亚里奥。

9 月，前一年登上王位的法国国王路易十二入侵意大利，占领米兰。

11 月，切萨雷·博尔贾开始在罗马涅作战，攻取伊莫拉和弗利等地。

1500 年

5 月 10 日，父亲贝尔纳多去世。

6 月，路易十二答应派出军队协助佛罗伦萨夺取比萨，马基雅维利被派往比萨前线。

7—11 月，第一次出使法国国王路易十二的宫廷。

1501 年

8 月，与玛丽埃塔・科尔西尼结婚。

多次被派往佛罗伦萨的属地皮斯托亚处理该城的内乱。

1502 年

2 月，再次被派往皮斯托亚。

5 月，出使博洛尼亚领主乔瓦尼・本蒂沃利奥。

6 月，陪同沃尔泰拉主教弗朗切斯科・索德里尼出使切萨雷・博尔贾。

8—9 月，被派往佛罗伦萨的属地阿雷佐，该城和基亚纳谷地在切萨雷・博尔贾的支持下，反叛佛罗伦萨。

9 月，皮耶罗・索德里尼当选为佛罗伦萨“终身正义旗手”。

10 月至次年 1 月，第二次出使切萨雷・博尔贾，随军在罗马涅各处流动。

12 月，随切萨雷・博尔贾至切塞纳和塞尼加利亚。

1503 年

4 月，第一次出使锡耶纳领主潘多尔福・彼得鲁奇。

8 月 18 日，教皇亚历山大六世去世，10 月 18 日，刚刚当选的教皇庇护三世去世。

10—12 月，第一次出使罗马教廷，报告尤利乌斯二世当选教皇。

1504 年

1—3 月，第二次出使法国宫廷。

4 月，第二次出使皮翁比诺领主亚科波・阿皮亚诺。

11 月，创作《十年纪》（第一），题献给阿拉曼诺・萨尔维亚蒂。

1505年

4月，出使佩鲁贾领主詹保罗·巴廖尼。

5月，出使曼托瓦侯爵弗朗切斯科·贡扎加。

7月，第二次出使锡耶纳领主潘多尔福·彼得鲁奇。

8月，被派往比萨前线。

1506年

8—10月，第二次出使教廷；随尤利乌斯二世自维泰博至奥维多、佩鲁贾、乌尔比诺、切塞纳及伊莫拉。

12月6日，他提出的建立国民军法案在“八十人会议”和“大议会”获得通过。

1507年

1月，出任新成立的“国民军九人委员会”秘书。

4月，路易十二再次入侵意大利，神圣罗马帝国皇帝马克西米利安也意欲南下意大利。

8月，出使锡耶纳会见教皇特使。

12月至次年6月，出使皇帝马克西米利安的宫廷，期间结识韦托里。

1508年

8月，被派往比萨前线。

12月10日，反威尼斯的“康布雷联盟”成立，成员包括神圣罗马帝国、法国和西班牙。

1509年

4—6月，深入比萨前线；6月8日，比萨投降。

5 月 14 日，威尼斯在阿尼亚代洛被康布雷联盟军队打败。

11—12 月，出使曼托瓦和维罗纳处理与皇帝相关事宜。

1510 年

1—5 月，多数时间在佛罗伦萨乡村处理国民军事宜。

6—9 月，第三次出使法国宫廷。

1511 年

9—10 月，第四次出使法国宫廷。

10 月 4 日，反法“神圣同盟”成立（尤利乌斯二世与西班牙、威尼斯），驱逐路易十二。

1512 年

4 月 11 日，拉韦纳战役，法国军队击败神圣同盟联军，但主帅加斯东・德・富瓦阵亡；5—6 月法军退却，佛罗伦萨受到威胁。

8 月，西班牙军队入侵佛罗伦萨，并在 8 月 29 日洗劫普拉托。

9 月，佛罗伦萨投降，皮耶罗・索德里尼被驱逐，美第奇家族（枢机主教乔瓦尼、朱利亚诺）返回佛罗伦萨，佛罗伦萨国民军被解散。

11 月 7 日，马基雅维利被免职；此后，又被驱逐出佛罗伦萨城一年，但不得离开佛罗伦萨领土；被禁止出入市政宫，并为此缴纳 1000 金币的保证金。

1513 年

2 月 12 日，被指控参与反美第奇家族的阴谋，被捕；经刑讯后入狱。

2 月 20 日，尤利乌斯二世去世；3 月 15 日，乔瓦尼・德・美第奇就任教皇，称为利奥十世。

3月12或13日，出狱；4月，隐居于佛罗伦萨城西南16公里处的佩萨河谷圣卡夏诺附近的佩尔库西纳的圣安德烈亚农庄（其间也曾返回佛罗伦萨），开始与韦托里通信。

7—12月，写作《君主论》。

8月，小洛伦佐·德·美第奇开始在佛罗伦萨掌权。

1514年

大约在此年，完成《十年纪》（第二）。

1515年

1月，路易十二去世，弗朗索瓦一世继位法国国王；9月，法国夺取米兰。

大约从此年或1516年开始，经常参加科西莫·鲁切拉伊在佛罗伦萨"奥里切拉里花园"主持的人文主义者聚会，并开始创作《李维史论》。

1516年

1月，西班牙国王斐迪南去世，他的外孙查理一世（后来的皇帝查理五世）继位。

3月17日，朱利亚诺·德·美第奇去世；8月18日，小洛伦佐成为乌尔比诺公爵。

大约在此年的3—8月之间，马基雅维利把《君主论》进献给了小洛伦佐。

1517年

10月31日，路德张贴《九十五条论纲》。

大约在此年完成《金驴记》；也很可能是在此年或1518年，完成《李维史论》。

1518 年

1 月，皇帝马克西米利安去世；6 月，查理五世成为神圣罗马帝国皇帝。

3—4 月，代表佛罗伦萨商人前往热那亚。

开始创作喜剧《曼陀罗》，并大约在此年开始写作《战争的技艺》（《兵法》）。

1519 年

5 月 4 日，小洛伦佐去世；枢机主教朱利奥·德·美第奇执掌佛罗伦萨政权。

很可能是在此年或 1520 年，完成《战争的技艺》。

1520 年

7—9 月，在卢卡处理相关事务。

8 月，写作《卡斯特鲁乔·卡斯特拉卡尼传》。

11 月 8 日，接受枢机主教朱利奥的委任，撰写《佛罗伦萨史》。

12 月，写作《论小洛伦佐去世后佛罗伦萨的政务》。

1521 年

5 月，出使卡尔皮小兄弟会大会；途经摩德纳，结识弗朗切斯科·圭恰尔迪尼，两人开始通信。

8 月，《战争的技艺》出版。

11 月，法国和西班牙为争夺意大利的控制权重新开战后，帝国军队占领米兰，法国势力被驱逐。

12 月，教皇利奥十世去世；次年 1 月，阿德里安六世继任教皇。

1522 年

5 月底，一起针对枢机主教朱利奥的阴谋在佛罗伦萨遭到挫败，马基雅维利在鲁切拉伊花园的友人扎诺比·布昂德尔蒙蒂、路易吉·阿拉曼尼等人参与其中，被迫流亡。

6 月 13 日，皮耶罗·索德里尼去世。

1523 年

9 月，阿德里安六世去世；11 月 19 日，朱利奥·德·美第奇继任教皇，称为克莱门特七世。

1525 年

1 月，喜剧《克莉齐娅》上演。

2 月 24 日，法军在帕维亚战败，弗朗索瓦一世被俘，查理五世重新占领米兰。

5 月，来到罗马，将完成的《佛罗伦萨史》进献给教皇克莱门特七世。

6—7 月，受教皇委派前往法恩扎，与圭恰尔迪尼蹉商国民军事宜，无果而返。

8 月，受佛罗伦萨羊毛行业公会委派，前往威尼斯。

1526 年

4 月，受教皇委派，巡察佛罗伦萨的城防；5 月，出任佛罗伦萨城防委员会秘书。

5 月，获释的弗朗索瓦一世、克莱门特七世、米兰、威尼斯以及佛罗伦萨结成“干邑同盟”，反对皇帝查理五世。

7—10 月，在同盟军军营中，配合教皇军的代理指挥官圭恰尔迪尼协调佛罗伦萨的防务。

1527 年

1—4 月，奔波于同盟军之中。

5 月 6 日，西班牙和神圣罗马帝国军队攻入罗马，洗劫罗马（Sacco di Roma）。

5 月 16 日，佛罗伦萨的美第奇政权被推翻。

6 月 10 日，竞选空缺的佛罗伦萨第二国务秘书失败。

6 月 21 日，去世；次日安葬于佛罗伦萨圣十字教堂。

1529 年

10 月，佛罗伦萨被围攻，次年被迫向帝国军队投降。

1531 年

《李维史论》出版。

1532 年

《君主论》与《佛罗伦萨史》出版。

1559 年

马基雅维利的著作被列入罗马教廷禁书目录。

（刘训练　编写）

拿破仑大事年表

1769 年

8 月 15 日，出生于科西嘉阿雅克肖。

1778 年

12 月，离开故乡前往法国。

1779 年

5 月，进入布里埃纳军事学校。

1784 年

10 月，进入巴黎军事学院。

1785 年

9 月，被任命为瓦朗斯拉费尔炮兵团炮兵少尉，前往瓦朗斯报到。

1788 年

1—6 月，回科西嘉探亲，之后到奥松服役，在奥松期间阅读大量书籍，写了 36 本笔记。

1789 年

7 月 14 日，巴黎人民攻克巴士底狱，法国大革命开始。

9 月，离开奥松返回科西嘉，之后参与科西嘉政治运动。

1791 年

6 月，升任中尉，并调往瓦朗斯第四炮兵团。

9 月，返回科西嘉。

1792 年

4 月，被选为阿雅克肖国民自卫军副指挥。

5 月，到达巴黎，为自己逾期未归部队申辩。

1793 年

6 月，全家从科西嘉来到土伦。

9 月，接任围攻土伦的炮兵指挥。

10 月，升任少校。

12 月 19 日，攻克土伦。

12 月 22 日，升任准将（1794 年 2 月 16 日，救国委员会正式批准）。

1794 年

1 月，升任炮兵少将。

2 月，被任命为意大利方面军炮兵司令。

7 月 27 日，“热月政变”爆发。

1795 年

8 月，到救国委员会测绘局任职。

10 月 4—5 日，受命镇压“葡月叛乱”。

10 月，担任法国内防军司令，并建立督政府卫队。

1796 年

3 月 2 日，被任命为意大利方面军司令。

3 月 9 日，与约瑟芬·德·博阿尔内结婚。

3 月 27 日，在尼斯正式接管意大利方面军。

4 月，击败撒丁王国，双方签订《切拉斯科停战协定》。

5 月 10 日，在洛迪击败奥军。

5 月 15 日，进入米兰。

10 月 16 日，建立波河南共和国。

1797 年

1 月 14—16 日，接连在里沃利和拉法沃里塔击败奥军。

2 月 2 日，奥军投降，法军进入曼图亚。

2 月 19 日，与教皇签订《托伦蒂诺条约》。

7 月，建立阿尔卑斯山南共和国，不久波河南共和国并入该共和国。

9 月 4 日，“果月政变”爆发。

10 月 17 日，与奥地利签订《坎波福米奥和约》，第一次反法联盟瓦解。

12 月 5 日，返回巴黎。

1798 年

3 月 5 日，被任命为远征英国的法军总司令。

5 月 19 日，离开土伦，远征埃及。

7 月 2 日，占领亚历山大港。

7 月 21 日，金字塔战役。

7 月 24 日，占领开罗。

8月1—2日，阿布基尔海战。

1799年

2月10日，远征叙利亚。

3—5月，围攻阿克城失败，之后率法军撤退。

8月22—23日夜间，率亲信登船回法国。

10月16日，到达巴黎。

11月9日，发动“雾月政变”，次日被选为共和国执政，随后自任第一执政。

12月25日，颁布共和八年宪法。

1800年

5月，离开巴黎，开始第二次意大利战役。

6月14日，马伦戈战役。

10月1日，与西班牙签订密约，得到路易斯安那。

1801年

2月9日，与奥地利签订《吕内维尔和约》。

7月15日，同罗马教皇签订《教务专约》。

9月9日，与葡萄牙签订《马德里条约》。

10月8日，与俄国签订《巴黎和约》。

1802年

1月，成为意大利共和国总统。

3月25日，与英国签订《亚眠和约》，第二次反法联盟瓦解。

8月2日，被元老院宣布为终身执政。

1803 年

5 月 18 日，英国对法宣战。

6 月 15 日，成立布伦军营。

1804 年

3 月 21 日，处决当甘公爵；同日，颁布《法国民法典》（史称《拿破仑法典》）。

5 月 18 日，被元老院宣布为“法兰西人的皇帝”。

12 月 2 日，在巴黎圣母院加冕为皇帝。

1805 年

5 月，将阿尔卑斯山南共和国改为意大利王国，并在米兰加冕为意大利王国国王。

8 月底，入侵英国行动取消，帝国大军开往中欧。

10 月 20 日，奥军在乌尔姆向法军投降。

10 月 21 日，英国舰队在特拉法尔加角歼灭法国舰队。

11 月 14 日，进入维也纳。

12 月 2 日，奥斯特利茨战役（又称“三皇会战”）。

12 月 26 日，与奥地利签订《普雷斯堡和约》，第三次反法联盟瓦解。

1806 年

3 月，封约瑟夫·波拿巴为那不勒斯国王。

6 月，封路易·波拿巴为荷兰国王。

7 月 12 日，成立莱茵联盟，并担任联盟保护人。

8 月 6 日，弗朗茨二世宣布神圣罗马帝国解散。

10 月 14 日，指挥耶拿及奥尔施泰特会战。

11 月 21 日，发布《柏林敕令》，宣布对英国实行大陆封锁。

1807 年

2 月 7—8 日，埃劳战役。

6 月 14 日，弗里德兰战役。

7 月 7 日，与俄国签订《提尔西特和约》。

7 月 9 日，与普鲁士签订《提尔西特和约》，规定成立威斯特伐利亚王国，热罗姆·波拿巴担任国王，第四次反法联盟瓦解。

7 月 22 日，签署《华沙大公国宪法》。

10 月 27 日，同西班牙签订《枫丹白露密约》。

11 月 30 日，法军占领里斯本。

12 月 17 日，发布《米兰敕令》，强化大陆封锁政策。

1808 年

2 月 3 日，法军进入罗马包围教皇宫殿。

3 月，法军占领马德里。

5 月 6 日，迫使西班牙国王卡洛斯四世退位，任命约瑟夫·波拿巴为西班牙国王，缪拉为那不勒斯国王。

10 月 21 日，和俄国沙皇亚历山大一世在爱尔福特会晤。

10 月 29 日，离开巴黎，率领大军前往西班牙。

12 月 4 日，进入马德里。

1809 年

4 月 13 日，离开巴黎赶往战场。

5 月 21—22 日，阿斯佩恩 - 埃斯林战役。

7 月 4—6 日，瓦格拉姆战役。

7 月，法军逮捕教皇庇护七世，将其押至萨沃纳监禁。

10 月 14 日，法奥两国签订《维也纳和约》（又称《申布龙和约》），第五次反法联盟瓦解。

12 月 16 日，与约瑟芬离婚。

1810 年

4 月 1 日，同奥地利公主玛丽 - 路易丝正式结婚。

7 月 9 日，宣布荷兰并入法国。

1811 年

3 月 20 日，其子“罗马王”诞生。

1812 年

2 月 24 日，与普鲁士缔结同盟。

3 月 14 日，与奥地利缔结同盟。

4 月，俄国先后与瑞典、英国签订盟约。

6 月 22 日，率军渡过涅曼河，攻入俄国。

8 月 18 日，攻占斯摩棱斯克。

9 月 7 日，博罗季诺战役。

9 月 14 日，进入莫斯科。

10 月 19 日，撤出莫斯科。

11 月 28 日，法军撤过别列津纳河。

12 月 5 日，离开大军回国。

12 月 18 日，抵达巴黎。

1813 年

2 月，普鲁士同俄国签订反法同盟条约。

4 月 15 日，离开巴黎赶往美因指挥军队。

5 月 20—21 日，包岑之战。

6 月 4 日，与普俄联军签订停战协定。

6 月 21 日，威灵顿在西班牙维多利亚击败法军。

7—8 月，布拉格会议。

8 月 26—27 日，德累斯顿战役。

10 月 16—19 日，莱比锡战役（又称“民族会战”）。

11 月 9 日，回到巴黎。

1814 年

1 月，那不勒斯国王缪拉与奥地利结盟。

1 月 25 日，离开巴黎前往夏龙指挥军队。

3 月 7—10 日，在拉昂被布吕歇尔击败。

3 月 20—21 日，在阿尔西被施瓦岑贝格击败。

3 月 31 日，反法联军进入巴黎。

4 月 6 日，拿破仑宣布退位。

4 月 11 日，签订《枫丹白露条约》。

4 月 28 日，登上英舰“无畏号”前往厄尔巴岛。

5 月 4 日，抵达厄尔巴岛。

5 月 30 日，《第一次巴黎和约》签订。

1815 年

2 月 26 日，逃离厄尔巴岛。

3 月 1 日，在儒昂湾登陆。

3 月 20 日，进入巴黎，开始百日统治。

3 月 25 日，第七次反法同盟成立。

6 月 12 日，离开巴黎前往比利时前线。

6 月 16 日，林尼战役。

6 月 18 日，滑铁卢战役。

6 月 21 日，返回巴黎。

6 月 22 日，第二次退位。

10 月 17 日，到达圣赫勒拿岛。

1821 年

5 月 5 日，在圣赫勒拿岛逝世。

1840 年

12 月 15 日，遗体运回巴黎安葬。

（王田 编写，刘训练 审定）

译后记

这是我推出的第二个中文版本的马基雅维利《君主论》（简称“批注本”），第一个版本是2014年11月推出的“插图本”《君主论》（吉林出版集团），那个版本因为立项时间匆忙，译文很不完善，尤其是对潘汉典先生经典中译本的模仿痕迹还非常浓重。此次为了推出“批注本”，我又对译文做了较大修订，改正了一些错讹，并且为了方便读者查对和引用，还根据曼斯菲尔德英译本重新划分了段落并编号（各种意大利文版并无统一划分），特别是参照曼斯菲尔德英译本的“术语表”对全书的术语做了更为严格和精微的统一与调整（这是一项非常繁琐、细致的工作，考虑到“批注本”还不是真正意义上的学术版，所以，没有附上“术语对照表”）。应该说，现在这个译本能够更加准确地反映马基雅维利的用语习惯和表达风格（虽然这也导致部分中文表达不够顺畅），并且自信开始体现自己的译文特色（虽然仍有不少对潘汉典先生中译本的借鉴），有心的读者不妨比照阅读。

在2016年推出“拿破仑批注版”《君主论》有其特别的纪念意义，因为2015年是滑铁卢战役200周年，而带有他批注的《马基雅维利著作集》正是在此役后拿破仑的战车上发现的，并于1816年公开出版（可惜原件已经下落不明）。事实上，终生喜好文学和学术事业的拿破仑对马基雅维利的著作有着持久的关注，他不但钦佩马基雅维利的《战争的技艺》，摘录过他的《佛罗伦萨史》，并且在1808年的一份文件中指定将《李维史论》收入他的战地图书馆，而写满批注的《君主论》更是他随身携带的“枕中秘籍”。

马基雅维利《君主论》的原著由我依据曼斯菲尔德英译本（*The Prince*，2nd ed.，translated and with an introduction by Harvey C. Mansfield，University of Chicago Press，1998）并参照意大利“国家版”（*Il Principe*，a cura di Mario Martelli, corredo filologico a cura di Nicoletta Marcelli, Roma, Salerno，2006）译出；“马基雅维利其他著作的摘录”主要采自中文版《马基雅维利全集》中《李维史论》的薛军译本（吉林出版集团，2011年），并由我依据《李

维史论》的曼斯菲尔德和塔科夫的英译本（*Discourses on Livy*，edited and translated by Harvey C. Mansfield and Nathan Tarcov，University of Chicago Press，1996）并参照意大利"国家版"（*Discorsi sopra la prima deca di Tito Livio*，a cura di Francesco Bausi，Roma, Salerno，2001）校订。法文版"编者前言"和《君主论》部分的拿破仑批注由杨小雪依据1816年法文版（*Machiavel commenté par Napoléon Buonaparte*，manuscrit trouvé dans le carrosse de Buonaparte, après la bataille de Mont-Saint-Jean, le 18 juin 1815，Paris, H. Nicolle，1816）译出，校订和编辑时还参照了1985年的重编本（*Le prince, avec les commentaires de Napoléon*，Texte établi par Violaine de Vlieger，Paris, Jean de Bonnot，1985；这是一个非常华贵、罕见的版本，感谢葛剑钢兄提供了从德国巴伐利亚州立图书馆借阅复制的本子）和葡萄牙文版拿破仑批注《君主论》（*O Príncipe: Comentado Por Napoleão Bonaparte*，Martin Claret，2004）。李筱希校订了法文版"编者前言"和《君主论》部分的拿破仑批注，并翻译了"马基雅维利其他著作的摘录"部分的拿破仑批注。我的学生刘学浩、王田、韩广召也提供了各种帮助，在此一并致谢。

最后感谢北京贝贝特出版顾问有限公司曹凌志先生的关注以及中央编译出版社杜永明先生的支持。

刘训练

2015 年 9 月草拟

2016 年 9 月改定